En espérant que la lecture de
ce livre vous remémore de
beaux souvenirs...

Amour + Bonheur pour la vie....

Marc
+ Mélanie
1 mai 2007

TAHITI

et ses archipels

Le grand rêve

Madeleine et Michel AUBERT

Editions

ISBN 2 907754 76 9

LES AUTEURS

Michel et Madeleine Aubert sont nés dans un pays de forêts : les Ardennes.

Ils ont consacré une bonne partie de leur vie à la forêt amazonienne et ont ainsi côtoyé les Indiens jivaros de la vallée du fleuve Copataza en Equateur, puis les Indiens oyampis et wayanas de la Guyane française et les Indiens yanomamö des sources de l'Orénoque au Venezuela.

Suivant les traces des conquistadores, Cortez, Ponce de León, Coronado, ils ont parcouru successivement le Mexique, la Floride et le légendaire fleuve Colorado. Enfin, ils ont voulu terminer leur découverte des Amériques par la fantastique aventure des deux grandes migrations qui ont peuplé ce vaste continent.

Aujourd'hui, ils vous entraînent vers d'autres horizons, dans le sillage des Maoris, habiles navigateurs qui ont exploré le Pacifique à la recherche de terres nouvelles.

Pour les Européens, ces îles des mers du Sud symboliseront le paradis, et *Tahiti et la Polynésie-Française* feront rêver plusieurs générations.

REMERCIEMENTS

Nous voudrions remercier toutes les personnalités qui nous ont aidés à réaliser notre film et notre livre, en particulier :

Le président de l'Assemblée territoriale, Gaston Flosse, qui a facilité toutes nos démarches

Brigitte Vanizette et toute son équipe de l'office du tourisme ; Dany Panero, Karine Villa, Cynthia Langbridge, Ahiutare Raapoto Sandford

Toute l'équipe du *Paul Gauguin* ; Jean-Paul Potier, Marie-Eve Robereau, les officiers du paquebot et son équipage

Tahiti-Perles ; Marie-Pierre Vercier

Les directeurs et conservateurs des musées ; musée de la Perle, musée Gauguin, musée de Tahiti et des Iles

Et tous ceux qui au cours de nos différents séjours dans leur île sont devenus des amis fidèles

Lucien Kimitete et sa femme Déborah, Jocelyne et Etienne Mamatui, Charles Monbaerts à Nuku Hiva ; Alex Boudart, Blandine Dumazel, Bruno Charié, Christophe Lasherme, Werner Bringols, Daniel Pardon, Philippe Binet, Karim Cowan, Michael Pool, Jean-Yves Meyer (Orstom), Martine Mahuta à Tahiti ; Jocelyne et Marcus (Top Dive), Jean-Pierre et Sylviane Gonzales à Bora Bora ; Alain et Christina Plantier à Tahaa ; Yves et Hélène Gentilhomme, Eric Leborgne à Rurutu ; Benoît et Bianca aux Gambier

Les directeurs des pensions qui nous ont fait partager leur amour pour leur île

CRÉDITS PHOTOS

Daniel Pardon, Philippe Binet, Bernard Courtine, archives du musée de la Marine, archives de la bibliothèque du Congrès, bibliothèque des Archives nationales, phototèque de la base aérienne de Papeete, archives d'Emmanuel Deschamps, musée Alain Gerbault à Laval

DESSINS ET CARTES

Bernard Duplique, Gilles Baur

AVANT-PROPOS

Constellations de terres posées sur l'immensité du Pacifique comme les étoiles d'un ciel à l'envers, les cinq archipels de la Polynésie-Française sont composés de cent dix-huit îles et atolls... Ces pays volcaniques sont vivants. Quand certains naissent, d'autres meurent... Leur superficie s'émiette sur un espace marin aussi vaste que l'Europe...

Comment cerner l'infini, ces terres et cette culture mouvantes, cette forme de rêve récurrent, qui avec le temps transforme ses règles et son espace sans jamais perdre sa nature originelle ?

Face à l'impossible, nous nous sommes limités à quelques traces, depuis l'arrivée du minéral et du végétal jusqu'à celle de l'animal et de l'homme. Cet homme qui ne ressemble à personne, ce premier héros de l'espace qui, à l'âge du Christ, fit la conquête du plus grand océan de la terre. Il a d'abord vécu isolé du reste de la planète, puis nourri l'imaginaire occidental pendant des siècles... Cet homme à la culture unique, les intellectuels européens en ont annoncé la mort...

A la porte du troisième millénaire, nous sommes partis à sa rencontre sur quelques-uns de ses lieux de mémoire. Nous avons délibérément choisi quelques îles dans les différents archipels, certaines aussi touristiques que mythiques, d'autres retirées et totalement méconnues... Leur actualité, les gens que nous y avons rencontrés nous ont révélé que la nouvelle de la mort du peuple ma'ohi était non seulement exagérée, mais n'était aussi qu'un mythe universitaire...

MICHEL ET MADELEINE AUBERT

Nous dédicaçons ce livre à notre ami Lucien Kimitete

Grand humaniste marquisien, ardent protecteur et défenseur de la culture ma'ohi, disparu le 23 mai 2002 dans un accident d'avion au-dessus des Tuamotu. Il va manquer énormément à la Polynésie et à tous ceux qui, comme nous, ont eu le privilège et le bonheur de le rencontrer.

CHAPITRE 1

NAISSANCE DE LA POLYNÉSIE
TERRES DE HASARD
(Genèse)

Comparées au grand âge incertain des continents, les îles de Polynésie sont d'une jeunesse certaine. Il y a 75 millions d'années, elles naissaient des caprices de la planète, bien avant la période glaciaire.

Dans le triangle polynésien, il n'y avait alors que du bleu d'eau marine. Rien que l'océan... Un océan pur et sans trace de ces terres qui aujourd'hui s'y déploient comme les constellations d'un ciel à l'envers.

Pourtant, depuis 450 millions d'années, nos cinq continents étaient déjà là, ne formant qu'un seul bloc et flottant sur le manteau de la terre. Avant de se sacrifier au lointain futur de l'homme, les dinosaures, qui n'ont jamais vu ni volcans ni montagnes, couraient dans des plaines où s'épanouissaient de gigantesques fougères.

Les îles ont commencé leur germination dans le ventre de la terre. Dans un flot magmatique couleur de sang, elles en ont crevé la peau, ont craché leur panache brûlant puis ont poussé lentement sous la mer avant de jaillir à la lumière du jour. Leur fleur de feu s'est épanouie au soleil, a brûlé jusqu'à plus soif. Quand la flamme s'est éteinte, n'est restée que la terre, minérale et nue, surprise par ce monde nouveau et la promesse de vie qui allait venir du ciel et de la mer...

Pendant des siècles, la genèse de ces terres parsemant le Pacifique resta une énigme. Le mythe tahitien relatait sa version du big-bang avec Ta'haroa, le dieu qui créa l'univers. Sa demeure était ronde comme un œuf. Un jour, s'y trouvant trop à l'étroit, il frappa sur sa coquille pour en sortir. Cette dernière craqua et s'ouvrit. Ta'haroa se mit debout sur son sommet et appela :

— Qui est là, qui est là-haut ? Qui est là-dessous ?

Silence... Personne ne répondait, tout baignait dans une purée sans forme. Fou furieux, Ta'haroa renversa la partie supérieure de sa coquille et en fit le dôme du ciel, puis il se glissa hors de l'autre qui devint roc et sable. Il sacrifia ensuite son épine dorsale pour élever les montagnes, ses intestins pour façonner les rivières et les mers.

Pendant ce temps-là, en Occident, la Bible racontait que Dieu avait créé la terre en sept jours. Mais, pour les scientifiques et les cartésiens, la genèse des îles fut plus longue à comprendre.

En 1620, Francis Bacon avait émis une hypothèse qui parut alors tellement saugrenue qu'elle fut totalement dédaignée. Il fallut attendre 1912, pour qu'un géophysicien nommé Alfred Wegener établisse la vérité sur ce qu'on avait toujours pris pour un pur délire : les continents dérivaient bien... Sur cette matière brûlante, solide, visqueuse, en perpétuel mouvement de convection qu'est l'asthénosphère, les continents bougeaient comme sur un tapis roulant. Jusqu'à il y a environ 220 millions d'années, époque où ils se seraient désarticulés comme les pièces d'un puzzle que des doigts auraient écartées.

Les continents sont des noyaux sertis dans une mosaïque de fragments remuant les uns par rapport aux autres : les plaques tectoniques... Causes des colères sismiques de la planète, ces plaques sont aussi à l'origine des archipels du Pacifique.

Les plaques s'écartent ? Elles se rapprochent par ailleurs. Un mouvement ascendant s'exerce dans le manteau ? Une plaque s'enfonce pour passer sous une autre. A son point faible, l'asthénosphère se boursoufle, accumule des pressions et des températures tellement énormes qu'elles la crèvent... C'est le volcanisme par point chaud.

Une lave visqueuse s'épanche alors sous l'océan. Insensiblement, un volcan rampe tout en s'édifiant. Dix à quinze millions d'années s'écoulent, et il s'est élevé de quatre à cinq mille mètres. Parvenu à cette hauteur, il émerge,

s'aère et s'ébroue, déversant d'énormes quantités de lave. Dans cet enfer l'île grandit tout en continuant son voyage sous-marin à une vitesse de onze à quinze centimètres par an.

Cependant, le volcan en feu dérive plus vite que le point chaud englué dans l'asthénosphère. Il finit par s'en séparer pour s'éteindre... Il attend...

Chaleurs tropicales, climat turbulent et relief arrogant s'allient pour abattre les montagnes. Autour des pics, les nuages s'amoncellent avant de crever sous forme d'averses violentes. Gifles de cyclones et de vents, fouets de pluies, glissements de terrains, la montagne arrondit son flanc. Vallées, sources, cascades se forment. Des rivières d'eau douce s'écoulent vers l'océan. La végétation donne les premiers signes du vivant.

Pendant ce temps, une seconde structure géologique s'élabore : la barrière de corail. Le corail est un animal qui a besoin de sel et d'eau pure. Pour se construire, il lui faut attendre que l'île sache canaliser les alluvions salissant l'océan. Puis, peu à peu, il couronne le volcan de *motu*, et son récif protège l'île... Les alluvions et l'eau douce des estuaires y ménagent des passes où l'océan se rue pour accorder l'accès à la terre aux bateaux.

A mesure qu'il vieillit, le volcan se tasse. Il donne moins prise aux vents et n'accroche plus les nuages. Les pluies s'en vont et l'érosion s'arrête, les fleuves n'ont alors plus d'alluvions dans leurs estuaires. En face dans une eau pure, le corail en profite pour s'épanouir. Il grandit, comble les passes qui se ferment pour finir par forger un anneau.

Pendant ce temps, le volcan disparaît. Il ne reste alors plus que les atolls : terres à leur dernier stade de vie, couronnes de coraux blanchis accompagnant l'île retournant aux abysses.

Quelques millions d'années plus tard, c'est au tour de l'atoll d'être englouti par la mer. A nouveau, dans le triangle polynésien, il n'y aura plus que du bleu d'eau marine.

Mais la terre est terriblement vivante. Des îles meurent, d'autres se créent... Citons l'une d'entre elles, pas encore née mais déjà nommée : le Mac Donald... Au large des Australes, à quelques mètres sous la mer, prêt à surgir, le volcan pointe le bout de son sommet. Quand va-t-il sortir ? Demain, dans dix jours, dans dix ans ? Seul Ta'haroa le sait...

1-2-3 : *Naissance d'une île par point chaud*

La végétation

Véritables arches de Noé, les îles accueillent et préservent de multiples formes de vie.
PAUL PÉTARD

Feu éteint, l'île est en cendres fertiles. Sombre et solitaire, égarée dans l'étranger du ciel, elle ne demande qu'à vivre… Comme aux petits matins du monde, le végétal se manifeste. Dans les mythologies continentales, toutes les plantes sont arrivées avant l'homme. Ce qui n'est pas le cas de la tahitienne où l'*uru* ou arbre à pain jaillit d'un homme, le tronc étant son corps, ses branches ses membres et les feuilles ses mains.

Dans les îles de Polynésie, on pourrait revisiter le film de l'évolution végétale, depuis que les algues se sont affranchies de la mer et que les plantes vasculaires ont envahi les marécages.

Apparues il y a 400 millions d'années et aujourd'hui disparues du continent, certaines plantes primitives comme la fougère arborescente ont gravé leur histoire dans la roche…

Elles s'épanouissaient à l'époque des dinosaures, leur fournissaient l'oxygène pour respirer et les phytophages s'en régalaient. L'Occident les croyait reléguées à l'état définitif de fossiles. Aussi, quelle dut être la stupeur de Commerson, botaniste de Bougainville, quand, herborisant dans la montagne de Tahiti, il se trouva nez à nez avec l'une d'entre elles, fantôme végétal qui le narguait tout en buvant le soleil.

Les plus anciennes îles de Polynésie émergent alors que les plantes ont terminé leur révolution… "Elles sont deux fois plus jeunes que les premières plantes à fleurs, six fois plus jeunes que les fougères qu'elles vont porter. Toute forme de vie sur ces îles est immigrée, elle a commencé dans un monde d'ailleurs, très loin d'elles sur les continents."

Il y a cent trente-cinq millions d'années, les plantes à fleurs colonisent le vieux monde de la fougère… Avec cette nouvelle forme de reproduction, la fleur ne cache plus son sexe. Dans un éden où l'animal n'est pas encore né, c'est la révolution du monde végétal. Sans hommes, sans animaux, la vie végétale s'organise seule, avec des graines venues du ciel et de la mer. Les oiseaux pélagiques lâchent des semences coincées dans leurs plumes ou enfermées dans leurs excréments. La puissance des cyclones s'allie à

4-5-6 : *Le retour de l'île dans les abîmes.*

la force tranquille des vents pour amener mousses et lichens. Comme des messages portés au hasard de bouteilles jetées à la mer, les courants déposent les germes du pandanus ou du cocotier nichant dans leurs gousses.

Isolée, la flore prend des formes et des tailles étranges, uniques au monde. Elle invente des mœurs déviantes, s'essaie à de nouvelles méthodes de vie. Sur 2 000 espèces recensées, 500 sont indigènes au Pacifique, 160 sont endémiques à une île. Parmi ces dernières, figure le mystérieux *tiare apetahi*, qui indique le chemin à l'âme des morts dans l'île de Raïatea.

L'arrivée de l'homme, voici trois mille ans, bouleverse l'écosystème. Dans leurs bagages, les Maoris amènent des animaux, mais aussi des plantes aux vertus pharmaceutiques ou comestibles, dont le taro, l'arbre à pain ou cette espèce de banane appelée *fe'i*.

Deux mille ans plus tard, l'Européen ajoute sa touche avec l'agrume ou l'avocat. Enrichissant encore ce paysage à la Douanier Rousseau, il introduit les plantes et les fleurs ornementales.

En Polynésie, *tiare* est le nom générique de la fleur. C'est un langage d'une extrême subtilité, une forme de savoir-vivre et de savoir-séduire. Sans le *tiare*, le Polynésien ne serait pas. Mis en couronne, il souhaite *maheva*. Jeté à la mer depuis les bateaux en partance, il signifie "j'ai envie de revenir".

Il représente aussi la part d'hédonisme et de volupté polynésiens. Mis sur l'oreille, droite ou gauche, il signale la disponibilité du cœur. Aux Marquises, les femmes piquent des bouquets aux parfums aphrodisiaques dans leur chignon. Plantés en masse, les arbrisseaux en fleur habillent les *fare* et décorent les jardins.

Les fleurs dictent le temps et les amoureux se donnent rendez-vous à l'heure où le *tiare* s'ouvre. Si l'univers des plantes est riche, l'équilibre écologique des îles a la fragilité des refuges. Il doit faire l'objet d'une surveillance et de soins vigilants. Par son climat, son relief, sa faune et sa flore endémiques, chaque île est une terre d'exception. Véritables laboratoires vivants, elles font le bonheur des chercheurs du monde entier.

"Nommer les monts..."

La Dépêche du 1er juillet 1998 rend compte d'une démarche originale. Le Lion's Club de Tahiti lance un concours appelé "Nommer les monts"... Ce dernier s'adresse aux élèves de quatorze classes de sixième des îles Sous-le-Vent. Il s'agit de baptiser vingt-trois volcans sous-marins découverts par la mission Zépollyf.

Cette mission organisée conjointement par l'Etat et le territoire a pour but d'ausculter une zone sous-marine de 5 millions de kilomètres carrés en Polynésie-Française. Au bout de deux ans, elle a exploré une surface de 110 000 kilomètres carrés autour des îles Sous-le-Vent.

Les scientifiques y ont découvert de nombreux volcans sous-marins. Leurs sommets se trouvent entre 500 et 1 000 mètres de profondeur, sur un axe sud-est – nord-ouest d'environ 560 kilomètres de long. Trop rapidement emportés sur le tapis roulant des plaques tectoniques, ces volcans n'émergeront jamais, sauf passage sur un autre point chaud qui réanimerait leur activité.

La différence d'âge entre le premier à l'est et le dernier à l'ouest serait de 56 millions d'années. On a déterminé que certains de ces volcans sous-marins seraient d'anciennes îles hautes, terres englouties après avoir atteint leur dernier stade de formation, celui d'atoll de corail.

A ces montagnes sous-marines non enfantées ou ces montagnes disparues, les océanographes avaient donné des numéros de code barbares du genre "Zep02".

Les enfants participant au concours furent donc chargés de leur donner des noms, de vrais noms d'étoiles, de poissons ou d'oiseaux. Afin qu'ils puissent "s'approprier leur environnement naturel et développer leur sentiment d'appartenance au *fenua*".

Pour attiser leur imaginaire, les élèves disposaient d'images en trois dimensions.

Les élèves du collège d'Huahine ont remporté la palme avec onze noms retenus... Désormais, les volcans s'inscriront dans la mémoire des hommes, tels l'Ari'i Moana (le roi de l'océan) ou Fafa Piti (la raie manta).

CHAPITRE 2

LE PEUPLEMENT ORIGINEL

C'est une erreur de nous appeler des Maoris, nous sommes des Ma'ohi.
La reine MARAU TA'AROA TE PEAU, née Salmon, veuve de Pomaré V (1860-1934).

Les îles de Polynésie ont été peuplées tardivement. L'homme était sur terre depuis trois millions d'années quand il y débarqua, il y a quelque trois mille ans.

Les origines se situent dans un décor de savane sèche, quelque part en Afrique du Nord-Est. Rapidement, la curiosité comme la faim l'incitent au voyage... De destinations divergentes résultent les différences humaines.

Voici vingt-cinq mille ans, la période glaciaire fige la planète. Le niveau des mers baisse d'environ cent cinquante mètres. Certains groupes se dirigent vers le nord-est. Ils s'engagent dans un étroit passage déserté par les eaux et reliant l'Asie à un autre continent. Ce dernier est un véritable éden où l'homme n'est pas encore parvenu. Riche en gibier, il possède une flore abondante. Les pionniers s'empressent de le coloniser. Ce seront les ancêtres des "Indiens d'Amérique".

Pendant ce temps des nomades mongols progressent vers le sud. Ils atteignent des terres épargnées par la glace, mais déjà occupées par d'autres hommes. Ces derniers sont des sédentaires et leur organisation sociale est complexe. Ils sont cultivateurs, éleveurs et pêcheurs. Sous la pression des hordes envahissantes, ils prennent la fuite. Ils marchent... Ils marchent jusqu'à atteindre les actuels pays d'Indonésie, de Tasmanie, de Nouvelle-Guinée et d'Australie, alors toujours soudés au continent.

En l'an 10 000 avant J.-C., le climat se réchauffe. Les glaces fondent, ce qui provoque une remontée du niveau des océans. Le paysage des rives occidentales du Pacifique en est bouleversé. D'immenses portions de terres sont englouties par les eaux. Désormais, l'océan sépare des pans complets du continent asiatique. Des îles se créent, la mer se referme comme un piège pour les habitants. Le confinement favorise les conflits et contraint les hommes à de nouveaux départs.

Nomades terriens, les Mongols sont de piètres marins. Ils ne font que caboter le long des côtes de la Chine du Nord. On pense que certains ont atteint les côtes américaines et s'y sont posés. Sont-ils les ancêtres de ce peuple isolé dans le Nord-Ouest de l'Amérique ? Ce peuple énigmatique venu de nulle part ? James Cook en révéla la présence et les nomma Haïdas. Il décrivit leur aspect et leurs traits mongoloïdes prononcés. Ayant échoué sur ces terres opulentes, "le peuple des totems" cessa son errance. Totalement coupés du reste de la planète, ils développent une culture endémique.

Quant aux autres, ceux qui étaient pêcheurs et marins, ils quittent leurs terres rétrécies par la montée des eaux et prennent le grand large.

Nous sommes en l'an 4000 avant J.-C. Leurs bateaux de pêche les emportent : direction est, vers l'actuelle Mélanésie. Ces navigateurs sont les Lapita, éponyme d'un lieu de Nouvelle-Calédonie où leurs légendaires poteries, datées de 1000 à 1300 av. J.-C., ont été découvertes. Petits Poucets de la mer, ils ont abandonné leurs céramiques brisées sur toutes les îles qu'ils ont abordées. La trace lapita part des Tonga, va jusqu'aux Samoa pour mystérieusement s'effacer.

500 ans avant J.-C., toujours en direction de l'est, toujours chassés pour cause de surpopulation, une nouvelle génération de marins se dirigent vers un inconnu absolu, incertains de trouver une nouvelle terre, mais certains de ne pas revenir.

Ce pays du soleil levant ? C'est un pays "tabou", uniquement habité par les dieux.

A bord des grandes pirogues doubles, une hiérarchie infrangible se structure. A la proue, les "capitaines sorciers" chantent et implorent les étoiles qu'ils connaissent sur le bout du cœur. Mais le grand maître... c'est l'Océan.

Le mythe se forge dans le sillon des pirogues, et dans les vents qui claquent les voiles. Impérative, la mer dicte le langage, structure la pensée, creuse l'inconscient, crée les réflexes et souffle la foi.

Les relais de l'aventure sont des îles abordées au hasard des vents et des courants. Ils y font escale avant de repartir à la découverte d'autres îles. La terre abandonnée n'a plus de nom et disparaît de la mémoire des hommes. Elle ne porte plus que l'appellation générique de "Hawaii", la "terre des ancêtres".

A ce jour, c'est à Ua Pou aux Marquises qu'on a exhumé les plus anciens vestiges datés entre 150 avant J-.C. et 95 après J.-C.

Rapidement, l'archipel se révèle trop petit pour une population augmentant frénétiquement. Sans doute chassés par d'autres, certains groupes reprennent leur quête de terres. Depuis les Marquises, ils rayonnent à l'intérieur du "triangle polynésien". Les premières étapes sont les îles de Pâques et les îles Hawaii... Et l'île de Raïatea qui va devenir le centre sacré des Ma'ohi, la dernière Hawaï'ikï de toutes les "terres des ancêtres", ultime dernier tremplin pour partir à la découverte des Australes, des îles de la Société et de la Nouvelle-Zélande..

Ici l'héroïsme et l'exploit côtoient l'ésotérisme. Comment ont-ils pu réaliser ce prodige, traverser cet infini, ce pur inconnu qu'était alors le Pacifique ? Ceci à une époque où les hommes de la vieille Europe se limitaient à un craintif cabotage en Méditerranée !

Comment ont-ils affronté les vents, les tempêtes, décelé des routes, apprivoisé un océan aussi grand qu'imprévisible ? Autre point d'interrogation : la présence de deux éléments originaires d'Amérique, la patate douce et l'herminette. Comment se sont établis ces contacts, alors qu'aucune trace de gènes ma'ohi n'a été trouvée en Amérique ? Aujourd'hui, on a définitivement écarté l'hypothèse selon laquelle les Polynésiens seraient venus d'Amérique au hasard des courants. Les progrès de la génétique et l'autorité de l'ADN mitochondrial ont radicalement tranché un vieux débat : ils ont bel et bien navigué depuis l'Asie du Sud-Est !

Les pirogues

La pirogue est l'un des symboles de la culture polynésienne. Pour ce peuple venu de la mer, elle est la ponctuation qui les relie au ciel et à l'océan. Les grandes pirogues doubles sont conçues pour l'infini, un espace sans contours au cœur duquel ces marins s'engagent dans un contexte surhumain. Dans l'histoire, ces grands navigateurs sont, avec les astronautes, les plus grands héros de l'espace... On se demande tou-

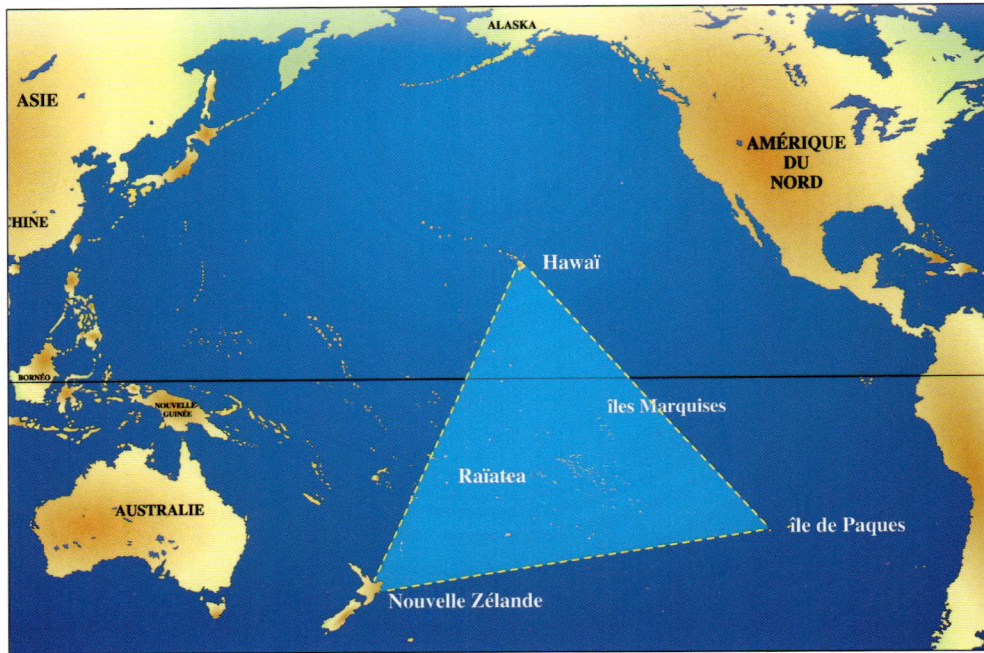

jours comment ils ont fait. Mais une autre question s'impose : pourquoi l'ont-ils fait ? De simples vaincus en fuite ne se seraient jamais lancés dans une telle aventure. Seules, une volonté héroïque, une soif inextinguible de découvertes ont pu les pousser à aller toujours plus loin.

Véritables satellites de la mer, les vaisseaux sont enceints d'un résumé de vie terrestre. A bord, l'essentiel à la survie en mer ainsi qu'à l'humanisation sur de futures terres s'entasse : cochons et chiens, poules et coqs, plants de leur pays d'origine comme l'arbre à pain et le taro... Les charpentiers inventent des outils. La pierre tendre et la dent de poisson sont troquées contre des matériaux nouveaux et plus durs : l'obsidienne et le basalte des îles volcaniques rencontrées.

Des innovations magistrales permettent la conquête d'espaces nouveaux. Les pirogues possèdent de un à plusieurs mâts. Fixée à l'arrière, une énorme pagaie fait office de gouvernail. Triangulaires, les voiles sont tressées avec des feuilles de pandanus. Quant à l'ancre, elle se résume à une énorme pierre. Fait unique dans l'histoire de la pirogue, une proue à chaque extrémité permet de revenir en arrière sans faire demi-tour.

Les vivres sont stockées sous un abri de pandanus. D'énormes quantités d'eau douce sont conditionnées dans des bambous et des noix de coco. Un feu de bois brûle en permanence sur un lit de sable.

A bord de ce "vaisseau spatial", la vie communautaire obéit à des rites immuables. Les tâches sont soigneusement réparties. Les uns pêchent, les autres sont cuisiniers ou artisans.

La navigation

Si beaucoup de points ont été élucidés, leur don fabuleux pour la navigation demeure mystérieux. Ce qui est sûr, c'est que ces marins hors pair avaient acquis une connaissance exhaustive des vents. Du plus violent au moindre souffle, ils portaient tous un nom et tous étaient des dieux.

Comment ont-ils trouvé la route ? Si vous cherchez quelque réponse à la question, vous pouvez passer par le centre culturel de Papeete où Karim Kowan reste à votre disposition. Sourire éclatant et aspect débonnaire, il est assis dans son antre, au milieu d'un méli-mélo de maquettes de pirogues, de grosses pagaies, de costumes de roi et d'objets sacrés.

"La mer est le sang qui coule dans mes veines, énonce-t-il avec orgueil, pour naviguer, j'ai un compas dans la tête, ma carte, elle est dans les étoiles et les courants."

Pour étayer sa thèse, il s'appuie sur des procédés empiriques, ses expériences à bord de sa pirogue double reconstituée à l'ancienne : *Aa kahiki nui*.

"Pour garder le cap, tu perces trois trous dans une noix de coco. Tu l'accroches en haut d'un mât et tu écoutes : si tu gardes le cap, la noix reste muette. Mais si tu changes… elle siffle pour prévenir que tu dévies."

Puis il s'anime, tangue, bras et jambes déployés comme s'il voulait déménager la mer : "Les anciens ? Ils passaient leur temps à observer le ciel et l'océan. Ils épiaient la couleur de l'eau, la direction de la houle, la formation des vagues. Dans les courants, ils goûtaient la mer pour en connaître la salinité. La météo ? C'est les animaux qui la font. On sait quel temps il va faire à la façon dont le crabe sort du trou… ou d'après la direction vers laquelle le cochon pointe le groin… L'heure ? Elle est donnée par le chant du coq. Les oiseaux qui pêchent en mer et nichent à terre indiquent le chemin. Les tortues qui vont pondre sur la plage, tout ce qui flotte et vole sont des signes qui balisent la route. Par nuit claire, ils suivaient la carte des étoiles. Chaque île a son étoile zénithale. C'est elle qui guide les marins. Au-dessus d'elle, l'île de Raïatea arbore la plus grande et la plus brillante d'entre toutes : Sirius, sans doute à l'origine de la consécration de l'île. Pour rentrer au port ? Tu fais face, dos au vent, toujours guidé par un astre. Il y a aussi les nuages… Passant sur terre ou sur mer, ils boivent la couleur de l'endroit au-dessus duquel ils se trouvent. Ils servent de guide aux marins."

Mais, marins occidentaux, ne rêvez pas ! Toutes ces connaissances ne suffisent pas si le sang ma'ohi ne coule pas dans vos veines. Comme Karim, vous devez posséder ce sixième sens inhérent à son peuple. A cent miles de la terre, un bon navigateur polynésien se sert encore de ses pieds pour détecter deux houles de fond.

L'océan ? Ils l'ont dans la peau. L'océan ? On dirait qu'ils en sont nés. Ils ne se contentent pas de le comprendre… Ils le sentent, le reconnaissent à sa couleur, à son odeur, et entretiennent avec lui des rapports fusionnels.

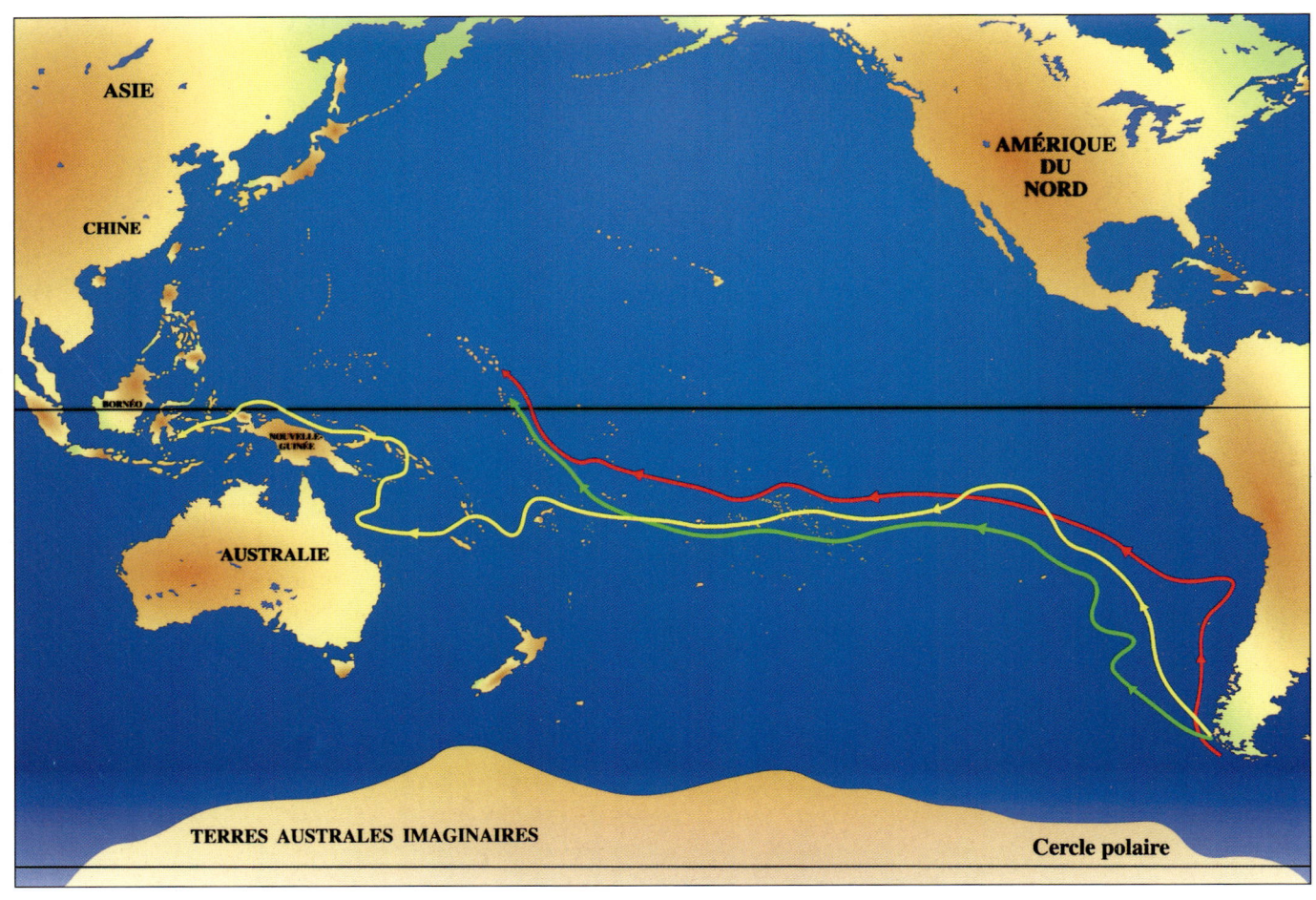

Les routes des premiers navigateurs : Byron, Wallis, Bougainville.

CHAPITRE 3

L'EXPLORATION DU PACIFIQUE
LA DÉCOUVERTE DE TAHITI

Les Arabes sont les premiers grands navigateurs explorateurs. Dès 1050, leurs navires vont jusqu'en Chine, en quête d'épices rares dont ils ont le monopole du commerce. En 1214, Gengis Khan en s'emparant de Pékin met un terme à cette hégémonie et la voie s'ouvre aux Européens.

Mais, la grande révolution, c'est la caravelle. Légère et rapide, elle se révèle idéale pour l'exploration maritime.

En 1487, Bartholomeu Dias double le cap de Bonne-Espérance, ouvrant ainsi la route maritime des épices. Quant à Christophe Colomb, il estime que la direction ouest est la route la plus courte pour rejoindre l'Asie. Le navigateur tourne alors une page de l'histoire du monde avec la révélation d'un nouveau continent.

De retour en Espagne, il parle de terres neuves dont les richesses pourraient concurrencer celles de l'Asie. Les Portugais voient ça d'un mauvais œil, une guerre menace entre les deux puissances maritimes. Le pape Alexandre VI résout alors le problème : par une frontière arbitraire allant du pôle Nord au pôle Sud, il coupe la terre en deux ! A l'est la terre appartient aux Portugais, à l'ouest elle appartient aux Espagnols*.

En 1497, Vasco de Gama part vers l'est pour fonder l'Empire portugais. En 1499 Amerigo Vespucci fait voile vers l'ouest dans l'espoir de trouver la route des Indes.

La fièvre de l'or remplace celle des épices. Face aux fabuleux trésors, l'avidité des conquistadores est telle que plus rien d'autre ne compte. "Le bon sauvage" se convertit en "sauvage" tout court, réduction nominale qui donne bonne conscience aux Espagnols pour massacrer et spolier les naturels.

Vasco Núñez de Balboa colonise l'isthme de Panamá. Le 26 septembre 1513, du haut d'une montagne, il aperçoit une mer inconnue. En tenue d'apparat, il fait quelques pas dans l'eau, brandissant épée et étendard. Au nom du roi d'Espagne, il prend possession de cette "mer du Sud tout entière ainsi que de tous les pays s'y attachant". En toute simplicité, il vient de revendiquer le plus grand océan du monde : le futur océan Pacifique.

Sept ans plus tard, Fernão de Magalhães, Portugais au service du roi d'Espagne, franchit le détroit qui porte aujourd'hui son nom : le détroit de Magellan. A la sortie du chenal, il débouche sur une mer alors tellement calme qu'il la nomme océan Pacifique, épithète qui collait mal au tempérament colérique que ce dernier allait révéler. Magellan veut atteindre l'actuelle Indonésie qu'il croit toute proche. Mais deux mois s'écoulent sans entrevoir trace de terre.

Enfin, le 21 juillet 1521 la vigie s'écrie : *Terra !* Un semblant de terre apparaît en effet, mais totalement atypique, quelque chose de jamais vu ! C'est un maigre filet de sable hérissé de quelques plantes sèches, un oasis à l'envers, perdu en plein désert aquatique. Magellan le baptise San Pablo, du nom du saint du jour.

Quelques jours plus tard, il découvre d'autres îlots, tout aussi ingrats, et les regroupe sous le nom "d'îles Infortunées"... Magellan vient de faire connaissance avec ces îles caractéristiques des Tuamotu : les atolls.

Il poursuit sa route vers l'ouest. Atteignant les actuelles Philippines, il franchit les frontières espagnoles et pénètre en territoire portugais. Devenu hors-la-loi et pirate, il demande protection aux roitelets locaux. En échange, il offre ses services et ses armes pour les aider à régler leurs conflits. C'est au cours de l'une de ces escarmouches qu'il est tué.

Malgré la mort de Magellan, les Espagnols ne baissent pas pavillon. Ils ont une idée fixe, une idée qui remonte au Moyen Age, selon laquelle l'hémisphère sud contient un continent qui équilibre la terre, en compensant le poids des continents de l'hémisphère nord : "Une terre australe inconnue."

---

* C'est la clause principale du traité de Tordesillas, signé en 1494.

De plus des légendes circulent. Au Pérou, on raconte que l'Inca Tupac Yupanqui aurait découvert des terres couvertes d'or au large du Pacifique.

Il n'en faut pas plus pour que les conquistadores décident une nouvelle expédition. Deux navires sont armés. Le *Dos Reyes* et le *Todos los Santos* sont confiés au neveu du vice-roi du Pérou. Totalement inexpérimenté et inconscient, âgé seulement de vingt et un ans, Alvaro de Mendaña appareille le 19 novembre 1567 et met le cap à l'ouest. Trois mois plus tard, il jette l'ancre devant une île inconnue qu'il nomme Isabelle. Il en explore quelques autres alentour et découvre sur l'une d'elles* de la poudre d'or.

Les esprits s'enflamment, Mendaña dresse la carte de cet archipel prometteur et lui donne un nom qui s'impose : les îles Salomon.

De retour au Pérou, l'équipage ne dit mot sur ce mystérieux voyage. Aucun récit, aucune page de journal de bord n'en parle. Très vite, on fantasme sur un fabuleux trésor que l'équipage garderait secret.

Vingt-sept ans passent. Après maintes tractations, de vaines promesses au cours d'innombrables discussions, Mendaña peut enfin appareiller le 16 juin 1595 pour retrouver les Salomon.

Embarquent avec lui une cinquantaine de prisonniers libérés, autant de prostituées et un prêtre pour marier les couples pendant la traversée.

Si l'expédition est sous le commandement de Mendaña, c'est un prodigieux marin de trente-cinq ans qui est à la barre : Pedro Fernandes de Queirós. Le 21 juillet de la même année, la vigie annonce : *Terra !* Persuadé d'être face aux îles Salomon et la nuit tombant, l'équipage s'endort... Mais, le lendemain, il découvre sa méprise, l'île abordée n'est pas la bonne.

Des hommes et des femmes à moitié nus rament gaiement à leur rencontre... Ils montent à bord, chargés de fruits qu'ils offrent à "ces hommes venus d'un ailleurs absolu" qu'ils prennent pour des demi-dieux.

Mais la générosité de ces indigènes n'a d'égale que leur esprit de rapine. Ils s'emparent de tout ce qu'ils découvrent. Ignorants de leur parfaite méconnaissance de la propriété, les Européens les traitent en vulgaires voleurs et tirent des salves de canons. Les indigènes plongent et regagnent leurs pirogues, inondent les caravelles d'une pluie de lances et de pierres lancées par des frondes. Les Européens contre-attaquent à coups de mousquet. Pour un banal malentendu, de nombreux indigènes trouvent la mort...

Effrayés par la puissance destructrice des nouveaux venus, les indigènes agitent des palmes en signe de paix. Les Espagnols peuvent enfin débarquer sur cette terre qu'ils baptisent isla Magdalena. Ils n'y restent que peu de temps, l'île étant dépourvue de mouillage.

Un peu plus loin, Mendaña découvre une autre île, aussi invincible qu'il nomme isla Dominica. Une troisième île est baptisée isla Cristina. Aujourd'hui, respectivement Fatu Hiva, Hiva Oa, et Tahuata.

Mendaña prend officiellement possession de cet archipel qu'il nomme "las islas de don Garcia Hurtado de Mendoza de Canete", nom grandiloquent qui sera remplacé par celui de Marquises.

Contraints de remplir les barils d'eau douce sous la menace des mousquets, les autochtones se révoltent. Les Espagnols ouvrent le feu. Plus de soixante-dix indigènes sont assassinés sous le regard indifférent des missionnaires qui ne voient là que la mort de "candidats à l'enfer".

Après ce forfait, Mendaña poursuit sa route en quête des îles Salomon. Mais ces dernières restent introuvables. Les colons s'arrêtent sur une île baptisée Santa Cruz. En désespoir de cause, l'idée d'atteindre le continent austral est abandonnée.

Le 18 octobre 1595, une mauvaise fièvre emporte Alvaro de Mendaña. Il ne sera jamais vice-roi des terres australes.

De retour au Pérou, Queirós est déterminé à reprendre la mer. Le 21 décembre 1605, il quitte les côtes péruviennes. En quête du toujours mythique continent austral, il navigue vers le sud pendant un mois... La mer demeurant désespérément vide, le capitaine remonte alors vers le nord pour retrouver les îles Marquises abordées par Mendaña... Chemin faisant, le 10 février 1606, il croise une grande quantité d'îlots de sable comme des bouées jetées à la mer : les Tuamotu.

Avec "le galion de Manille" reliant Acapulco à Manille, les marins espagnols ouvrent une ligne régulière pour traverser l'océan Pacifique. Les cargaisons d'or et d'épices qui transitent en sens inverse attirent la convoitise des corsaires et des pirates.

En 1581, la Hollande devient indépendante. Ce petit pays n'a qu'une issue pour survivre à ses puissants voisins : conquérir un empire colonial. Dès 1602, les commerçants hollandais sont très actifs sur la route maritime de l'Indonésie à partir de laquelle ils explorent l'océan Pacifique.

Alvaro de Mendaña
(Courtoisie mairie de Taiohae)

* Sans doute l'île de Guadalcanal.

En 1605, Willem Janszoon découvre une terre nouvelle qu'il appelle Nouvelle-Hollande, la future Australie.

En 1615, un riche négociant hollandais, Issac Le Maire confie à son fils Jakob le commandement d'une expédition vers les terres australes.

Le 25 février 1616, ce dernier découvre un nouveau passage pour accéder au Pacifique entre une île et le continent : une haute falaise de rochers gris qu'il baptise cap Horn, du nom du second bateau de l'expédition qui coula, suite à un violent incendie.

L'*Eendracht* poursuit sa route dans le sillage de Magellan. Le 3 avril 1616, il est en vue de Pukapuka, le 14 il découvre Takaroa, le lendemain l'atoll de Takapoto. Partout l'attitude des autochtones est menaçante. Il passe au large de Manihi et met cap au sud à la recherche du continent austral. Sur la route, il découvre une île haute : Rangiroa.

En 1695, un autre commerçant hollandais, Arend Roggeveen, propose à la Compagnie hollandaise des Indes occidentales fondée en 1621, d'organiser une expédition vers ces terres australes. Mais il meurt au cours des préparatifs et le projet est abandonné. Vingt-six ans plus tard, son fils reprend l'idée pour respecter la promesse faite à son père... Le 21 août 1721, l'expédition composée de trois bateaux quitte la Hollande sous le commandement de Jacob Roggeveen, alors âgé de soixante-deux ans pour rejoindre les terres australes.

Après avoir franchi le cap Horn, il fait escale aux îles Fernandez et découvre le 5 avril 1722 une île qu'il baptise île de Pâques, selon le calendrier, comme le faisaient les capitaines espagnols.

Il navigue alors vers le sud, toujours à la recherche du continent austral. Les bateaux doivent louvoyer entre des récifs et de nombreux *motu* que Roggeveen nomme les îles Labyrinthes avant de jeter l'ancre devant Rangiroa.

De Rangiroa, il met cap à l'ouest... Dommage... Car, s'il avait mis cap à l'est, il aurait sans doute découvert Tahiti.

Devant le peu de profits pour les actionnaires des compagnies commerciales, les Hollandais cessent leurs voyages d'exploration dans le Pacifique.

Français et Anglais avaient eux aussi leurs compagnies. Mais, dès que leurs navires entraient dans l'océan Pacifique, les marins se faisaient flibustiers et pirates, bravant le traité de Tordesillas et les privilèges accordés. Ils établissent leur repaire dans l'archipel des Malouines découvert en 1712 par le capitaine Fresier originaire de Saint-Malo. L'endroit devient vite le rendez-vous des capitaines français et anglais forçant le monopole, pillant les comptoirs espagnols, allant jusqu'à attaquer leurs navires marchands et à commercer avec les indigènes. Les Anglais, eux, appellent cet archipel les Falkland. Ce fantastique rassemblement de hors-la-loi est connu sous le nom de "Frères de la Côte".

Le *Grand Dauphin* commandé par le capitaine Sébastien Dufresne part de Saint-Malo le 17 janvier 1711, afin d'effectuer le premier tour du monde français. Le navire est de retour le 28 juillet 1713, sous le commandement du second Michel Guillaume Collet.

Philippe Mazelier rapporte "qu'entre 1701 et 1716, le commerce des mers du Sud a fait entrer en France plus de 200 millions de francs or".

Mais les armateurs français n'ont qu'un seul but : joindre rapidement les ports d'Asie pour emplir leurs cales, et revenir le plus vite possible pour vendre les marchandises.

Personne ne songe aux voyages d'exploration qui ne promettaient aucune richesse matérielle.

Deux événements vont bouleverser l'esprit des voyages vers le sud. En premier, la parution du livre de Jean-Jacques Rousseau en 1755 : *Discours sur l'origine et les fondements de l'inégalité parmi les hommes*. En second, la parution de l'*Histoire des navigations aux terres australes*, de Charles de Brosses. Ce dernier écrit : "Il n'est pas possible qu'il n'y ait dans une si vaste plage quelques immenses continents de terre solide au sud de l'Asie, capables de tenir le globe en équilibre dans sa rotation et de servir de contrepoids à la masse de l'Asie septentrionale."

C'est lui aussi qui invente le mot "Polynésie", à cause de la multitude d'îles se trouvant dans la région. Il croit à la nécessité pour les expéditions vers le Pacifique d'emmener des scientifiques, des cartographes, des dessinateurs, des astronomes, des botanistes... Il parle encore d'une sorte de code de "bonne conduite" envers les populations rencontrées.

Mais la guerre de Sept Ans (1756-1763) va freiner l'exploration. Les bateaux, les marins sont au combat et l'argent est employé en priorité dans le secteur militaire.

A partir des Falklands, les Anglais pénètrent eux aussi dans le Pacifique.

En 1740, l'amiral Anson avait appareillé à la tête d'une flottille de huit navires : 1 460 hommes d'équipage et 500 fusiliers marins pour entreprendre un tour du monde. Son retour avait été triomphal. Il avait pris la tête d'une longue parade à travers les rues de Londres avec trente-cinq chariots remplis du butin saisi dans les ports espagnols et sur les galions.

Cette richesse exhibée va frapper les esprits, surtout parmi les membres du gouvernement ayant quelque peu négligé l'exploration du Pacifique.

Le roi George III, aiguillonné par la Société royale de géographie de Londres, veut une grande expédition d'exploration vers les mers du Sud de l'océan Pacifique. Il en donne le commandement à John Byron, un ancien du voyage d'Anson, à qui il confie deux navires le *Dolphin* et le *Tamar*.

Ils quittent Plymouth le 3 juillet 1764, rejoignent les Malouines où Byron installe un comptoir sur l'île de Saaunders tout en ignorant le projet français.

Le 7 juin 1765, il arrive aux Tuamotu. Il croise devant Napuka et Tepoto qu'il baptise les îles du Désappointement. Le 8 juin, il passe devant Takaroa et Takapoto qu'il nomme les îles du Roi-George, puis poursuit sa route vers le sud où il aperçoit Rangiroa.

Il continue vers l'ouest, ce qui l'empêchera de découvrir Tahiti, tout comme les deux capitaines hollandais.

Tout est en place pour la véritable exploration scientifique du Pacifique. Les Anglais sont fin prêts : ils bénéficient de leur puissance maritime et des récits des pionniers de la navigation. En France, il faut reconstruire un empire colonial perdu par le traité de Paris de 1763...

Samuel Wallis (1728-1795)

Trois grands navigateurs vont passer par l'île de Tahiti en l'espace de trois ans. Le premier est un capitaine anglais : Samuel Wallis.

Le 22 août 1766, Wallis quitte Plymouth. La Société royale de géographie de Londres patronne l'expédition. Au départ, elle se compose de trois navires. Le *Dolphin* est sous les ordres de Samuel Wallis. Le *Swallow* est commandé par le capitaine Carteret. Quant au *Prince Frédérique* il restera aux îles Falklands pour remplir la mission officielle : ravitailler les colons.

Mais quand, en mer, Wallis ouvre l'enveloppe contenant les ordres secrets, il lit ce message pour le moins ahurissant : "Votre mission est d'explorer avec soin toutes nouvelles îles ou terres aussi longtemps que l'état de vos provisions ou de votre ravitaillement en eau vous le permettra..."

Le voyage du *Swallow* (1766-1769)

Le 11 avril 1767, le *Swallow* est en tête à la sortie du détroit de Magellan. Toutes voiles dehors, le *Dolphin* le dépasse rapidement. Le lendemain, un brouillard épais sépare les deux navires. Le *Swallow* n'a plus qu'une seule alternative : regagner l'Angleterre par une route sud... Chemin faisant, le 2 juillet, un matelot discerne une île. Carteret donne à cette nouvelle terre le nom du marin l'ayant découvert : Pitcairn... Une île qui deviendra célèbre dans l'histoire de la Royal Navy.

Ce n'est que le 20 mars 1769, après trois ans de silence, mais une errance fructueuse, que le *Swallow* parvient en Angleterre. Le *Dolphin* était là depuis dix mois, convaincu que Carteret et ses hommes avaient disparu...

Le voyage du *Dolphin* (1766-1768)

Que s'est-il passé le 11 avril 1767 ? Contrairement aux suppositions de Carteret, Wallis ne l'a jamais abandonné. De fortes rafales de vent et un courant violent ont poussé le navire vers les récifs côtiers. Wallis fut alors contraint d'envoyer toutes ses voiles. Le lendemain, un brouillard épais occultait la mer et ainsi les deux navires vécurent leur propre aventure.

Le 6 juin 1767, la vigie du *Dolphin* crie : "Terre !" Ils traversent les Tuamotu et chaque jour apporte sa moisson d'atolls...

Enfin, le 18 juin, une terre spacieuse et abrupte, surgit à l'horizon... S'agit-il du fameux continent austral ?

Incrédule, l'équipage profite de la nuit pour approcher l'île engourdie comme un gros chat méfiant.

A l'aube, le soleil éclaire brutalement le paysage : la mer, comme par génération spontanée, fourmille de centaines de pirogues, emplies de milliers d'autochtones. En une nuit, tout un peuple haut en couleur semble avoir fleuri sur le bleu vif de l'océan.

Sans autre préambule, les indigènes à moitié nus montent à bord, chapardent tout ce qui leur tombe sous la main, avec une prédilection pour les objets en fer, tels les clous...

Wallis vient de découvrir une île que ses habitants appellent O'Tahiti. "Ce pays est le plus peuplé que j'ai jamais vu", écrit Roberson, un officier du bord qui plus loin n'hésite pas à affirmer : "Ce pays fait partie du continent austral..."

O'Tahiti est rebaptisée île du Roi-George par les Anglais. Le *Dolphin* se met en quête d'un mouillage sûr. Le 24 juin, après avoir talonné les récifs, le navire jette l'ancre dans la baie de Matavai. De là, pour la première fois, l'équipage aperçoit l'île sœur de O'Tahiti, Moorea, aussitôt baptisée île du Duc-d'York.

Un besoin impérieux d'eau douce pousse Wallis à mouiller le plus près possible d'une rivière. C'est là que l'équipage découvre le tempérament prodigue des autochtones qui s'approchent sur des pirogues débordantes de victuailles : volailles, cochons, noix de coco et légumes... Mais, parmi toutes ces offrandes, il s'en trouve une pour le moins insolite : "(...) chargés d'une marchandise que les autres ne nous avaient pas jusqu'alors apportée, je veux dire d'un nombre de femmes rangées sur une file, et qui, arrivées près du vaisseau, offrirent à nos yeux toutes les postures lascives qu'on peut imaginer"...

Hélas, ces Lorelei des mers du Sud ne sont qu'un leurre : "Pendant que ces femmes mettaient tous leurs charmes en œuvre, les grandes pirogues qui étaient chargées de pierres s'avancèrent autour du vaisseau."

Soudain, sans aucun signe précurseur, les indigènes attaquent. Des centaines de galets sont projetés sur le navire. Le nombre des guerriers est estimé à deux mille. Face à l'inefficacité des mousquets et à la faiblesse physique de son équipage, Wallis ordonne aux canonniers de faire feu : "Je fis tirer de très près deux pièces du gaillard avant que j'avais fait charger à mitraille." Résultat ? C'est le carnage. Les hommes sont déchiquetés, les pirogues pulvérisées sur l'eau rougie par le sang. Les indigènes, ne comprenant pas ce qui se passe, attaquent toujours... Ceci jusqu'à ce qu'une pirogue portant des hommes à coiffes de plumes rouges soit scindée par un boulet. C'était celle des chefs, les assaillants prennent la fuite et se réfugient dans les collines.

Le lendemain, la plage est déserte, silencieuse. Wallis est alité dans sa cabine. Sous les ordres du lieutenant Furneaux, une petite escouade va planter le drapeau anglais dans le sable. Tout en buvant le rituel verre de rhum coupé d'eau de la rivière, selon la coutume de la Royal Navy, les Anglais prennent officiellement possession de l'île au nom de leur roi George III.

Croyant la paix faite, l'équipage part tranquillement emplir ses barils à la rivière... Surgissent alors de la colline des milliers d'hommes armés et sur l'eau des centaines de pirogues. Cette fois, exaspéré, Wallis décide de frapper fort : "Je me suis déterminé à rendre cette action décisive et à mettre fin par là à toutes les hostilités..." Les canons tirent à l'aveugle, sur les

pirogues, sur les plages et les forêts et même jusqu'aux collines de Tahara'a "où étaient placés les femmes et les enfants pour voir le combat". Beaucoup d'indigènes sont tués, les plus chanceux s'enfuient en abandonnant leurs pirogues. Sous une protection d'artillerie, Wallis envoie des marins charpentiers pour détruire celles-ci à la hache...

Cette fois, les insulaires sont convaincus d'une force supérieure. Quelques indigènes plantent des palmes de cocotier dans le sable en signe de soumission et de ratification de paix...

Le 27, des échanges ont lieu entre insulaires et visiteurs. Les autochtones offrent des vivres, des cochons, des volailles... Mais aussi des chiens dont les Anglais ne savent que faire, n'en connaissant pas la valeur hautement gustative appréciée par ceux qu'ils s'obstinent à appeler les "Indiens".

Quant à ces "Indiens", ils repartent chargés de toiles, de haches, de verroteries et, bien sûr, de cette marchandise qui leur semble de loin la plus précieuse : des clous...

Les femmes, elles, se font de plus en plus pressantes envers des matelots venant de passer des mois de solitude en mer. Si elles paraissent de mœurs libres, leur corps a une valeur marchande : le clou. Alors les clous disparaissent du magasin de bord et on les arrache même du navire...

Le 11 juillet, Harrisson rentre à bord "avec une grande femme qui paraissait âgée d'environ quarante-cinq ans, d'un maintien agréable et d'un port majestueux". Le maître canonnier remarque la déférence avec laquelle les indigènes la traitent et en conclut qu'il s'agit d'un

Haut
Rencontre de Wallis et Purea
(© Musée national de la Marine)

Bas
Samuel Wallis

personnage important. Plus tard, Wallis écrit : "Elle se conduisit pendant tout le temps qu'elle fut à bord avec une liberté qui distingue toujours les personnes accoutumées à commander."

Subjugué par sa prestance, le capitaine lui passe un manteau sur les épaules et la comble de présents. Le maître canonnier raccompagne la grande dame. A son retour, il est ébahi et rapporte ce qu'il a vu : "Une grande maison fort bien bâtie où il y a de nombreux domestiques et de nombreux gardes."

Le 12 juillet, Wallis descend à terre malgré sa maladie : "Ma princesse ou plutôt ma reine vint bientôt à moi suivie d'un nombreux cortège." Ayant remarqué la faiblesse du capitaine la dame "ordonne à ses gens de me porter... Nous nous installons à l'intérieur de la maison où elle fait venir quatre jeunes filles. Celles-ci m'enlèvent mes souliers, mes bas puis ma veste et de façon très douce commencent à me masser." Puis les jeunes filles apportent "des rouleaux de tissus qui ressemblent à du papier pour vêtir à la façon du pays".

Quand Wallis rejoint son navire, il est rêveur, persuadé d'avoir rencontré la reine de O'Tahiti. En fait Purea n'a que le titre de chéfesse de sa vallée. Mais le navigateur anglais ignore que la notion de roi est encore inconnue à Tahiti.

Hélas, le 21 juillet, alors que la chéfesse revient chargée de nouvelles offrandes, Wallis doit lui annoncer leur départ proche. Désespérée, elle fond en larmes.

Le 27, Purea, toujours éplorée, tente une dernière fois de retenir Wallis. En vain, le *Dolphin* s'éloigne... Le capitaine écrit dans son journal : "Nos amis les O'Tahitiens et surtout la reine nous dirent adieu pour la dernière fois avec tant de regrets et d'une manière si touchante que j'eus le cœur serré et que mes yeux se remplirent de larmes."

Après six cent trente-sept jours de voyage, le 20 mai 1768, le *Dolphin* jette enfin l'ancre aux Dunes sur la Tamise.

Rempli de récits d'aventures extravagantes, de portraits de gens accueillants, d'une grande beauté et cultivant l'hédonisme, le livre de voyage de Wallis rencontre un succès fulgurant. Avec la découverte de O'Tahiti, le navigateur ébauche le mythe de la vahiné vivant voluptueusement dans une nature onirique... et s'offrant aux marins de passage pour une poignée de clous...

Louis Antoine de Bougainville (1729-1811)

Le voyage de la *Boudeuse* et de l'*Etoile* (1766-1769)

Avec Antoine de Bougainville, un esprit neuf souffle sur le monde des explorateurs du Pacifique. Il ne s'agit plus de conquêtes matérielles, d'or ou de terre, mais d'une sorte de quête du Graal, de progrès scientifiques et un besoin de rêves.

A bord ? Des savants et une nouvelle race de voyageurs : les premiers grands reporters. Leurs outils ? La plume d'oie, le fusain, les pinceaux et la gouache...

Né en 1729, Louis Antoine de Bougainville est un surdoué en mathématique : il n'a que vingt-trois ans quand il publie un traité de calcul intégral. En 1752, il s'engage dans le bataillon de Picardie. En 1756, il embarque sur la *Licorne* comme aide de camp de Montcalm. Il profite de cette traversée pour apprendre les rudiments de la navigation.

Après la chute de Québec et la mort de Montcalm, Bougainville est fait prisonnier sur parole. Le roi d'Angleterre l'autorise à rentrer et continuer à servir en France. Il y devient aide de camp de Choiseul. Le ministre a alors pour mission la reconstruction d'un empire anéanti après le désastreux traité de Paris, amputant la France de la majorité de ses colonies.

Louis Antoine de Bougainville
(© Musée national de la Marine)

Bougainville, en homme de cœur, pense aux Acadiens, "à cette espèce laborieuse d'hommes qui doit être chère à la France par l'inviolable attachement que lui ont prouvé ces honnêtes citoyens" et il élabore un projet de colonie française dans l'archipel des Malouines. Le roi n'hésite pas à lui donner son accord quand il apprend que Bougainville finance l'opération.

Le 31 janvier 1764, soixante-seize familles acadiennes débarquent aux Malouines. Après avoir aidé à l'installation de la colonie, Bougainville regagne la France… et, le 7 janvier 1765, il revient avec un nouveau contingent de colons. Le 30 mars 1765, il y amène des plants d'arbres et laisse la colonie en pleine expansion.

Mais, à peine rentré à Paris, il apprend que l'Espagne revendique cet archipel qu'elle appelle "Selbades".

Trois noms, trois propriétaires différents pour une même terre. Il faut à tout prix éviter une nouvelle guerre. La France se soumet et Bougainville est chargé de régler le différend avec le roi d'Espagne qui lui rembourse l'argent engagé augmenté de 5 % d'intérêts.

Bougainville peut alors monter une nouvelle expédition. Le roi lui offre deux bateaux flambant neufs : la *Boudeuse* et l'*Etoile*… Le premier est une frégate de 40 mètres, avec 210 hommes à bord. Le second est une flûte de ravitaillement de 33 mètres avec 120 hommes.

Pour la première fois dans l'histoire, des "savants" participent à l'expédition. Parmi eux, le cartographe Routier de Romainville, le botaniste Philibert Commerson, ainsi que l'astronome Pierre-Antoine de Veron, ce dernier à bord de l'*Etoile* "avec tous ses instruments… capables de calculer une longitude assez exacte".

Instructions de voyage ? "Découvrir des terres neuves, particulièrement la fabuleuse *terra del Australes Incognita*… prendre possession d'îles où poussent les épices, améliorer les relations commerciales avec les Chinois, mais aussi empêcher les Anglais de s'installer dans l'océan Pacifique."

Le 15 novembre 1766, la *Boudeuse* appareille de Paimbeuf.

Après avoir remis les Malouines aux Espagnols, Bougainville remonte vers Rio où il retrouve l'*Etoile* le 21 juin 1767.

Les Français s'y avèrent indésirables. Les empoignades entre équipages français et portugais se succèdent. En attente de la bonne saison pour passer le détroit de Magellan, Commerson herborise dans la nature. Il découvre une fleur surprenante, hésitant entre rouge et violet, et grimpant à l'assaut des pierres à l'aide de crochets… En hommage à Bougainville, il lui donne le nom de bougainvillier…

Le 5 décembre 1767, ils entrent dans le détroit de Magellan, et rendent visite aux Patagons. Ils en profitent pour cartographier l'endroit. Ils émergent du goulet le 26 janvier 1768.

Le 3 mars 1768, ils traversent une mer d'un bleu vif qu'émaille une série d'atolls blonds. Face à l'un d'entre eux, ils sont agressés par des indigènes armés de longues lances, ce qui vaut à l'endroit l'appellation d'île des Lanciers. Le 2 avril, ils aperçoivent une île portant un pic vertigineux. Son apparence est si peu avenante qu'elle prend le nom de Boudoir (île de Mehetia).

Le 6 avril, neuf mois après Wallis, ils jettent l'ancre dans un lagon, celui de Hitiaa. L'ancre à peine jetée, les navires se retrouvent cernés par des centaines de pirogues, chargées d'hommes et de femmes nus balayant frénétiquement l'air avec des palmes. C'est une vision d'éden, porteuse de quelque chose d'originel qu'un équipage incrédule contemple. Dans son journal, Bougainville note que "la plupart de ces nymphes étaient nues. Car les hommes et les femmes leur ont enlevé le pagne dont d'ordinaire elles s'enveloppent. Elles nous firent d'abord de leurs pirogues des agaceries où, malgré leur naïveté, on découvrit quelque embarras, soit que la nature ait partout embelli le sexe d'une timidité ingénue. Les hommes, plus simples ou plus libres, s'annoncèrent bientôt clairement. Ils nous pressaient de choisir une femme, de la suivre à terre et leurs gestes non équivoques démontraient la manière dont il fallait faire connaissance avec elle… Au milieu d'un spectacle pareil, quatre cents Français, jeunes marins, et qui depuis six mois n'avaient pas vu de femmes !... Il vint à bord une jeune fille qui vint sur le gaillard arrière se placer à une des écoutilles qui sont au-dessus du cabestan. La jeune fille laissa tomber négligemment son pagne et parut aux yeux de tous telle que Vénus se fit voir au berger phrygien. Elle avait une forme céleste."

Cet accueil sur fond d'érotisme inspire à Bougainville la métaphore de "Nouvelle Cythère" pour désigner l'île. L'abondance des fruits et des légumes permet d'enrayer l'épidémie de scorbut qui sévissait à bord.

Les bateaux mouillent face à la vallée du chef Ere-Ti qui s'empresse d'offrir l'une de ses jeunes femmes à Bougainville.

Les O'Tahitiens "volent" tout ce qui leur tombe sous la main, avec une nette prédilection pour tout ce qui est en fer, ce qui fait dire à Bougainville qu'il n'est pas le premier à passer par là.

Bougainville rencontre le chef Ere-Ti.
(© Musée national de la Marine)

Contrairement à Wallis, Bougainville est accueilli à bras ouverts. Spontanément, les indigènes aident à couper le bois, à remplir les barils d'eau douce, à ramasser les plantes anti-scorbut et les coquillages, tout cela en échange de clous. Officiers et équipage se promènent sans armes dans la vallée, malgré la mort d'un indigène tué par un coup de feu.

Cette nouvelle attitude semble être le fruit d'une peur ancienne, celle engendrée par l'artillerie de Wallis quelques mois auparavant.

Le 14 avril 1769, Bougainville prend officiellement possession de l'île. Il glisse un parchemin signé par tous ses officiers dans une bouteille, et l'enfouit dans un *fare* ayant servi d'hôpital pour ses malades.

Hélas, arrive le jour fatidique du départ. Le chef Ere-Ti monte à bord de la *Boudeuse*. Les adieux sont empreints d'une émotion intense : "Ere-Ti nous embrassa tous, il nous tenait dans ses bras, versant des larmes et paraissant très affecté par notre départ."

La pirogue venue rechercher le chef est chargée de cadeaux distribués par les femmes. Le frère d'Ere-Ti, A'uturu est là. Le chef prie Bougainville de l'emmener avec lui, pour qu'il connaisse cet ailleurs absolu d'où ils sont venus. Après l'avoir présenté aux officiers pour qu'ils veillent sur lui, Bougainville quitte "ainsi ce bon peuple (…)" et ne fut "pas moins surpris du chagrin que leur causait notre départ".

Le 16 avril 1769, les deux navires s'arrachent à l'île. Leur séjour n'aura duré que neuf jours, l'équivalent d'un voyage touristique à Tahiti aujourd'hui. Cependant, cette brève escale allait bouleverser l'imaginaire du monde… Des récits incroyables, des descriptions de paysages oniriques, la réputation de sensualité des indigènes vont faire fantasmer des milliers d'Européens pendant les siècles futurs. Bougainville est le premier grand agent commercial de Tahiti, le géniteur de rêves demeurés aussi vivaces qu'à la parution de son *Voyage autour du monde*, le 15 mai 1771.

Le 16 mars 1769, la *Boudeuse* est de retour à Saint-Malo. Le résultat du voyage est bien maigre : pas de terres nouvelles pour compenser les pertes du traité de Paris, pas d'îles où poussent les épices. Quelques découvertes ont bien été faites par les savants, mais trop superficielles, faute de temps. Bougainville n'a pas rempli sa mission.

Ce n'est qu'en 1779, après un succès littéraire éclatant, qu'il est nommé amiral. Prisonnier pendant la révolution, il est fait comte d'empire par Napoléon. Il meurt en 1811, à l'âge de quatre-vingt-deux ans et a droit à des funérailles au Panthéon.

Jeanne Baret, la première femme autour du monde

Commerson débarque sur l'île de O'Tahiti pour y herboriser. Baret, le fidèle valet qui l'accompagne, porte instruments et boîte à papillotes de buvard.

Sur leur passage, les indigènes écarquillent les yeux, les assaillent tout en s'écriant : "Vahiné. Vahiné !" Il faut l'intervention du chevalier de Bournand, l'officier de garde, pour dégager les deux botanistes et les raccompagner à bord.

Le 28 mai, alors que la *Boudeuse* navigue dans l'archipel des Grandes Cyclades, Bougainville se rend à bord de l'*Etoile* pour y régler quelques affaires courantes. De retour à son navire, il note dans son journal : "J'ai l'occasion d'y vérifier un fait assez singulier. Depuis quelque temps, il courait un bruit dans les deux navires que le domestique de M. de Commerson, nommé Baret, était une femme. Sa structure, le son de sa voix, son menton sans barbe, son attention scrupuleuse à ne jamais changer de linge, ni faire ses nécessités devant qui que ce fût, avaient fait naître et accréditaient le soupçon."

En larmes, le valet avoua être bien une femme. Elle s'appelait Jeanne Baret et avait réussi à duper son maître en portant des habits masculins à l'embarquement dans le port de Rochefort. Elle avait agi ainsi, poussée par la curiosité : elle voulait faire le tour du monde. "Elle sera la première et je lui dois cette justice qu'elle s'est toujours conduite à bord avec la plus scrupuleuse sagesse. Elle n'est ni laide, ni jolie et n'a pas plus de vingt-six à vingt-sept ans."

Jeanne s'efforça de disculper son maître, prenant tous les torts à sa charge, affirmant qu'il n'était pas au courant et qu'elle avait inventé seule ce subterfuge.

Non sans malice, Vivies, le chirurgien du bord, ne laissa planer aucun doute : "Un naturaliste, faisant le tour du monde pour approfondir et augmenter les connaissances de la nature… embarqua à cet effet, pour son domestique, une fille déguisée, soi-disant de la Bourgogne et ayant des noms de rechange… Le doux repos qu'il goûtait depuis longtemps fut interrompu par un petit murmure qui s'éleva dans l'équipage, qu'il y avait à bord une fille. On jeta les yeux sur notre petit bonhomme. Tout annonçait en lui un *hombre* féminin."

Les marins qui l'observaient devenaient de plus en plus pressants et "notre homme postiche nous assura qu'il n'était nullement du sexe féminin".

Après l'incident de l'escale de O'Tahiti, Bougainville ne put garder le secret de Jeanne Baret. Il officialise le statut féminin de Jeanne dans le journal de bord tout en ajoutant que "La cour, je crois, lui pardonnera l'infraction aux ordonnances".

Cependant, la situation met Commerson dans l'embarras, Bougainville se voit obligé de le mettre aux arrêts pour avoir désobéi aux ordonnances royales. Jeanne et Commerson sont débarqués à l'île de France. Ensemble, ils herborisent dans les îles de la Réunion et de Madagascar. Le 13 mars 1773, Jeanne est au chevet de son maître quand il décède à l'île de France.

James Cook (1728-1779)

A une époque où les grands navigateurs sont tous aristocrates, rien ne prédispose James Cook à l'extraordinaire destin qui l'attend. Il est né dans une ferme du Yorkshire le 27 octobre 1728.

A treize ans, il est épicier, mais démissionne très vite pour un emploi mieux adapté à ses talents : apprenti chez l'armateur John Walker. Ses qualités exceptionnelles n'échappent pas à son patron qui l'initie à l'art de la navigation, puis l'engage sur un charbonnier, le *Free Love*. C'est sur ce type de bateau qu'il découvre sa véritable vocation : la mer... Il n'a que vingt-sept ans, quand il commande l'un des charbonniers de John Walker.

Cependant, il trouve plus intéressant d'être simple matelot dans la prestigieuse Royal Navy. En 1758, il embarque sur le *Mercure*. Destination ? Le Canada, où il doit établir la topographie du Saint-Laurent en vue de l'attaque de Québec.

En 1776, il est à Terre-Neuve quand il observe une éclipse de soleil. La magie du phénomène lui inspire un rapport brillant. Impressionnée, la Société royale de géographie de Londres le publie dans une revue à la pointe de toutes les découvertes.

Le passage de Vénus devant le Soleil est programmé pour le 3 juin 1769. Pour les savants de l'époque, ce phénomène rarissime est précieux : il devrait permettre de découvrir la distance de la Terre au Soleil. Pour observer l'événement, la Société royale de géographie de Londres retient trois sites. Sur recommandation de Wallis, on choisit l'île de Tahiti.

Afin d'atteindre ce point d'observation reculé, il faut un capitaine d'élite. Un nom s'impose : James Cook... Malgré ses origines, il est devenu ingénieur de marine et lieutenant de la Royal Navy, mais surtout "excellent mathématicien, très expert en besogne".

Premier voyage

L'*Endeavour* (1768-1771)

Aux frégates et corvettes rapides mais trop fragiles, James Cook préfère un charbonnier, type simple de bateau sur lequel il fit ses premiers pas. L'*Earl of Pembroke* rebaptisé *Endeavour* et armé de six canons est promis à un destin mythique. A bord, James Cook est secondé par Zachary Hicks et John Gore, un ancien du voyage autour du monde de Byron.

James Cook
(© Musée national de la Marine)

A l'équipage militaire, se joignent des civils, des *experimental gentlemen* : Charles Green, un astronome et Joseph Banks, un passionné d'histoire. Aristocrate fortuné, ce dernier apporte 10 000 livres à la cassette du bord, cependant il pose de sérieux problèmes domestiques avec sa suite : quatre serviteurs, un secrétaire, le naturaliste Daniel Solender ayant lui aussi son propre secrétaire, le dessinateur herboriste Sydney Parkinson, l'artiste peintre Alexandre Busan et... deux chiens !

Au total, une centaine de personnes vivent à bord, particulièrement choyées, tant par la qualité de la nourriture que par le respect d'une hygiène voulue par James Cook. Outre des conserves de choucroute, des salaisons, des citrons, des oignons pour combattre le scorbut, on embarque des bêtes sur pieds comme "des cochons, des volailles et une chèvre qui a déjà fait le tour du monde avec Wallis et assure avec régularité le lait nécessaire pour le thé des officiers..." et "elle terminera sa seconde boucle en parfaite santé".

Le 26 août 1768, l'*Endeavour* quitte le port de Plymouth. Sa mission officielle est l'observation de l'éclipse du Soleil. Mais le pli secret ouvert en mer révèle un autre objectif : "Avec le consentement des indigènes, vous prendrez aussi possession des positions convenables du pays, au nom du roi de Grande-Bretagne."

Le 30 janvier 1769, l'*Endeavour* double la pointe sud de l'Amérique, prend les alizés direction Tahiti. Le 13 avril 1769, après avoir défié "l'archipel Dangereux", le charbonnier jette l'ancre dans la baie de Matavai. Un an et six jours après Bougainville, l'équipage découvre Tahiti.

Un homme, qu'ils surnomment Hercule en raison de sa robustesse, les accueille. C'est le chef Tootahah en personne. Fidèle à la coutume, il s'avance chargé de cadeaux.

Pour installer son observatoire, Cook choisit une longue langue de sable couleur ébène. Seules s'y inscrivent les traces d'oiseaux pélagiques.

En peu de temps, cet endroit désert devient forteresse sous haute surveillance. Malgré tout, l'octant disparaît. Banks le retrouvera dans une case.

Le 3 juin 1767, tout est prêt. Le ciel est parfaitement clair, l'éclipse doit commencer à 9 h 21 et s'achever à 15 heures... Les O'Tahitiens regardent dans la lunette. Effrayés, ils voient Taurua entrer dans le ventre de Râ pour engendrer la nuit en plein jour...

Le premier volet de la mission terminé, Cook en ouvre le second. Il commence son relevé topographique. On lui parle de deux navires l'ayant précédé. Il découvre l'isthme reliant les deux îles et écrit que "la partie où nous nous trouvons s'appelle Tahiti Nui, le chef en est Tutaha. L'autre côté est considéré comme terre ennemie et on le désigne sous le nom de Tahiti Iti. Notre route nous amène à Papara, le royaume de notre amie Purea... Celle-ci est absente... Elle était à bord de l'*Endeavour*, conduite par un ancien maître d'équipage de Wallis qui l'avait reconnue".

Emerveillé, Cook décrit le *marae* de Purea et de son mari Amo : "merveille architecturale locale, pyramide rectangulaire dont la base mesure 267 pieds (81 mètres) par 87 pieds (26,5 mètres) sur une hauteur de 44 pieds (13,5 mètres)"... Au sommet, on a déposé une foultitude d'offrandes, preuves d'un polythéisme aussi fervent que vivant. Cependant, Cook remarque que "son état de délabrement semble indiquer qu'il a été construit il y a longtemps".

Le 13 juillet 1769, l'*Endeavour* lève l'ancre. Durant ces trois mois d'escale, l'équipage a pu largement apprécier l'hédonisme indigène et expérimenter tous les plaisirs : culinaires, festifs comme ceux liés à l'amour. Par empirisme, Banks le naturaliste fait une découverte scientifique : "les Européennes ne les surpassent que pour le teint. Pour tout le reste, les Tahitiennes sont supérieures."

Quant à Cook qui ne succomba jamais à la tentation de la chair, il confesse avoir "infligé à Archibald Wolf deux douzaines de coups de fouet (...) pour avoir pénétré dans des soutes à provisions et y avoir volé une grande quantité de clous à large tête". Décidément, le prix d'une vahiné augmentait dangereusement...

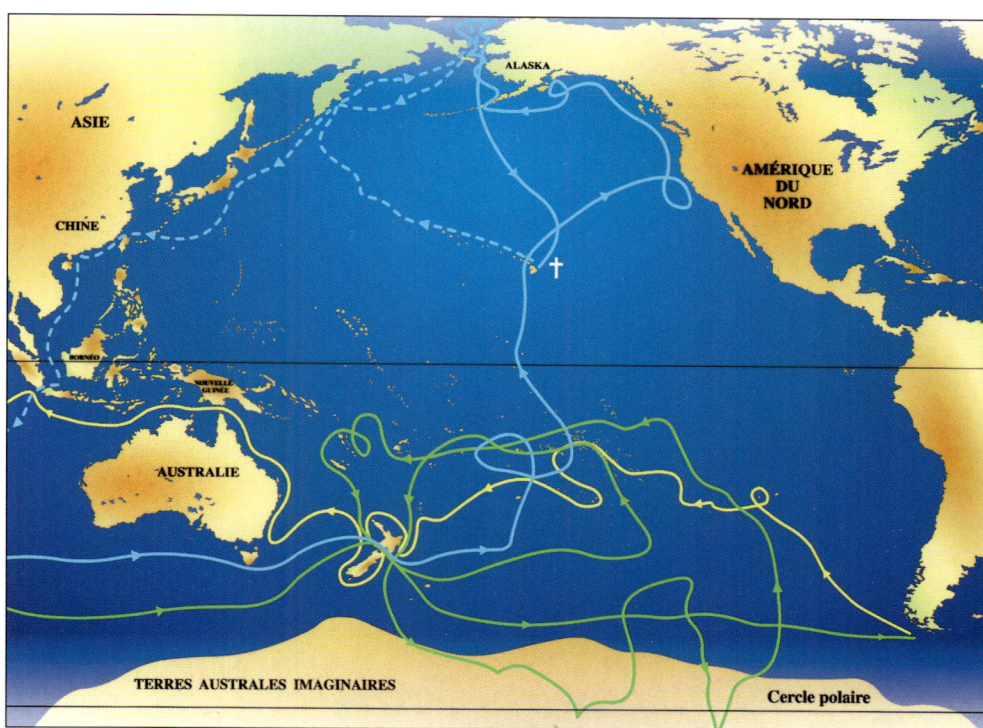

Les trois voyages de James Cook

Tupaïa, ancien grand prêtre de la chéfesse Purea suivi de son domestique, accompagne Cook et son équipage sur le chemin du retour. Les deux hommes vont se révéler de précieux guides, grâce à une connaissance exhaustive des îles environnantes. Ainsi, Cook peut aborder l'île de Huahine le 16 juillet 1769. Il débarque à Raïatea le 20 juillet. Là, il découvre le grand *marae* sacré de Taputapuatea et son ossuaire de crânes et de mâchoires.

Le 9 août 1769, l'*Endeavour* appareille, chargé de fruits, de volailles et de cochons. Il fait une brève escale à Tahaa et se contente d'y envoyer une chaloupe qui revient avec des victuailles... Plus loin, ils aperçoivent l'atoll de Tupuai, puis une île minuscule, une merveille de terre en miniature, qu'il nomme Maurua (l'actuelle Maupiti). Ils prennent possession de toutes ces îles au nom du roi George III. L'archipel est baptisé îles de la Société en hommage à la Société royale de géographie de Londres.

Puis Cook fait route plein sud, têtu et toujours en quête du mythique continent austral. A l'endroit où Tupaïa lui avait indiqué une terre, il trouve l'actuelle Rurutu. Mais, face à l'hostilité de guerriers féroces, il poursuit sa route. Il interroge Tupaïa sur l'existence possible d'une terre plus au sud. Ce dernier affirme que l'île australe la plus lointaine qu'il ait jamais visitée se situe à deux jours de navigation de là et se nomme

Mouton (aujourd'hui Tubuai). Il ajoute que son père lui a parlé d'autres îles plus au sud, mais que jamais il n'a entendu dire qu'il y avait de grandes étendues de terres.

Le 29 septembre, l'*Endeavour* atteint la latitude de 40° sud, sans rien voir d'autre que l'océan. Pendant six mois, il écume tout ce secteur du Pacifique, en vain. Cook parvient à la conclusion que "si ce continent austral existait, il était au-delà du 48e parallèle sud et au-delà du 167e méridien".

Après une escale en Nouvelle-Zélande, il longe une longue terre qu'il appelle Nouvelle-Galles-du-Sud" (la Nouvelle-Guinée). Il s'arrête quelque temps à Batavia pour faire soigner ses marins souffrant de dysenterie. Puis il fait voile vers l'Angleterre et pénètre dans le port de Douvres le 13 juillet 1771.

Si l'observation de Vénus fut peu concluante, l'expédition se révéla riche en renseignements. James Cook ramenait des cartes détaillées, mais surtout une certitude, celle que "ce voyage a fait disparaître la plupart, sinon la totalité des arguments avancés par divers auteurs pour prouver qu'il doit exister un continent austral... du moins tout au nord du 40e parallèle sud, car j'ignore ce qui peut se trouver au sud de cette latitude".

Le second voyage

Le *Resolution* et l'*Adventure* (1772-1775)

James Cook est à présent commandeur. Pour conforter les déductions faites sur l'existence du continent austral, l'amirauté décide d'une nouvelle expédition. Et Cook est chargé de la diriger.

Il reste fidèle à son type de bateau. Deux charbonniers sont rebaptisés le *Resolution* et l'*Adventure*. Parmi les officiers, certains sont des anciens de l'*Endeavour*. A nouveau, il embarque savants et artistes désireux de faire évoluer la science : l'astronome William Walles, le peintre paysagiste William Hodges, John Forster et son fils Georges, tous deux naturalistes allemands. Le navire dispose de quatre chronomètres, dont le quatrième exemplaire de Harrison, spécialement réservé à Cook.

Le 13 juillet 1772, ils appareillent de Plymouth. Ordre de mission ? "Retrouver, s'il existait, le cap de la Circoncision découvert par Bouvet de Lozier (île Bouvet) en 1738 par 54° de latitude sud. Et de faire le tour de la terre par les hautes latitudes avant de rentrer par le cap." Cela consiste à naviguer le plus au sud possible, afin d'élucider le mystère du continent austral.

Le 18 janvier 1773, James Cook navigue dans les 60e hurlants de latitude sud, soit à 42 milles nautiques seulement du cercle polaire. Les conditions de navigation sont épouvantables. Arrivé en limite de banquise, la température tombe en dessous de zéro et les marins manœuvrent voiles et écoutes couvertes de glace.

Là, il ne trouve rien, pas un souffle de vie. Il quitte les eaux glacées pour rejoindre le 17 août 1773 l'île du Roi-George.

Ils y reçoivent l'accueil traditionnel. Cependant, Cook remarque un léger changement de mentalité... Les vahinés sont devenues plus agressives, les voleurs plus nombreux... La mort dans l'âme, Cook le pacifique se voit obligé de faire tirer "au-dessus des têtes" par ses fusiliers, ainsi que de faire donner un coup de canon chargé à mitraille.

Le 26 août, les deux bateaux mouillent dans "la baie Royale" (baie de Mataval) de Tahiti. Cette fois, c'est un nouveau chef qui rend visite à Cook. Ce dernier s'appelle Tu. Son pouvoir est d'autant plus grand que, suite à deux guerres sanglantes, ils ne sont plus que deux *ari'i* à diriger l'île. Plus tard, Tu deviendra le premier roi de Tahiti et inaugurera la dynastie des Pomaré.

Le 1er septembre, le *Resolution* et l'*Adventure* quittent Tahiti, rejoignent Huahine, et poursuivent vers le sud à la recherche des terres australes. Mais, face à une mer froide et désespérément déserte, ils remontent vers les Marquises, et retournent enfin à Tahiti le 22 avril 1774.

Cook trouve Tu sur le pied de guerre. Sept mille hommes répartis sur trois cents pirogues doubles se préparent à attaquer Moorea et son chef Mahine. Tu sollicite l'aide de Cook et de ses armes à feu. Ce que l'humaniste refuse.

Le 4 juin, Cook quitte les îles de la Société. Sur la route de retour, le 4 septembre 1774, le matelot Colnett crie du haut de la hune : "Terre droit devant." Cette terre ? C'est la grande, celle pressentie par Bougainville, autrement dit la Nouvelle-Calédonie.

Après une escale de plus d'un mois au Cap, Cook remonte l'Atlantique et arrive à Portsmouth le 30 juillet 1775.

Sa grande fierté est d'avoir ramené un équipage en bonne santé, malgré les fatigues et privations. Il conclut son rapport en prétendant que "c'est ce qui restera quand on aura cessé de se disputer sur l'existence du continent austral". A cette conclusion, ajoutons que l'histoire retiendra aussi l'expérimentation du chronomètre, véritable révolution dans les méthodes de navigation.

Le troisième voyage

Le *Resolution* et le *Discovery* (1776-1780)

James Cook, nommé capitaine, est admis à la Société royale de géographie de Londres. Le calcul de la longitude étant plus précis grâce à l'invention du chronomètre, on peut enfin rectifier certaines positions géographiques dans le Pacifique.

Maintenant que la non-existence du continent austral est avérée, il faut trouver un passage Nord-Ouest, signalé sur de nombreuses cartes et jamais découvert. L'Angleterre s'attaque au problème : d'abord par l'Atlantique nord avec Richard Pickersgill sur le *Lion*, puis par le Pacifique avec James Cook sur le *Resolution*.

Sur le *Resolution*, Cook repart avec les mêmes marins. Mais, il a un nouveau maître d'équipage du nom de Bligh qui deviendra célèbre lorsqu'il commandera le *Bounty*.

Le *Discovery* est aussi un ancien charbonnier. Il est commandé par Charles Clerk, ancien lieutenant du *Resolution*. A bord, se trouvent, l'astronome William Beyley, le peintre John Webber et O'Maï, un autochtone rentrant au *fenua*, l'île d'Huahine.

Le 12 juillet 1775, James Cook reprend la mer. Il ouvre son ordre de mission : il doit se rendre au Cap, naviguer sur Tahiti, puis remonter le plus au nord possible entre la baie d'Hudson et la mer de Baffin. Deux tentatives seront effectuées, l'une au cours de l'été 1777, l'autre en été 1778.

Parvenu en Nouvelle-Zélande, Cook s'y repose dans la baie des Navires du 12 au 25 février 1777... Il fait route vers Tahiti quand un coup de vent brutal le pousse vers le nord à travers un archipel inconnu qui portera son nom, les îles Cook.

Le 2 et 3 septembre 1777, il arrive à Tahiti. Il y retrouve le chef Tu, toujours en guerre avec Moorea. Pour s'attirer la faveur des dieux et gagner la bataille, Tu fait exécuter des dizaines d'hommes sur la pierre du sacrifice. Cook est horrifié par ce carnage qu'il voudrait arrêter. Le 30 septembre, il se rend sur Moorea pour tenter de réconcilier les deux chefs ennemis, mais sa mission échoue. Néanmoins, il fait savoir que Tu est son ami et qu'il le protégera. Il continue alors sur Huahine, y débarque O'Maï chargé de cadeaux anglais pour son île natale.

Le 8 décembre, il appareille direction plein nord. Afin de faire provision d'eau, il fait escale dans un archipel inconnu qu'il baptise îles Sandwich. Puis il remonte vers le nord, jette l'ancre face à l'actuelle île de Vancouver, y découvre les indigènes. "Les contacts sont faciles..." écrit-il. "Des gens surprenants qui offrirent aux Anglais des mains et des crânes encore couverts de chairs. Il ne leur restait que ces morceaux, ils avaient mangé le reste."

La quête du fameux passage continue. Après un pillage manqué du *Discovery*, le navigateur se dirige vers le nord, longe les côtes glacées de l'Alaska, traverse les îles Aléoutiennes. Il pénètre le détroit de Behring, prend possession de l'île Ronde et de la baie de Bristol. Et toujours pas de passage vers l'Atlantique. Cook en conclut alors que "s'il est invisible, c'est qu'il est imaginaire".

Devant réparer d'urgence le mât de misaine, l'expédition regagne les Sandwich. Le 16 janvier 1779, les deux bateaux sont ancrés à KealaKekua quand le journal de bord tenu par James Cook s'arrête brutalement... Dans ses dernières phrases, l'explorateur dit que "les vaisseaux

Cook assiste à un sacrifice humain.
(© Musée national de la Marine)

continuèrent à être envahis de naturels et environnés par une multitude de pirogues. Nulle part au cours de mes voyages, je n'avais vu une telle quantité de gens rassemblés au même endroit... La singularité du spectacle ne laissait pas d'être saisissant... Si nous n'avions pas trouvé le passage vers notre pays par l'Atlantique nord, nous avions la compensation de visiter à nouveau les îles Sandwich et d'enrichir notre voyage d'une découverte qui, bien qu'elle fût la dernière, paraissait à bien des égards la plus importante qu'eussent faite les Européens sur toute l'étendue de l'océan Pacifique." Après ces derniers mots, c'est le grand silence... celui de la page blanche. Que s'est-il passé ? Le 14 février 1779, le capitaine James Cook était assommé, puis tué d'un coup de *pahooa* avant de tomber tête dans l'eau...

Le capitaine Charles Clerk, après s'être fait remplacer par le lieutenant James King à bord du *Discovery*, prend le commandement du *Resolution*. Les deux officiers font l'impossible pour récupérer le corps de James Cook. Mais, les cannibales en ayant dévoré une bonne partie, ils n'en rapportent que la tête et les mains. Mis dans un cercueil, ces restes sont immergés selon le cérémonial réglementaire de la marine de Sa Majesté.

Charles Clerk continue l'exploration d'autres îles de l'archipel, puis longe les côtes américaines. Le 22 août 1779, il meurt à son tour. Le lieutenant Gore lui succède. Ils reviennent par les côtes du Japon. Passant par Macao, ils apprennent que l'Angleterre est en guerre avec l'Espagne et la France qui soutiennent la révolution des colonies américaines.

Le 22 août 1780, ils entrent dans le port anglais de Stromness. Ce troisième voyage aura duré plus de quatre ans. James Cook fut reconnu par toutes les nations comme étant "le plus grand génie des voyages maritimes".

Louis XVI, grand admirateur du capitaine Cook, le sachant en mer, transmit les recommandations suivantes au ministre de la Marine pour qu'elles soient diffusées auprès de tous les capitaines de bâtiments français : "C'est le bon plaisir du roi que le capitaine Cook soit traité comme appartenant à une puissance neutre et alliée, et que tous les capitaines de vaisseaux armés qui rencontreront ce célèbre navigateur le mettent au courant des présentes instructions données par le roi à son sujet..."

Benjamin Franklin, qui se trouvait alors à Paris, joignit les mêmes directives aux lettres de marques délivrées aux navires indépendantistes américains.

La fabuleuse aventure d'O'Maï
(au recto du menu du restaurant *O'Maï*, hôtel *Sofitel Heiva* d'Huahine)

En 1774, Londres découvre son premier "indigène des îles des mers du Sud", O'Maï.

Originaire de Raïatea, il assiste à l'arrivée des premiers Européens en Polynésie. Curieux de tout, il réussit à convaincre le capitaine Furneaux de l'embarquer à bord de son navire l'*Adventure*.

A Londres, il est reçu par le roi George III et plonge dans la tourmente de la grande capitale européenne.

Homme de goût, il se fait confectionner de somptueux habits dans les meilleurs tissus.

Il fréquente l'opéra, les champs de courses, visite les musées, prend des leçons de danse et se montre excellent cuisinier.

Il apprend même à certains Londoniens comment confectionner un four tahitien.

Lorsque Cook retourne dans le Pacifique en 1776, il embarque O'Maï qui laisse en cadeau d'adieu au capitaine Furneaux son tabouret en bois avec lequel il se promenait partout. Le tabouret a été racheté par le gouvernement territorial afin qu'il puisse être présenté au public au musée de Tahiti et des Iles.

O'Maï terminera sa vie dans l'île d'Huahine dans une petite maison meublée à l'européenne et s'éteindra sous le portrait du roi d'Angleterre.

James Cook à Bora Bora (© Musée national de la Marine)

Les vahinés "habillées" par les peintres de James Cook
(© Musée national de la Marine)

CHAPITRE 4

L'ARCHIPEL DES MARQUISES

1 – Les temps anciens

Les premiers hommes arrivèrent en éclaireurs. Investis de la confiance des prêtres, ces pionniers, ces étoffes de héros étaient envoyés à la recherche de nouvelles terres.

A peine avaient-ils posé le pied sur une île, qu'ils l'exploraient dans tous ses replis. Y avait-il de l'eau douce, des sols fertiles, des zones constructibles ? Si le lieu était jugé apte à l'accueil d'une colonie, les conquérants l'adoptaient. Certains restaient pour préparer le berceau des futurs migrants, pendant que d'autres allaient chercher ceux restés en arrière. Ils étaient guidés par deux étoiles : l'une qu'ils savaient posée au zénith de l'île qu'ils allaient quitter, l'autre au zénith de l'île qu'ils allaient coloniser.

En 1958, les travaux du professeur Suggs sont venu confirmer que, de tous ceux du triangle polynésien, l'archipel des Marquises fut le premier à avoir été colonisé. Ses travaux contiennent une chronologie de l'évolution humaine aux Marquises.

La période d'installation (150 av. J.-C. – 100 apr. J.-C.)

Les premiers migrants viennent de Mélanésie. Les fouilles ont exhumé des fragments de poterie lapita avec son caractéristique glacis rouge, traces de vie passée sur les îles où se trouve de l'argile. A leurs débuts, les hommes et leurs animaux ont vécu sur les plages d'accès facile, là où les vallées s'ouvraient comme des fleurs... Végétales, les maisons ressemblaient à des œufs posés à même la terre.

La période de développement (100-1100)

La population augmente vertigineusement. L'habitat s'éparpille le long des côtes. Les constructions de bois rectangulaires sont élevées sur une plate-forme de pierres larges : le *pae pae*. Des hameçons en os ainsi que des couteaux en coquillage ont été exhumés.

La période d'expansion (1100-1400)

Le taux de natalité grimpe... Pour accoucher, les femmes s'adossent à la mer et attendent la septième vague, la plus forte, celle qui aidera leur enfant à sortir.

La promiscuité, la surpopulation des plages engendrent l'agressivité. Pour trouver un peu d'espace, certains partent habiter au fond de vallées reculées, d'autres reprennent la mer. Un changement de société s'amorce. Les *a'he* sont construits sur des *pae pae* de plus en plus larges. Une hiérarchie sociale s'esquisse à travers l'architecture. Des outils comme le pilon de pierre apparaissent. Des hameçons de coquillage de plus en plus complexes témoignent d'échanges avec d'autres archipels, tels ceux de la Société ou des Tuamotu.

La période classique (1400 à 1790)

C'est l'âge d'or du peuple marquisien... La courbe de population continue de croître. Agriculture et élevage sont en pleine extension. Taro et igname sont cultivés en terrasse, les pêches sont miraculeuses.

L'heure est au mystique. Les *pae pae* deviennent de plus en plus hauts, de plus en plus vastes. On bâtit des centres cérémoniels monumentaux. Ce sont des cités interdites. Les arts sacrés s'y développent : danse, chant, art de la parole. La sculpture y prend une ampleur toute particulière avec les *tikis*: statues anthropomorphes ou zoomorphes représentant les dieux. Taillés dans le bois, le tuf ou le basalte tendre, ils protègent les *me'ae* ou l'entrée des maisons.

Période historique (à partir de 1790)

Les Européens découvrent les Marquises en 1595. Mais leur influence ne se fait sentir qu'à partir de 1790. Le choc de la rencontre avec l'Occident ouvre une blessure dans l'âme des Marquisiens, les coupe de leur langue, de leur culture et de leur passé, créant de graves problèmes d'identité, heureusement celle-ci est aujourd'hui en train de renaître.

La société marquisienne

En 1790, la population marquisienne était estimée à quelque 60 000 habitants. Concentrés au fond de leurs vallées, plusieurs clans restaient farouchement attachés à leur indépendance.

"A l'intérieur de la tribu, les Marquisiens reconnaissaient en gros deux classes : la classe *tapu* ou classe restreinte, et la classe non *tapu* correspondant aux gens du commun."

Le pouvoir était aux mains d'une élite regroupée par intérêts, alliances politiques et mariages. Pas de discrimination sexiste : l'*ari'i*, le chef, peut être un homme ou une femme. A part le port de la couronne de plumes vertes et rouges, du sceptre et de l'éventail au manche fait d'un os humain, il ne détient aucun privilège. Plus que des pouvoirs il a des devoirs : veiller au partage de la nourriture en temps de disette, faire respecter les innombrables *tapu*... "tabou" en français. Le mot puise son origine sémantique aux Marquises. L'Europe en découvrit le sens en lisant les *Relations de voyage* de James Cook. Le *tapu* est le fondement même de cette société unique au monde, demeurée isolée pendant mille ans du reste de monde. Le *tapu* est un interdit, dicté par les dieux, tranmis par les prêtres et sauvegardé par les chefs. Tout peut être tabouisé. Certains comme voués aux dignitaires, les femmes qui ont leurs règles, certains lieux comme les temples ou les cases des prêtres, les grottes... D'autres, tels ceux touchant à la nourriture pour faire des provisions ne sont qu'occasionnels. La déclaration du *tapu* se fait au cours d'un rituel précis, avec discours entrecoupés de sacrifices humains. Leur transgression peut être punie de sanctions aussi sévères que la peine de mort.

Le plus puissant du groupe est le *tau'a*, celui qui est "inspiré". Hommes ou femmes, ils sont prophètes et sorciers... On pensait que leur don était héréditaire. Les *tuhuna* ou prêtres sont investis par leurs prédécesseurs. Ils servent d'intermédiaires entre les dieux et les hommes.

Le panthéon marquisien est peuplé d'une foule de dieux. Ils se manifestent partout dans la vie ordinaire, dans le moindre frémissement de feuille, le moindre nuage, vent, mouvement de la mer, ou repli de rocher. Toute décision, celle de cultiver, de pêcher, de construire, de faire la guerre ou la paix est prise après consultation

Haut
Le tohua Hikoku'a d'Hatiheu

Bas
Le marae de Paeke

Page 30
La côte sauvage de Nuku Hiva

Page 31
Les habitants des Marquises vus par Radiguet
(Courtoisie mairie de Nuku Hiva)

des dieux. Ce sont les acteurs de toutes les catastrophes, disettes ou maladies. Leur clémence est alors invoquée par l'intermédiaire d'offrandes : fruits ou sang de sacrifices d'animaux et d'humains.

Les dieux s'incarnent dans la nature : vents, tonnerre, courants et tempêtes, soleil et étoiles... D'autres plus spécifiques dérivent de l'expression culturelle : pêche, taro, *tapa*, tatouage... Attachés à une famille, il s'agit alors des ancêtres déifiés.

Quand une personne décède, son corps est momifié puis laissé dans un cabanon à l'écart de l'habitat. Au bout de quelques années, la peau est grattée pour la débarrasser de tous les tatouages, et le corps enveloppé dans un linceul de *tapa* est mis dans un cercueil en forme de pirogue. Celui-ci est placé dans une grotte qui domine la vallée du clan, dans le mur d'un temple ou déposé dans les racines d'un banian, l'arbre sacré.

Autre personnage important du paysage social : le *to'a*, le guerrier. Le Marquisien est extrêmement robuste. Ses membres aguerris aux luttes avec la mer sont vigoureux. Tout homme jeune est un guerrier potentiel. Pour le devenir, il lui suffit de faire acte d'héroïsme et preuve de courage. Chacun de ses hauts faits fournissait le sujet de tatouages. Les récits et dessins des navigateurs du XIXe siècle en décrivent certains : ils sont tatoués de la tête aux pieds. L'air féroce, ils portent un collier de dents de cochon sauvage, symbole de force et de virilité. A leur ceinture, les crânes des ennemis tués servent à transporter les munitions. Ils sont armés de massues, de lances et de casses-têtes sculptés dans du bois de fer qui porte le même nom que le guerrier, le *to'a*... Pour les Marquisiens, la guerre est un art de vivre. C'est un droit de réponse au viol d'un *tapu*, aussi bien qu'une chasse à l'homme pour capturer des prisonniers à sacrifier aux dieux.

L'habitat traditionnel

Aujourd'hui, ne reste plus qu'une végétation goulue avalant les vestiges de pierre. Sucées par les eaux, les terrasses des *pae pae* s'écroulent dans un silence impavide.

Quand on s'en approche, on sent les pierres qui palpitent, aussi vivantes que les énormes banians plantés par les anciens. En revanche, ont été gommés du paysage, les maisons végétales qui s'élevaient au sommet des *pae pae*, les poteaux sculptés qui supportaient leurs poutres faîtières, leur toit pentu en feuilles de cocotier ou d'arbre à pain, l'échelle de bois en permettant l'accès. Sous l'auvent, un mobilier minimaliste se résumait à un lit de feuillages où tous dormaient côte à côte... Le contact avec le sol leur faisait faire des rêves au cours desquels ils communiquaient avec le lointain des vivants comme des morts.

La reconstruction d'une structure pour le Festival des arts des Marquises par l'archéologue Ottino, sur le marae d'Hikoku'a (Hatiheu).

2 – Les Marquises deviennent françaises

Le protectorat

Autour des îles, il n'y a qu'un vide aquatique immense par où les premiers Ma'ohi sont arrivés. La terre, cet élément si précieux et si rare, ils l'ont appelée Fenua Enata : la terre des hommes.

A 1 500 kilomètres de Tahiti, 4 000 kilomètres de Hawaii, 500 kilomètres des Tuamotu, les Enata ont vécu isolés du reste du monde pendant près de mille ans. Les îles n'ayant que quelque cinq millions d'années, elles sont trop jeunes pour avoir formé leur barrière de corail. Turbulent, l'océan bute au pied de pics acérés et les rend inaccessibles.

En 1595, Mendaña atteint l'archipel, mais il n'y reste que peu de temps. Horrifié par les rites cannibales et les guerriers féroces tatoués de la tête aux pieds, il prend le large vers d'autres chimères.

Pendant cent soixante dix-neuf ans, ces "terres de sauvages" posées en exergue des routes commerciales vont être négligées par l'Occident. Alors que les découvreurs affluent dans les îles de la Société, Fenua Enata n'a aucun contact avec l'extérieur.

En 1774, Cook y débarque avec la certitude qu'il s'agit bien des terres découvertes par Mendaña. Il précise leur position et décrit ses habitants : "Sans exception la plus belle race des indigènes peuplant ces parages, par la beauté de leur silhouette et la régularité de leurs traits, ils surpassent toutes les autres nations."

Le commerce des fourrures sur les côtes nord-américaines y amène quelques aventuriers. En avril 1791, un Américain, Joseph Ingraham, aperçoit des îles qu'il croit inconnues. Il s'empresse de les faire éponymes des glorieux démocrates de son pays : Washington, Adams ou Lincoln... Cependant, le candide patriote émet certaines réserves : "S'il est plus tard prouvé que des îles dans la même position ont déjà été vues, je renoncerai à mes titres avec aussi peu de cérémonie qu'en les réclamant."

Le 21 juin de la même année, c'est au tour du Français Etienne Marchand de les aborder. Le *Solide* jette l'ancre au large de l'actuelle Tahuata. S'en croyant lui aussi l'inventeur, il baptise l'île Adam des Américains l'île de la Révolution. Il prend alors possession de l'île "aux habitants semblables aux premiers hommes qu'on nous dit avoir habité la terre durant l'âge d'or". Non sans quelques remords, il précise qu'il n'a "jamais pu concevoir comment et de quel droit une nation policée pouvait s'emparer d'une

Chef de l'île de Sainte Christine.
(© Musée national de la Marine)

terre habitée sans le consentement de ses habitants". Plus tard, il découvre une autre île, plus grande qu'il nomme Beaux du nom de son armateur, l'actuelle Nuku Hiva.

Mais, n'étant pas chargé de découvertes par ses commanditaires, Etienne Marchand poursuit sa mission véritable : le marché des fourrures...

Le 4 juin 1797, les autochtones de Tahuata voient débarquer une nouvelle sorte de découvreurs. Ces derniers s'appellent Harris et Crook. Ce sont deux missionnaires anglais arrivant de Tahiti à bord du *Duff**.

En 1804, les deux bateaux de la première expédition russe dans le Pacifique parviennent à Nuku Hiva. Il s'agit d'une entreprise scientifique. Des savants, des dessinateurs viennent collecter des renseignements sur la géologie et la géographie du pays, les mœurs et les coutumes des indigènes.

Parmi tous ces navigateurs de passage, les commerçants sont de loin les plus meurtriers. Les marchands de fourrure cherchent les vents portant au nord et de l'eau douce. Quant aux pêcheurs des baleiniers guettant l'arrivée des cétacés en cours de migration, ce sont de rudes gaillards : extradés des prisons du monde entier, ils sont embarqués pour un travail de force extrêmement pénible. Ils introduisent l'alcool, la variole et les maladies vénériennes qui déciment

* Le *Duff* est le premier navire affrété par la London Missionary Society.

la population. Les marchands de santal se conduisent en pillards, éradiquant le bois précieux pour le vendre à prix d'or en Chine, sans que les pauvres Marquisiens puissent s'y opposer.

Face à ces marins sans foi ni loi, les gouvernements réagissent pour préserver leurs ressortissants. Le 23 octobre 1813, un navire américain, l'*Essex*, commandé par le capitaine David Porter jette l'ancre à Nuku Hiva. Le 19 novembre, l'officier prend officiellement possession des Marquises au nom des Etats-Unis. Mais il n'est pas mandaté pour trouver de nouvelles terres, et l'Amérique abandonne tout projet de colonisation.

Les expéditions scientifiques françaises se multiplient dans le Pacifique. En 1836, Abel Dupetit-Thouars fait le tour du monde à bord de la *Vénus*. Il étudie les zones de chasse à la baleine et tente d'aplanir les difficultés rencontrées par ses compatriotes dans le Pacifique. En 1838, il fait escale à Tahuata. Il est reçu par le chef Iotete. Selon la coutume ma'ohi, un échange de noms va sceller une amitié indéfectible entre les deux hommes.

A la suite de ce pacte d'amitié, Dupetit-Thouars part à Tahiti où deux pères de Picpus ont été expulsés. Après avoir présenté des excuses officielles, la reine Pomaré lui accorde un droit de commerce sur les îles. En 1839, l'amiral achève son tour du monde et obtient le commandement de la station navale du Pacifique.

Les terres du Pacifique n'appartiennent alors à personne mais elles sont convoitées par tous ceux qui veulent y créer des bases et des amitiés pour affirmer leur autorité.

En 1840, l'Angleterre prend possession de la Nouvelle-Zélande. Côté français, Abel Dupetit-Thouars est chargé de s'emparer des Marquises au nom du roi Louis-Philippe.

Le 28 avril 1842, la *Reine-Blanche* et son escorte de treize navires arrivent à Tahuata. L'amiral retrouve son vieil ami Iotete. Ensemble, les deux complices vont convaincre les chefs de district d'accepter la souveraineté de la France en échange "d'aide et protection".

Le 1er mai 1842 c'est le jour de la fête de Sa Majesté Louis-Philippe. Le drapeau français est hissé dans la baie de Vaïtatu… Iotete est superbe. Son visage bleui de tatouages est rehaussé d'un diadème serti de verroteries. Il se tient bien droit, corps sanglé dans son costume Louis XV galonné d'or. En tenue d'apparat lui aussi, l'amiral Dupetit-Thouars sort son épée. Il frappe le sol et déclare la prise de possession de l'archipel. Jugeant qu'en ces temps monarchiques l'appellation de "Révolution" donnée à ce dernier par Etienne Marchand n'est pas politiquement correcte, il lui rend son nom plus aristocratique d'archipel des Marquises.

Le 5 mai, la même cérémonie se répète à Hiva Oa. Le 2 juin, l'acte définitif est signé à Taiohae. Sur ce, Dupetit-Thouars quitte les Marquises.

En raison de la quantité de soldats français restés sur Tahuata, Iotete voit son pouvoir décliner. Le fidèle ami de l'amiral se révolte. Il part dans la montagne avec ses guerriers. Après trois jours de combats meurtriers, les renforts envoyés par le capitaine de *La Boussole* et avec l'aide des canons du *Bucéphale* permettent la victoire des Français. Le père François-de-Paule sert de médiateur entre les deux parties. Iotete est déchu de son titre, mais évite l'exil. Maheono, son successeur, fait acte de soumission complète au capitaine La Ferrière.

Mais tout n'est pas fini. Une autre révolte éclate à Nuku Hiva. Le 28 février 1845, le chef Pakoko attaque le fort… Après un dur combat, il est fait prisonnier, jugé et fusillé.

L'archipel des Marquises devient alors la première terre française de l'Océanie.

La flotte de l'amiral Dupetit-Thouars arrive à Tahiti.
(© Musée national de la Marine)

Polémique sur les causes de la révolte des chefs marquisiens

L'origine des révoltes marquisiennes est controversée.
Dans un article paru dans *Tahiti Pacifique*, Jean-Louis Candelot rapporte que ces deux événements ne découlaient pas seulement de motifs politiques...

Iotete combattit en effet pour conserver ses pouvoirs. Mais la cause de sa révolte fut le viol d'un *tapu*. Un médecin de la marine, ayant trouvé de la vermine dans les cheveux de son fils, ordonna qu'on les lui coupe. Or, il s'agissait là d'une grave offense faite à son successeur, le *mana* héréditaire des chefs siégeant dans leurs cheveux. L'acte qui partait d'une bonne intention fut donc interprété comme étant "la volonté d'une nation à vouloir s'approprier le pouvoir de l'autre".

Quant au soulèvement de Pakoko, il aurait été déclenché par le viol de sa fille cadette par des soldats partis faire leur lessive à la rivière. C'est le soldat Winkler qui rapporta ce fait plus tard confirmé par le gendarme Guillot. Ayant vécu à Nuku Hiva, ce dernier recueillit le récit du viol de Moï, fille de Pakoko. Dans son rapport, il précise que "la jeune fille était une *hatapeiu* (fille sacrée)" et que "l'affront subi ne pouvait être vengé que par le sang".

Le chef Iotete

Messe à Mangareva.
(© Musée national de la Marine)

L'installation des missionnaires catholiques

90 % des Marquisiens pratiquent un catholicisme fervent. Au cours de son premier voyage, le capitaine Dupetit-Thouars, en escale à Montevideo, embarque à bord de la *Vénus* deux pères de la congrégation du Sacré-Cœur de Jésus, dénommés pères de Picpus, leur siège étant situé rue Picpus à Paris.

Ils débarquent le 15 août 1838 à Tahuata où ils célèbrent, deux cent quarante-trois ans après les missionnaires qui accompagnaient Mendaña, leur première messe dans la baie Madre de Dios.

En février 1839, le *Friend* jette l'ancre au large de la même île. A bord, des missionnaires dont Etienne Rouchouze, premier évêque d'Océanie, et le père François Paul Beaudichon. Ce dernier va diriger la mission de Tahuata. L'évêque et quatre autres missionnaires poursuivent sur Nuku Hiva afin d'y fonder une seconde mission.

Le 19 juillet 1839, alors qu'ils reçoivent la visite du chef de la vallée de Taiohae, Pakoko les aborde en ces termes : "Missionnaires, voilà cinquante ans que je vois venir ici des étrangers. Tous me disent que ma religion n'est pas bonne. Il n'y en a qu'une qui est bonne, la leur. Eh bien moi, je les regarde et que vois-je ? Les uns me volent mes arbres à pain, mes filets de pêche, mes armes, les autres insultent ma femme et mes enfants, trompent mon peuple... Je veux attendre et voir avant de croire à votre parole."

Les missionnaires rencontrent des difficultés colossales. Difficile de prêcher "la bonne nouvelle" sans maîtriser la langue, difficile d'apaiser les rapports tendus avec des indigènes extrêmement farouches... Dans une lettre, l'un des missionnaires se plaint d'être sans "nouvelles de Tahiti depuis près de six mois, toujours à la veille d'être dévorés par les cannibales dont la fureur n'était retenue que par la puissance invisible du Seigneur".

En quête de volontaires pour ce "pays de sauvages", Mgr Rouchouze rentre en France sur la *Marie-Joseph.* En mars 1843, l'évêque, accompagné de vingt-quatre missionnaires dont dix religieuses, est en route pour les Marquises quand le bateau disparaît corps et biens au large du cap Horn.

Ce n'est qu'avec l'arrivée du protectorat que les choses vont s'arranger. L'amiral Dupetit-Thouars est conscient de la fragilité des accords passés avec les chefs locaux, et l'administration française décide d'utiliser les missions pour veiller sur ces îles du bout du monde.

Dans une lettre secrète, le ministre de la Marine s'adresse à Bruat, le gouverneur de l'époque : "Vous savez qu'une convention a été passée avec le supérieur de la maison de Picpus et que par elle le département de la Marine a consenti à reconnaître à chacun des membres qui exerce leur saint ministère dans notre établissement un traitement et des frais d'installation."

Si Bruat assure la protection des gens d'Eglise, il s'assure aussi de leur fidélité à l'administration française en contrôlant les arrivants.

Le père Beaudichon remplit les fonctions de l'évêque disparu en mer jusqu'en 1848. Malade, il ne tient que quatre ans et nomme le père Idelfonso René Dordillon pour le remplacer. En quarante ans, l'ancien provicaire de Tahuata, le grand charpentier de l'Eglise catholique aux Marquises va accomplir un travail de titan. Sa devise résume son action : "L'amour supporte tout." Avec des méthodes avant-gardistes, il va trouver le chemin du cœur et de l'âme de ce peuple guerrier et fier.

Le père Dordillon comprend qu'il faut avant tout "porter l'effort d'évangélisation sur la classe des chefs" et que "la sincérité de la conversion se jugera sur la vérité du rejet des *tapu*". Il apprend la langue pour dialoguer avec le peuple, compose une *Grammaire marquisienne*, puis un dictionnaire... Mais, fait plus fondamental, il traduit les Evangiles en marquisien et reprend la méthode d'enseignement par le chant des prêtres païens.

Dordillon doit aussi inscrire la religion catholique dans l'espace culturel. Il organise des fêtes sur les *pae pae* sacrés. On y chante, on y transgresse les *tapu* en amenant les femmes qui s'y trémoussent pudiquement couvertes de "robes mission". On y donne le baptême.

L'action de Dordillon porte ses fruits. En 1853, Te Moana, chef de la vallée de Taoihae, et sa femme sont baptisés. Les autres chefs suivent. En 1856, pratiquement toute l'île de Nuku Hiva est évangélisée. Autour de l'église, s'élèvent presbytère et écoles dirigées par les sœurs de Saint-Joseph-de-Cluny et les frères de Ploërmel... Dès 1857, Dordillon, nommé évêque, applique le même programme sur Hiva Oa.

Hélas, 1861 marque la période noire des Marquises. La majorité des Européens débarquant sont des marins rudes, sans foi ni loi, souvent d'anciens bagnards. D'autres pillent le bois de santal, anéantissent les forêts. Des négriers chiliens sillonnent les côtes, kidnappent des hommes et les emmènent en esclavage dans les mines du Chili. Tous apportent des maladies nouvelles décimant la population. Des 80 000 habitants estimés par James Cook, il n'en reste alors plus que 20 000.

Mgr Dordillon
(Courtoisie mairie de Nuku Hiva)

L'évêché propose l'attribution d'un statut particulier aux Marquises. L'archipel est administré par un résident, ainsi que par un directeur des Affaires indigènes nommé par l'évêque. Avec à sa tête un chef local, chaque île est divisée en districts. En avril 1863, on édicte une série de lois réunies sous le nom de code Dordillon. De nombreux comportements liés à l'âme et à la culture marquisiennes sont interdits. Liberté sexuelle, nudité, tatouage, danses érotiques, fleur à l'oreille et langue ma'ohi deviennent *tapu*. Cependant, il faut ajouter qu'à ces censures destructrices viennent s'ajouter d'autres plus positives, comme celles de la consommation d'alcool ou de "l'offrande d'une victime humaine lors du *tahi*". Tous sont tenus d'aller à la messe et "même les trois gendarmes", est-il précisé. Les enfants sont envoyés dans les écoles tenues par les religieuses de Cluny ou les frères de Ploërmel. Tel est le nouveau code éthique imposé aux autochtones de Nuku Hiva. Cependant, les Marquisiens demeurent attachés au paganisme. Dans le secret des vallées, sévissent toujours les féroces guerriers cannibales et plus d'un marin fit les frais d'un de leurs festins. Ce sont des "îles silencieuses qui sentent la mort", écrit un capitaine de passage. Le 27 juillet 1863, un fait divers pourtant tragique vient à point servir l'Eglise. Un bateau français, le *Diamant*, abandonne sur l'île de Nuku Hiva une poignée de matelots atteints de variole. L'épidémie est foudroyante : neuf cent cinquante-huit morts à Nuku Hiva, six cents à Ua Pou. Les missionnaires sont omniprésents... Ils soignent, baptisent, donnent l'extrême-onction et enterrent les morts... Et les indigènes constatent que la maladie n'atteint pas les hommes de Dieu. Ces derniers expliquent leur immunité naturelle par "une protection divine de la providence". Les Marquisiens sont alors définitivement acquis au catholicisme.

En 1865, le nouveau résident impérial français, M. de La Roncière supprime la fonction de directeur des Affaires indigènes, ce qui entraîne la disparition du code Dordillon. Il ferme également les écoles religieuses. Le climat politique de l'île se dégrade. Les chefs de vallées disposant d'armes à feu procurées par des trafiquants ou par des marins déserteurs, les guerres tribales se font de plus en plus meurtrières.

L'archipel ne retrouvera la paix que quinze ans plus tard. En juin 1880, trois navires de guerre sous les ordres de Dupetit-Thouars débarquent neuf cents fusiliers marins sur les îles d'Hiva Oa et de Tahuata. Les chefs locaux remettent alors leurs armes sans résister et le commandant des troupes peut écrire que "la paix règne partout aux Marquises".

En 1888, Mgr Dordillon s'éteint. Son remplaçant, le père Rogatien, arrive le 4 août 1890 et déplace le siège de la mission de Nuku Hiva à Hiva Oa.

En 1902, paraît un décret signé du président Loubet : "l'organisation de la propriété privée aux Marquises". En 1904, l'Etat français se déclare propriétaire de tous les biens de la mission catholique : églises, écoles, résidences des pères et terres dont les revenus servaient à la scolarisation, entraînant la fermeture des établissements religieux qui accueillaient alors plus de cinq cents pensionnaires.

Il faut attendre le 15 mars 1923, pour que le "litige politico-religieux de 1904 et ses séquelles néfastes soient réglés. La mission pouvait réutiliser les locaux et terrains qu'elle occupait." Elle peut aussi cultiver ses 440 hectares de terre pour nourrir ses élèves et augmenter les revenus de la mission. En décembre 1939, les décrets de Mandel viennent légaliser l'existence de la mission des Marquises...

En 1926, il ne reste que 2 080 habitants aux Marquises. En 1945, alors que les Marquisiens accèdent à la citoyenneté française, on constate enfin une hausse démographique.

En 1960, Mgr Tilly replace le vicariat des Marquises à Nuku Hiva, son siège originel. Taiohae devient alors chef-lieu administratif en 1947, puis diocèse en 1966. En 1970, le père Hervé Le Cléach à la base de la réhabilitation de la langue et de la culture marquisiennes, est nommé évêque des Marquises.

3 – L'île de Nuku Hiva

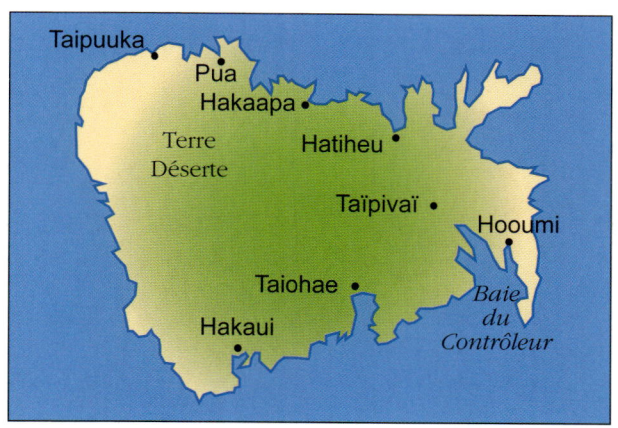

Ses 340 kilomètres carrés en font l'île principale du groupe sud des Marquises, les terres les plus isolées du monde. Après, il n'y a plus rien... Plus rien que l'océan qui laisse courir ses vagues, le vent libre de terres et les nuages qui font des ronds.

Pour atteindre Nuku Hiva, trois heures et demie de vol depuis Papeete sont nécessaires pour franchir les 1 500 kilomètres. Tenu en laisse par les bleus puissants de la mer, flatté par le vide, le regard ne se pose sur rien. Au bout d'un certain temps, l'astérisque d'un atoll renvoie à la marge de la terre... Evanescentes, les Tuamotu s'amorcent. Encore 500 kilomètres... et la voici la terre, celle des hommes, la forte, la déchirée, Nuku Hiva apparaît, tout en ombres et lumières, même le ciel est palpable. Couleur de glace, la mer se fouette en neige sur des parois de basalte noir...

L'ATR se pose sur une piste brève. On atterrit au lieu dit Terre Déserte. Nous sommes sur une terre maigre. Un vent sec et brûlant brosse une plaine d'herbes rousses. Nous sommes les otages d'un désert bouclé par l'acier du ciel. Les passagers descendent de l'avion, d'autres y montent. C'est comme un arrêt de bus ordinaire, mis à part que la prochaine station se trouve à quelques centaines de kilomètres.

Petits princes de quelques secondes, nous pénétrons dans un pays qui paraît ne pas exister. On se demande où on est, où on va, ce qu'on est venu foutre là... Comment échapper à cette terre brûlée ? Taiohae, la capitale de l'île, est à soixante bons kilomètres. Il y a bien un hélicoptère qui peut vous y déposer en dix minutes. Mais seulement si on a beaucoup de sous et peu de bagages. Sinon, on doit commencer par faire connaissance intime de l'île en se tapant les fesses pendant deux heures dans un taxi 4x4. Notre chauffeur a les membres puissants du vrai Marquisien. Sa grosse tête carrée est couronnée de fleurs en plastique comme on en voit sur les tombes. Il amasse précieusement nos sacs à l'arrière et nous voilà embarqués pour un tour en montagnes russes. Les ornières sont encore pleines des dernières pluies. Une piste se faufile entre parois de montagne et abîmes vertigineux.

"Evidemment, c'est dangereux, admet une jeune infirmière qui débarque de Papeete. Mais il ne vous faudrait pas des belles routes comme à Tahiti... Ils ont le sang trop chaud vos jeunes... ça pleurerait dans les familles... A Tahiti, il y a pleins de jeunes qui meurent sur les routes... Même qu'il y en a un, il est dans le coma depuis quatre ans à l'hôpital. Son père vient tous les jours lui mettre du *nono* dans l'anus pour qu'il se réveille..."

La voiture patine, les roues font gicler une terre rouge, puis pilent net en bordure de ciel, le sang se glace dans nos veines. Pour nous détendre, avec cet humour marquisien où sourd toujours quelque colère, notre chauffeur nous fait prendre la température du pays :

"La piste d'atterrissage de l'aéroport ? C'est nous les Marquisiens qui l'avons faite ! Ils ont voulu nous amener des Tahitiens. Mais nous, on les aime pas, les «îles Pomaré», ils nous prennent tout... Alors, notre piste, c'était pas question qu'ils la fassent... Comme ils ont peur des *tupapa'u*, la nuit, on a mis des lampes dans la forêt et on s'est cachés derrière les buissons en sifflant... Les trouillards... Ils ont vraiment cru que c'était des *tupapa'u*. Et au bout de trois jours... ils sont rentrés chez eux !"

Le mont Tekao fourre ses 1 224 mètres dans un cocon de nuages. Des *pinus* hachent le bleu cru du ciel fondu à l'océan. Fabriqués par les vents, les arbres présentent des formes inattendues : pinceaux, peignes et queues de rat sont plantés en terre, comme venant de nettoyer le ciel fraîchement rincé d'averses.

Murs de basalte ruinés, le grand canyon de Nuku Hiva plonge dans une vallée ruisselante de cocotiers. Nous grimpons encore et atteignons le col. Nous pénétrons les nuages. Trou noir... La matière, la piste s'évanouissent... Seule la lueur de grandes fougères préhistoriques nous sert de repère. A la sortie du brouillard, une bouillie de terre noire remplace la piste de latérite rouge.

Elle mène au plateau de Toovi. Ici, le paysage se civilise. Une vaste prairie piquée d'arbrisseaux, des chalets de bois, des grosses vaches tranquilles, la fumée qui sort d'une cheminée, de bonnes odeurs de bois et de bouse... On s'égare dans l'automne d'un Middle West américain. A cet endroit, l'Etat a implanté un centre d'élevage qu'une coopérative de commerçants locaux a racheté. "C'est là que les *popa'a* qui s'ennuient du pays viennent passer leurs dimanches", dit notre chauffeur.

Une forêt d'eucalyptus dégage son parfum de loyauté. Quelques kilomètres et, enfin, nous retrouvons le béton ! La route se fait délicieusement lisse et dure sous les roues du 4x4. Entre deux monts, une baie s'ouvre comme un fragment de ciel entre deux nuages. Nous apercevons les deux îlots surnommés Sentinelles et quelques voiliers qui ponctuent un bleu à vous faire reprendre souffle.

"C'est là qu'est arrivé le *Mata Rangui*, précise notre chauffeur qui veut parler de ce radeau de roseaux qui peu de temps avant est arrivé du Pérou pour prouver l'idée fausse que les Marquisiens sont venus d'Amérique... Je ne sais pas ce qu'ils voulaient encore faire... En tout cas, leur radeau, il était tout bouffé par les coquillages... ils sont repartis avec la gloire et ils nous ont laissé la merde sur la plage..."

Satisfait de sa réplique, il rajuste sa couronne de fleurs en plastique avant d'arriver dans Taiohae. Puis, nous montrant à l'horizon les barbes à papa de nuages enveloppant les pains de sucre d'Ua Pou, il annonce : "Ils sont à trente kilomètres d'ici. Si on les voit, c'est que demain il fera beau."

Taiohae

Capitale administrative des Marquises, Taiohae compte quelque 1 800 âmes, dont une majorité de jeunes. Bordant une plage en quartier de lune, s'élève chaque élément de la ville de type colonie vieille France : mairie, poste, gendarmerie, cathédrale et prison... Dans l'avenue Dupetit-Thouars, des flamboyants allument le ciel jusqu'au monument aux morts, rappel des soldats français tués en 1842 et 1845 au cours des révoltes autochtones.

Au croisement, dans la touffeur sombre d'une supérette, la femme du Chinois tape sèchement sur sa vieille machine à compter. Au *Kamake*, le bistrot du coin, des vahinés joueuses de loto compulsives flambent gaiement l'argent du ménage.

Un peu plus loin, le drapeau marquisien reconnu par l'assemblée territoriale et ayant enfin droit de cité, flotte sur la mairie. Jaune, rouge et blanc, il est aux couleurs de l'archipel. Symboles d'une dépendance mal vécue par les Marquisiens, le drapeau français et le drapeau polynésien l'encadrent. Cette double sujétion inspira à Lucien Kimitete, le maire, une réflexion qui s'est propagée dans toute la Polynésie-Française : "Nous sommes comme un cheval attaché à deux pieux, Tahiti et la France..."

C'est avec cet homme que nous faisons notre premier et inoubliable entretien. Lucien Kimitete est de ces personnes rares, qui ne cherchent pas à paraître... mais à être... Et pour être, il est ! Il nous reçoit assis en tailleur sur son bureau de maire, pieds nus, chemise large ouverte sur un décolleté décoré d'un tatouage raffiné. Pur et beau produit marquisien, il possède le *mana*, la classe et la politesse du désespoir inhérente à sa race qu'est l'humour. Ce jour-là, il arbore l'air qu'on lui retrouvera à chaque rencontre, de celui qui a fait une bonne farce.

Il est né dans l'une des plus grandes familles de l'île, à une époque où l'Occident a bien terminé son lavage de culture et les a vidés de leur identité. Eternel enfant, il repêche sans cesse des lambeaux du passé dans la boîte à malice de ses rêves nocturnes et de son inconscient. Tout jeune déjà, il était hanté par le désir de connaître ses ancêtres et nous raconte : "J'embêtais toujours les vieux avec des questions sur les *tupuna*. Je leur demandais : qu'est-ce qu'ils faisaient ? Qui ils étaient ? Qu'est-ce qu'ils pensaient ? Mais ils ne me répondaient pas et disaient qu'ils n'en savaient rien." Mais, loin de le décourager, l'omerta et l'amnésie collective l'ont incité à chercher. Têtu, il a fouillé dans les écrits des premiers navigateurs européens, dans leurs gravures, et dans les pierres toujours vivantes des lieux sacrés. Il nous parle de la géographie particulière de l'esprit marquisien, de ses repères dans le temps et dans l'espace...

"On ne marche qu'avec l'image... L'image est notre repère. On n'a pas de droite et pas de

Taiohae, la capitale des Marquises

gauche. On est côté mer ou côté montagne... Comment on voit le temps qui passe ? L'avenir est derrière nous puisqu'on ne le voit pas... Mais, le présent, il est devant... puisqu'on le voit... En tout cas, c'est toujours dans le présent qu'on vit..."

Le poète reprend sa casquette d'homme politique pour nous confirmer la rancune du Marquisien vis-à-vis du Tahitien. Il affirme que si Tahiti demande l'indépendance, les Marquises demanderont leur rattachement à la France. Il se plaint lui aussi de l'Assemblée territoriale, des pouvoirs centralisés à Tahiti : "C'est là que tout l'argent arrive, celui de la France, des taxes territoriales et du commerce extérieur... Après il est redistribué dans les archipels. Nous, on n'a jamais rien." Il est vrai que leur propre argent est détourné par le pouvoir central. Ainsi les taxes payées par les Japonais pêchant le thon rouge dans leurs eaux tellement riches, dont seule une infime partie leur revient, alors que "pendant ce temps-là, le capital poissonneux s'épuise".

Hors du commun, cet homme charismatique. Inlassable, sa quête farouche de vérité, d'indicible et d'invisible. C'est un arbre géant qui a soif de racines. Pour vivre, respirer, grandir, on le sent tout entier motivé par le fantôme du passé. Ce passé de myope encore bien flou devant lui. Ce passé qu'il remet sur la scène du présent avec la danse, la chorégraphie du mythe retrouvé. Ce passé qui l'habite tout entier, explose et jaillit de ses tripes alors qu'il nous quitte, bondissant de son bureau de maire et poussant le cri originel du *haka pau*, la danse du cochon qui a sauvé les Marquises de la famine.

Près de la mairie, deux bâtiments s'élèvent. A l'ombre côté montagne, c'est le syndicat d'initiative. A la lumière côté mer... c'est la prison... Avec un air de maison de villégiature si on nie les barreaux, cette prison atypique est "porte toujours aimablement ouverte". La journée, les prisonniers y effectuent des "corvées" d'intérêt public ou font la sieste sur la pelouse. Les gens de Taihoae sont fiers de raconter qu'une certaine fin de semaine un procureur est arrivé de Tahiti pour une inspection, et, comme il n'y avait aucun maton, les détenus lui ont fait les honneurs du lieu.

Face à la baie, les lettres usées d'une plaque de cuivre laissent encore deviner qu'en 1791, "Au nom du roi de France, Etienne Marchand a pris possession des îles".

Assises à l'extérieur d'un hôpital fraîchement peint de blanc, des femmes au ventre rond attendent la visite du docteur. Non loin de là, s'amorce une colline dont les flancs glissent vers la mer. C'est le mont Tuhiva, offert à la France en 1842 par le chef Te Moana pour y construire le fort Collet. Tour à tour occupé et déserté, ce dernier est désaffecté depuis 1851...

Une goélette venant d'affronter 1 500 kilomètres d'océan agité depuis Papeete débarque des marchandises depuis longtemps attendues sur le quai de la zone portuaire.

L'avenue Dordillon file vers la cathédrale. Sur la terrasse de l'hôtel *Moana Nui*, un groupe de démarcheurs bavardent en dévorant des pizzas. Les "démarcheurs" sont des représentants de commerce allant d'île en île pour enregistrer les commandes des commerçants. Ils vendent de tout, vêtements et tissus, épingles de sûreté, couches-culottes, montres, balais et cuvettes de W.-C. Ces voyageurs de commerce représentent une classe sociale spécifique à la Polynésie. Préférant le sac à dos à l'attaché-case, ils sont sans âge. Eternels mômes émerveillés, ayant pour la plupart grelotté sur les marchés du Nord de la France en rêvant à la lumière de cieux sans hiver, ils ont un jour mis leurs rêves en marche, et abandonné leurs vieux pavés mouillés pour les mers du Sud.

Au bout de l'avenue, une croix signale la mission catholique. Elle s'élève à la place du *mea'a* que le chef Te Moana offrit en gage de sa renonciation au paganisme. En hommage aux premiers pères de Picpus débarqués à Tahuata en 1838, la cathédrale est dédiée à Notre-Dame-des-Marquises. Ses murs sont en pierres de toutes les couleurs. S'inspirant des anciens qui prélevaient une pierre sur un *me'ae* pour en faire la première d'un autre sur une autre terre, les catholiques ont pris des pierres sur chaque île pour élever la cathédrale de l'archipel.

Nous franchissons un porche composé par les tours de l'ancienne église Saint-Joseph, traversons un parvis cloné sur l'ancien *pae pae*, et pénètrons dans la cathédrale. A l'opposé du chœur, un fauteuil d'évêque reproduit le siège des *haka'iki*. L'autel de basalte noir est une table de sacrifice prise dans un ancien *me'ae*. La statue de Notre-Dame-des-Marquises veille sur un tombeau toujours orné de grosses fleurs exotiques, celui du premier évêque des Marquises, Mgr Dordillon. Notre regard est attiré par l'expression puissante et l'attitude résignée d'un Christ longiligne. Partout dans la nef, l'art de la statuaire atteint de tels sommets que nous demeurons pantois. Quel est le Michel-Ange descendu sur cette terre pour réaliser ces merveilles, ces étapes du chemin de croix en bas-relief ponctuant les murs, cette chaire figurant un char supporté par un homme, un lion, un taureau et un aigle symboles des quatre Evangiles. Le magicien et maître d'œuvre de ce lieu n'est autre qu'un sculpteur local, un *tau'a* descendant des sculpteurs de *tiki*, quelqu'un qui n'a jamais vu ni lion ni aigle, Damien Hatarau. Mgr Le Cléach, l'évêque concepteur de la cathédrale, aime raconter dans quel état de grâce le Marquisien a créé ce chef-d'œuvre :

"La sculpture ? C'est un atavisme chez eux… ils savent la faire d'instinct. C'est dans le sang. Pour le Christ, j'ai dit à Damien : ferme les yeux, imagine très fort un visage que tu aimes et taille-le. Il a suivi mes conseils. Il a pris un morceau de bois de *tu'u*. Et alors ! sous son burin, un visage fort et vivant, avec une expression folle a surgi… Il n'avait jamais vu de lion… ni d'aigle non plus. Il a suffi que je lui explique comment c'était fait pour qu'il sache les reproduire…"

Clin d'œil malicieux à l'évêque, le Marquisien a disposé un *tiki* parmi les saints de l'escalier montant à la chaire… "Ça ne fait rien, lui a répondu monseigneur, quand j'irai prêcher, je marcherai sur la tête de ton *tiki*."

Nous nous souviendrons toujours du soir de Noël 1999 dans la cathédrale. Bien qu'à la retraite, Mgr Le Cléach était venu de Papeete célébrer la dernière messe de minuit du millénaire. Dans la nef pleine à craquer, des chants marquisiens, des voix de cuivre résonnaient. Devant la crèche, des fillettes couronnées de *tiare* déroulaient voluptueusement les bras, reproduisant les gestes d'une danse d'amour originelle tout en chantant *tehere*, je t'aime… Paradoxalement, c'est cet homme d'Eglise qui contribua à la restauration de la langue et des éléments d'une culture brisée par le code Dordillon.

Cependant, il faut dire que, contrairement à Mgr Dordillon, Mgr Le Cléach pouvait comprendre les Marquisiens :

— Je suis breton… et, toute mon enfance, j'ai terriblement souffert de ne pas pouvoir parler ma langue maternelle… Alors, je me suis fait un devoir de rendre leur langue aux Marquisiens… J'ai ressuscité la langue, je les ai fait chanter en marquisien à l'église, j'ai aussi traduit la Bible…

— Mais l'Eglise avait aussi interdit les tatouages ?

— On n'a pas interdit les tatouages ! On a seulement interdit les sacrifices humains qui les accompagnaient…

Le dimanche après la messe, les gens de Taiohae se rassemblent sur la plage pour pique-niquer, jouer aux dés, et se baigner… Le soleil mouille à peine l'horizon qu'on peut y admirer aussi des Marquisiens qui galopent sur des petits chevaux montés à cru. Les premiers chevaux que virent les insulaires sont ceux de Dupetit-Thouars. Mais ceux qui galopent aujourd'hui sur cette plage sont les descendants des chevaux chiliens, troqués au XIXe siècle contre des Marquisiens emmenés en esclavage. Retournés à l'état sauvage, ils vivent librement dans les vallées où les autochtones les capturent à l'aide de collets. Ils les dressent ensuite sur la plage. C'est souvent un gamin, un poids léger, qui l'enfourche en premier… L'animal et son cavalier pénètrent dans l'océan. Rétif l'animal se cabre… éjecte sans mal l'intrus dans l'eau. Une fois, deux

Le porche de la cathédrale de Notre-Dame-des-Marquises

fois, puis trois l'opération se répète. Toute la matinée, les dresseurs se relaient pour mater l'animal. Vers midi, alors que le soleil surchauffe l'atmosphère, il est ramené à terre... Puis, avec deux montures déjà dressées, le sauvage apprivoisé peut faire son premier galop de domestiqué.

Sur la piste d'Hatiheu...

Il fait encore nuit noire quand nous partons pour Hatiheu. Au port, les bateaux de pêche reviennent du large. Un ukulélé égrène ses notes graciles. Les poissons aux couleurs vives frétillent au fond des bateaux. A la lueur des lampes de poche, les pêcheurs pèsent, marchandent le *mahi-mahi*, le thon rouge et autres poissons du grand large.

De la boulangerie s'échappe une odeur de pain frais. Sur le seuil, une gamine frotte de ses petits poings des yeux trop grands pour son visage. Pain, large provision d'eau et munitions "anti-*nono*" dans nos sacs, nous attaquons la piste..."Les *nono* sont les derniers guerriers des Marquises", plaisante-t-on sur l'île. Dans l'univers animal, même ces moustiques microscopiques mais particulièrement agressifs sont des émigrés. Passagers clandestins d'un navire allemand arrivé en 1887, ils ont été débarqués avec le sable apporté par le bateau.

Juste avant le col de Teavanui, nous nous reposons, le dos moulu par la piste et faisons une pause au belvédère. Comme échappés d'un western spaghetti, cinq hommes à cheval s'approchent lentement. Un troupeau de chiens tirant la langue et bardés de cicatrices les accompagnent. Couteaux glissés à la ceinture, dents de cochon en pendentif affirment qu'ils sont des hommes et des durs. Sourire carnassier sous leur chapeau en cuir enfoncé jusqu'aux oreilles et mollets puissants, ils nous effraieraient presque. Mais, alors qu'ils parviennent à notre hauteur et descendent tranquillement de leurs chevaux, nous découvrons des hommes ayant l'air de sortir de l'adolescence. Des regards sans certitude, des restes d'enfance sont accrochés à la voix quand ils nous disent qu'ils vont à la chasse au cochon.

Comme pour la chèvre, cette chasse spécifique aux Marquises se fait au couteau. Les combats sanglants opposant hommes et chiens au cochon sont d'une violence inouïe et durent jusqu'à ce qu'une mort s'ensuive ; pas toujours celle du gibier.

Parvenus au sommet de la montagne, nous empruntons la piste menant à Hatiheu. Un air tiède presque palpable s'appuie à la montagne. Dans un décor repu de lumière, nous roulons sur la crête. Puis, au détour d'un virage en épingle à cheveu, l'éclat de la baie du Contrôleur nous surprend. La rivière Taïpi y étend tranquillement son estuaire. C'est là que sévissaient les terribles Taïpi, des guerriers féroces qui, poussés par leur faim de chair humaine, attaquaient régulièrement les tribus des autres vallées.

Le 9 juillet 1842, Herman Melville et son camarade Toby s'y réfugièrent après avoir déserté la *Dolly*, leur navire baleinier. Sauvés d'un festin cannibale grâce à des allumettes qui les firent passer pour des dieux, les deux fugitifs y vécurent des moments exaltants. Melville y réunit des notes pour son roman *Taïpi*, relatant la vie de ses hôtes et ses nobles discussions avec le chef Mehevi.

Le 27 septembre 1914, l'escadre allemande du Pacifique mouillait dans la baie pour charbonner et faire des provisions avant de repartir vers l'Atlantique.

Comme des œufs pondus par le ciel, les maisons de Taïpivaï s'enfouissent au creux d'une végétation épaisse. Une rue unique longe la rivière. Un bulldozer en a raclé le fond pour former une retenue d'eau, c'est ce qu'on appelle ici une "piscine façon locale". Des mômes aux épais cheveux bruns, roux ou blonds s'y amusent. Hardis, ils se laissent choir du pont puis s'ébrouent dans l'eau avec des rires frais s'égouttant dans l'air.

A la sortie de Taïpivaï, on nous a signalé une minuscule épicerie, *Chez Félix*. Nous y rencontrons Pierre et son fils. Ils doivent nous conduire à un mystérieux centre cérémoniel caché dans la forêt. Un sentier raide, veiné par de grosses racines de *map*e grimpe dans la montagne. Soudain, un arbre lâche une noix de coco qui frappe la terre avec un bruit de bombe. Au bout d'une bonne heure de marche pénible, nous atteignons le plateau où s'élève l'ancien lieu sacré de Paeke. Baignant dans une lumière blonde, l'endroit est bien dégagé. Sur un vaste *tohua*, une série de *tiki* semblent nous attendre. Un couple d'entre eux protège l'escalier qui nous mène au sommet d'un *pae pae*. De là, nous découvrons l'amplitude du site, les traces de son *me'ae* et ses *tiki* de tuf rouge. Parmi cette foule de dieux tutélaires, deux se distinguent. Ils sont gigantesques. Sur les visages grignotés par un temps impavide, on devine la grande barre d'une bouche et d'énigmatiques yeux en spirale, les mains posées comme des lunettes sur le ventre.

Plus loin, la route s'enfonce dans une vallée aux flancs couverts d'une épaisse forêt tropicale,

tranchée par le fil de deux cascades rutilantes : Teuakueenui et Mahuili.

Passé le col de Teavaitapuhiva, le rideau de basalte se lève sur la majestueuse baie d'Hatiheu. Tout bleu, chaud et vivant, l'océan apparaît comme une récompense. Avec ses cocotiers bien cirés, la colline glisse vers une plage de galets noirs. La mer souffle en déroulant de grosses boucles grises.

A gauche, des pics de basalte s'enracinent dans les nuages. Le plus haut atteint 300 mètres et domine la magnifique baie bien abritée.

Témoin de la grande densité de population au siècle dernier cette vallée, un centre cérémoniel s'étend sur une douzaine d'hectares. De part et d'autre de la route, de grosses mangues jaunes explosent comme des grenades sur les dalles de trois *pae pae* : Kamuihei, Tahakia et Hikokual.

Sur le premier, les racines torturées d'un banian immense protègent une large fosse où l'on déposait jadis des offrandes. Le long du sentier qui pénètre sous les arbres, un énorme monolithe se dresse à l'ombre de grandes fougères. Des hiéroglyphes malhabiles représentent des hommes, des femmes, des poissons et une magnifique tortue.

Quelques minutes de marche et nous tombons sur un *tohua* délimité par de nombreux *pae pae* sur lesquels étaient construits les cabanons de bois des hauts dignitaires. Dans ce décor impressionnant, les vestiges semblent murmurer des histoires de fêtes somptueuses, d'orgies et de festins cannibales, de morts cruelles mêlées à un parfum d'amour et de luxure.

Au pied des aiguilles qui dominent Hatiheu, les ruines de Tahakia sont envahies par une immense cocoteraie. Les dimensions du *tohua* sont imposantes.

Plus bas, Hikoku'a est plus accessible. Régulièrement, les voyageurs de passage sont conviés sur le *tohua* pour assister à des spectacles folkloriques donnés par les jeunes du pays.

Au pied du *me'ae*, un *tiki* assoiffé et à l'humour noir, tire la langue pour réclamer toujours plus de sang. Taillés dans la roche, des polissoirs ont sans doute servi à aiguiser les éclats de pierres volcaniques pour les sacrifices humains, ou de creuset pour mélanger les teintures destinées aux tatouages rituels.

Toutes les sculptures dressées vers le ciel ne remontent pas à "l'époque", comme disent les Marquisiens en restant dans leur drôle de flou temporel. "L'époque", c'est le temps qu'ils n'ont pas connu, le passé tapi sous les pierres et seul vécu par les ancêtres, peu importe à quelle date.

Mais une chose est certaine, depuis trois mille ans, ces terres sacrées appartiennent aux mêmes propriétaires, les descendants des chefs de la vallée qui s'y font toujours enterrer.

Nous descendons au village d'Hatiheu. D'un blanc pimpant, fière des bonnets rouges de ses deux clochers, une petite église s'élève au pied de la colline. Des maisons colorées s'alignent face aux cailloux brillants de la plage. Partout des fleurs, des hibiscus et des bougainvillées... partout la rumeur de la mer... Au milieu du village, un petit restaurant abrite quelques tables sous son toit de *ni'au*. Là, règne la descendante des chefs de la vallée, Yvonne Katupa.

Mis à part quelques lopins de terre qu'elle a donnés à la mission, Yvonne possède tout le paysage, les lieux sacrés, les montagnes et la vallée. Elle pourrait entrer dans le *Guinness* : sans quitter son bout de terre oubliée, elle a réussi à être connue du monde entier. Tous les guides touristiques parlent d'elle et elle se "demande bien pourquoi"...

Cuisinière remarquable, elle utilise les produits locaux : taros, bananes plantains, mangues, papayes, ainsi que des poissons variés et des langoustes grillées pour lesquelles on vient de toute l'île... "La Royale" de passage à Nuku Hiva jette volontiers l'ancre face à son restaurant pour faire cantine chez Yvonne.

Un dresseur de chevaux marquisien et son collier de dents de cochon

La baie de Taiohae à Nuku Hiva

Maternelle, elle veille toujours en chef sur sa tribu et ses terres : elle est maire déléguée d'Hatiheu. Quand nous faisons sa connaissance, elle est paisiblement assise à une table de son restaurant. Son conseil municipal l'entoure. Surpris par un manque de parité absolu, nous nous étonnons : "Mais il n'y a que des femmes ici !" Sans sourciller celles-ci nous rétorquent : "Normal... ça a toujours été une société matriarcale ici... Et c'est toujours les femmes qui commandent !"

Yvonne se bat pour la terre à laquelle elle appartient corps et âme. Elle est comme un chat. Elle parle avec ses grands yeux immobiles. On dirait qu'elle sait tout de naissance. Elle se fond au paysage, aux mouvements du vent sur la mer et à celui des nuages. Comme les chats, elle semble en rapport perpétuel avec le cosmique. Et, comme tous les Marquisiens, elle se dit "reliée par un élastique à sa terre".

Elle a hérité des dons de ses ancêtres *tau'a*. En fait, elle est sorcière... Elle s'occupe toujours du jardin des centres cérémoniels et sait se servir des plantes médicinales qui y poussent. Elle connaît les vertus de chacune, de leur racine à leur feuille, en passant par l'écorce et le fruit. Elle sait à quelle lune il faut les cueillir, comment les doser et les préparer.

"Le *nono* ?" répond-elle quand on la questionne sur cette vieille plante que les Américains découvrent : "Tout s'utilise. Tu prends sept feuilles, tu fais bouillir et tu inhales… ça fait partir le mal de tête. Le jus du fruit, c'est bon pour les jambes lourdes. Avec la décoction des racines, tu nettoies les plaies. Les racines, c'est le plus important... Les Américains voulaient les acheter, mais, nous, on n'a pas voulu. Aujourd'hui, on a interdit aux *tau'a* de soigner avec les plantes. C'est vrai qu'on ne sait pas toujours bien doser... Mais quand on connaît... il suffit de faire attention !"

Bien à cheval dans le présent de ses deux mondes, Yvonne vit dans le passé tout en étant dans l'avenir. Consciente de l'apport économique du tourisme, elle sait qu'il ne faut pas tuer la poule aux œufs d'or en détruisant la belle authenticité de sa culture. Elle veut bien d'un tourisme, mais à doses homéopathiques, une sorte d'élite qui ne "ferait" pas les Marquises... mais que les Marquises "feraient".

"Il faut faire, mais pas n'importe quoi", conclut-elle en nous conduisant vers des bungalows entourés de bougainvillées. Négligemment, elle remonte la branche d'un drôle d'arbuste qui souffle des fleurs comme des bulles de savon et qu'elle nomme *puapopo*. Elle désigne d'un geste un pain de sucre qui domine le village.

On y distingue au sommet la statue dérisoire d'une Vierge peinte en blanc, "pauvre poupée perdue oubliée par un enfant géant" (Stevenson), qui semble protéger la ville. "Elle a été déposée en 1872 par Michel Blanc, le premier frère missionnaire aux Marquises pour apporter

La côte sauvage des Marquises.

la foi dans le cœur des Marquisiens et surtout la paix. Elle a été taillée dans le village de Hatiheu dans un tronc d'arbre à pain. Elle mesure deux mètres cinquante de haut. Elle a été hissée à dos d'homme s'aidant avec des cordes. Tout a été fait en une année. Le jour où la Vierge a été dressée sur le piton, la guerre a cessé entre les villages", nous raconte Yvonne.

Puis, à nouveau, elle nous parle en silence, avec ses grands yeux à fleur de visage et ses sourcils remontant sur son front. La grande dame sourit, s'éloigne d'un pas noble qui flatte la terre. Entre les murs blancs de nos chambres ouvertes sur l'océan, un vide apaisant nous a envahis.

Le lendemain, nous reprenons la piste vers Hakaapa. A côté d'une minuscule église, un *pae pae* mal entretenu domine le village à l'ombre d'un immense cocoteraie.

Depuis 1998, le village n'est plus la fin du monde. La piste aujourd'hui se poursuit vers l'aéroport. Nous contemplons les aiguilles basaltiques de Taahui, les baies sauvages d'Haapapani et d'Hakaehu avant d'atteindre le village fantôme de Pua. Dans la vaste cocoteraie, tout est silencieux. Cependant, l'ouverture de la piste fait espérer des cris d'enfants perçant à nouveau la rumeur de la mer.

Passé la baie de Motuhee, la piste grimpe vers Terre Déserte. Le paysage mue, on retrouve le grand plateau sec avant d'atteindre l'aéroport où un hélicoptère va nous emporter pour revisiter du ciel ce que nous venons de vivre intensément sur terre.

Rentrant de leur pêche sur l'océan, des sternes repoussent l'air de leurs ailes. En dessous de nous, les 350 kilomètres carrés de Nuku Hiva s'étalent, pliés, chiffonnés comme un bout de papier qu'on aurait jeté négligemment à la mer. On survole la vallée d'Hakaui, la crête déchiquetée de la seconde caldera brisée, la blessure d'un canyon. La cascade Vaïpo, la plus haute de Polynésie (350 mètres), plonge dans une vasque d'eau claire. Dans la baie d'Anaho, la lumière trop franche éblouit. On s'imagine en l'an 1888... on voit Stevenson qui a ancré le *Casco*. Sur le pont de son voilier, on le voit écrire que "Jésus-Christ aurait dû naître aux Marquises".

En revenant sur Taiohae, nous survolons le mont Muake. Posées comme de grands oiseaux préhistoriques, les antennes de RFO captent les nouvelles du monde entier pour les diffuser dans les *fa'e*. C'est de cette montagne vertigineuse que Lucien Kimitete se jette, accroché à son grand cerf-volant multicolore, il plane dans la lumière intense du *po* lumineux, ce *po* d'où il vient et où il sait qu'il retournera. Sûrement qu'il dialogue encore avec les *tupuna* ses ancêtres et leur pose ses éternelles questions d'enfant insatiable.

L'escadre allemande de la Chine fait escale aux Marquises
(du 24 septembre 1914 au 2 octobre 1914)

Le 24 septembre 1914, le *Nurnberg* et deux charbonniers en provenance d'Honolulu jettent l'ancre dans la baie de Taiohae. Un détachement vient à terre pour confisquer les armes. Il ne trouvera que les fusils de chasse des habitants qui sont entreposés à la gendarmerie. Mais l'officier saisira, contre un reçu, la caisse de l'administration.

Le croiseur appareille pour aller s'abriter dans la baie du Contrôleur.

Le lendemain, arrivent de Tahiti, où ils n'ont pas pu s'emparer du charbon, le *Scharnhost* et le *Gneisenau* et trois navires charbonniers. Le premier croiseur mouille à Taiohae pour embarquer des vivres frais et tout le matériel en dépôt dans "les magasins de l'Océanie". Puis lui se dirigera vers la baie du contrôleur.

Le 30 septembre, le *Gneisenau* appareillait pour Hiva Oa avec un cargo charbonnier où se répétera le même cérémonial de confiscation.

Le 2 octobre, le *Nurnberg*, le *Scharnhorst* et des cargos charbonniers quittaient les Marquises pour rejoindre l'océan Atlantique. Les deux derniers charbonniers partiront le lendemain pour aller se réfugier dans un port ami du Chili resté neutre.

Le 12 octobre, l'escadre se reconstitue en passant devant l'île de Pâques pour rejoindre Valparaiso le 1er novembre.

Le 8 décembre 1914, les deux croiseurs de 11 500 tonnes, le *Scharnhost* et le *Gneisenau*, sont coulés par les Anglais aux larges des îles Falkland.

Les Polynésiens avaient remporté une victoire sur une escadre allemande dans ce premier conflit mondial en combattant avec tous les volontaires de Papeete et le peu de moyens à leur disposition.

Herman Melville

Herman Melville naît à New York le 1er août 1819. A treize ans il perd son père. Il doit alors dire adieu à l'école pour gagner de l'argent. Il débute dans la vie active en travaillant à la New York State Bank. Mais il trouve plus drôle d'aller vendre des chapeaux sur les quais du port.

Puis il est employé comme garçon de ferme. C'est là, dans l'ennui de la campagne américaine, qu'il découvre l'univers magique du livre et s'évade dans les pages du premier grand romancier américain : Fenimore Cooper.

Il a vingt ans quand il s'engage comme mousse sur le *Saint Lawrence* en partance pour Liverpool. Aller et retour, deux mois de traversée au cours desquels il s'initie aux rigueurs de la mer et découvre cette "parcelle d'humanité, humanité grossière, brutale mais aussi fraternelle". Pour le jeune mousse, c'est une révélation : "Oui, oui ! donnez-moi cette glorieuse vie océane, cette vie de la mer salée, cette vie âpre et écumeuse quand la mer s'ébroue et hennit."

A son retour en octobre 1839, il retrouve sa famille dans une misère noire. Il doit tirer un trait sur ses rêves de vie océane, prendre un poste d'instituteur dans un petit village du Massachusetts. Il y oublie la morosité de sa condition en lisant des récits de haute mer, particulièrement fasciné par celui de Richard Dana, *Deux ans sur le gaillard d'avant*.

Enfin ses rêves prennent forme le 31 décembre 1840, jour où il s'engage sur un baleinier, l'*Acushnet*. A l'époque, la pêche à la baleine est florissante. Pas moins de neuf cents baleiniers sillonnent les mers... Mais dans l'Atlantique le grand mammifère se fait rare et les chasseurs se tournent vers le Pacifique où les routes migratoires des baleines ont été repérées.

Le 23 juin 1842, après dix-huit mois de campagne, l'*Acushnet* jette l'ancre à Nuku Hiva. Le 8 juillet, profitant d'une permission à terre, Herman Melville déserte le navire en compagnie d'un ami, Richard Tobias Green surnommé Toby. Les deux compagnons s'enfuient dans la montagne. Après cinq jours de marche, ils atteignent la vallée de Matavai et ses farouches guerriers cannibales, les Tapaï... Si par miracle ils y sont amicalement reçus, ils sont gardés captifs.

Le 27 juillet, Toby réussit à s'enfuir, laissant Herman Melville à sa condition de prisonnier. Il va y rester un mois. Au cours d'un conflit entre deux vallées, l'écrivain horrifié assiste aux combats sanguinaires et au festin cannibale des vainqueurs dévorant les vaincus. C'est alors qu'il décide de quitter ses "amis" à la première occasion.

Le 9 août 1842, la chaloupe d'un bateau ancré à Hakaapa accoste dans la baie de Matavai. Melville s'y précipite sous une pluie de lances jetées par les guerriers.

Il embarque à bord du *Lucky Aun*, un baleinier australien qui le conduit jusqu'à Tahiti où il arrive le 19 septembre 1842. Une mutinerie éclate à bord, Melville faisant partie de l'équipage, il est mis aux fers sur la *Reine-Blanche*, navire amiral de Dupetit-Thouars alors sur rade.

Descendu à terre, il est confié aux prisons du consul anglais et enfermé à "Calabouza Britanica". Il s'en échappe le 19 octobre pour s'installer à Moorea où il effectue des travaux agricoles.

Le 6 novembre, il embarque sur le *Charles et Henry* pour rejoindre Honolulu. De là, il trouve un nouvel embarquement sur l'*United States* où il travaille comme gabier. La frégate militaire repart pour Tahiti non sans avoir fait escale à Nuku Hiva. Enfin, après avoir franchi le cap Horn, il débarque à Boston le 14 octobre 1844... Il a vingt-six ans et il est chargé de souvenirs des mers du Sud.

Pour lui, une autre vie commence ; celle d'écrivain de voyages mi-ethnologiques, mi-aventure vécue ou imaginaire.

Typee évoque la vie et les mœurs primitives des cannibales parmi lesquels l'écrivain vécut aux Marquises. Le succès du livre fut immédiat... Ensuite, il écrit *Redburn* qui raconte sa première croisière, puis *White Jacket* où il retrace son expérience dans la marine de guerre américaine.

Il voyage en Europe puis finit par s'installer dans une ferme du Massachusetts à Arrow Head. C'est là qu'il accouche de son chef-d'œuvre, *Moby Dick ou la Baleine blanche*. D. H. Lawrence déclare que "ce livre est l'un des plus extraordinaires du monde (...) et qui renferme sur lui son système et son symbolisme torturé. C'est une épopée de mer qu'aucun homme n'a égalée (...) Le plus grand livre qu'on ait jamais écrit sur la mer." En 1881, Melville publie un autre chef-d'œuvre, *Billy Bud, gabier de misaine*. D'une haute qualité littéraire, ce roman s'inspire du suicide de son fils Malcolm à dix-huit ans.

Le 28 septembre 1891, Herman Melville s'éteint à l'âge de soixante-douze ans.

Les aiguilles d'Hatiheu. Sur l'une d'elles la Vierge domine le village.

Le "Grand Canyon" de Nuku Hiva

4 – L'île d'Hiva Oa

L'île où parlent les morts

Des jaloux disent qu'Hiva Oa vit de ses morts. Car deux artistes hors du commun reposent côte à côte dans le cimetière d'Atuona : Paul Gauguin et Jacques Brel. Tous deux ont été pris au piège de ses lumières troublantes, de ses forêts enchantées et habitées par des *tiki* toujours vivants. Tous deux à leur façon ont défendu, ardemment aimé ce peuple attachant et fier. Dans ce temps "qui ne bouge pas", le peintre et le poète ont vécu, vite et fort, pendant trois ans avant que la mort ne les prenne.

Grâce à un aéroport, Hiva Oa est moins isolée qu'à l'époque de Paul Gauguin. Mais atterrir sur l'île reste chose scabreuse, car les nuages et le crachin sont fréquents. Durant un temps qui semble une éternité, notre avion maraude et sursaute sur un gros matelas de nuages, tente plusieurs fois de le crever avant de se poser sous les applaudissements de ceux qui attendent, le cœur serré au bord de la piste de Tepuna.

Le propriétaire de la pension où nous allons loger brandit une pancarte à notre nom. Une peau claire, un faciès étroit attestent un métissage européen certain. Ce demi, comme on dit ici, c'est Ozanne, surnommé le petit-fils du pirate. Il nous met tout de suite au courant : "Je suis mal vu sur l'île… C'est à cause de mon grand-père… Il est venu sur un voilier en 1918. Il cherchait un trésor que les Espagnols ont volé au Pérou et laissé sur l'île d'Ei Ao… là où Georges de Caune a voulu jouer les Robinson. Un jour, il est parti chercher du bois en Europe. Il a laissé tout le monde sur l'île et il n'est jamais revenu. Ici, tout le monde croit qu'il a trouvé et volé le trésor. Mais, moi, je suis sûr qu'il a coulé au cap Horn en revenant."

Atuona

A treize kilomètres de l'aéroport, Atuona est aujourd'hui la capitale du groupe sud des Marquises. "Mais elle a été la capitale de tout l'archipel jusqu'en 1940", nous précise Ozanne avec fierté.

La rue principale mène au *tohua*, vaste place centrale réservée aux loisirs. Short trop long et casquette vissée à l'envers, les jeunes du village s'y rassemblent. Pendant que certains racontent des histoires à dormir debout, d'autres jouent au football.

"Avant, nous les Marquisiens on s'affrontait au combat, nous dit le petit-fils du pirate.

Aujourd'hui on ne se fait plus la guerre… alors, c'est le sport qui remplace."

Au centre du village l'imposante église rappelle qu'elle fut cathédrale avant le transfert de l'évêché à Nuku Hiva. Longues jambes éclatantes de santé sous leurs jupettes à plis sages, des adolescentes nous lancent des regards ravageurs alors que nous passons devant le plus vieux fleuron des écoles de l'archipel, le pensionnat des sœurs de Cluny.

Dans la rue, de grosses mamas écrasent leurs scooters poussifs, s'arrêtent au magasin du Chinois sur le seuil duquel des adolescents sirotent leur Hinano*. Comme partout en Polynésie, les Chinois détiennent le monopole du commerce. Ceux d'ici sont les descendants de cultivateurs employés sur une plantation de coton de huit cents hectares qu'un nommé John Art avait achetée en 1872 au chef de Tahautu.

Lieu de mémoire, la boutique où se ravitaillait Gauguin se refait un nouveau look. Ses murs bleus retrouvent leur jaune d'origine, tels qu'ils apparaissent sur un tableau redécouvert du peintre…

Après avoir fui un monde conformiste qui ricanait devant ses œuvres, le peintre en quête de "primitivisme" séjourne à Tahiti. Il y peint avec rage "sous les cieux sans hiver" dont il avait toujours rêvé. Mais, déçu par l'esprit superficiel et frelaté des coloniaux, il se décide à un exil plus radical "vers les lointains et vers soi-même".

Nous sommes le 16 novembre 1900. Après dix jours de mer à bord du vapeur *La Croix du Sud*, Gauguin dit Koke**, malade, débarque sur cette terre inconnue qu'il va révéler au reste du monde…

Mélange explosif de générosité, de rébellion et de provocation, l'artiste se donne pour mission la défense des insulaires opprimés. Reprenant ainsi à sa manière le combat de Flora Tristan sa grand-mère, première féministe du XIXe siècle. Sur l'île, il est tragiquement seul et incompris. Avec un souci maniaque du respect de ses droits

Page 50
A Puamau, le tiki Takaï, *le plus grand de Polynésie-Française, a une hauteur de 2,67 mètres.*

* Marque de bière polynésienne.
** L'homme qui fait les hommes (prononcez Koké).

Puamau, le tiki Takaï et sa femme.

Puamau, la prêtresse couchée Makii Taua Te Pepe.

comme de ceux des Marquisiens, il entre en perpétuel conflit avec les autorités civiles et religieuses, le brigadier Charpillet et Mgr Martin... Malgré une santé déficiente, Paul Gauguin s'acharne à peindre l'île, "sa beauté, sa grandeur et son mystère". Il y crée vingt-neuf toiles, ces dernières figurant parmi ses meilleures : *Et l'or de leurs corps*, *La Jeune Fille à l'éventail*, deux évocations du sorcier d'Hiva Oa intitulées *L'Apparition* et *L'Enchanteur*, ainsi que *Femmes et cheval blanc*, peints en 1903 avant qu'une mystérieuse crise cardiaque ne l'emporte.

Malgré les perpétuelles provocations de Gauguin vis-à-vis de l'évêque, comme le totem en bois de rose le représentant en "père paillard" campé devant sa porte, ou comme Henriette sa très jeune servante qu'il trouva plaisant de prendre pour maîtresse, l'exhortant à ne pas aller à l'école ni à l'église, Mgr Martin daigna accepter le mécréant au cimetière chrétien du Calvaire. Autrefois simple tas de terre, la tombe est aujourd'hui en basalte. Les branches tourmentées d'un frangipanier lâchent leurs fleurs pâles sur la pierre noire. Pour respecter ses dernières volontés, une copie de la statue d'Oviri le sauvage, celle qu'il nommait la tueuse, adulait et vénérait fut déposée sur sa tombe. Grossièrement gravé sur une roche, on peut lire : "Paul Gauguin, 1848-1903."

Aujourd'hui régulièrement fleurie par la mairie, la tombe de Koke fait partie des hauts lieux de mémoire d'Hiva Oa. Pour exploiter cette manne touristique, l'administration a reconstitué la "maison du jouir", décor dans lequel l'artiste a aimé, reçu les insulaires et peint dans la souffrance. Gauguin le rusé avait fréquenté l'église pendant onze jours pour pouvoir construire son *fa'e* sur un terrain vendu 650 francs par l'évêque. Un toit de *ni'au* recouvre la charpente d'une case aux murs de bambou. Portant des inscriptions délibérément provocantes, trois linteaux de *kaori* encadrent la porte : *Maison du jouir*, *Soyez mystérieuses* et *Soyez amoureuses et vous serez heureuses**... Quatre larges baies laissent couler des flots de lumière dans l'atelier. Matouret, un ancien faussaire nommé copiste d'Etat par Jack Lang, s'y est installé. Le dessin d'une toile s'esquisse dans un angle de la pièce. Comme à l'époque de Koke, l'atelier reste ouvert aux jeunes Marquisiens qui, toujours prompts à l'ironie, raillent les méthodes de travail du copiste.

"On projette une diapo... On dessine et après il (Matouret) n'a plus qu'à mettre les peintures..."

A première vue, les couleurs "bazar" des toiles du copiste exposées dans le petit musée voisin offensent la richesse et la subtilité des couleurs

Atuona. La baie des Traites, escale des plaisanciers.

* Les panneaux originaux sont actuellement au musée d'Orsay.

aux tons sourds des originaux. Mais Matouret se défend, arguant que "Gauguin ne vernissait pas ses toiles. A l'origine elles étaient plus vives. Elles ont passé avec le temps", et qu'il s'efforce de "reconstituer l'esprit de l'artiste en employant les mêmes matériaux que lui… des poudres d'origine végétales ou minérales, mélangées à de l'huile de lin".

Dans le puits du terrain que l'évêque lui a vendu, là où il mettait son absinthe à rafraîchir au bout d'une ligne de pêche, on a retrouvé des fragments du passé de Koke : peintures à base de graines et d'huile de lin, éclats de faïence de Quimper, dames-jeannes de vin… ampoules de morphine et bouteilles de médicament pour soulager les souffrances dues à la syphilis et à sa jambe gangrenée. Ici vécut et mourut un peintre maudit.

Dans la lumière éclatante d'un jour de novembre 1975, un homme entrait dans la baie de Tahauku, à la barre d'un superbe ketch noir. A peine à terre, il se rendit à la banque :
— Nom ?
— Brel.
— Prénom ?
— Jacques.
— Profession ?

Alors, l'homme hurla de rire. Oui… c'était bien lui Jacques Brel, le grand Jacques débarquant de son *Askoy*, après avoir quitté Anvers depuis huit mois. Fou de joie, il décida de cesser son errance, pour fuir des médias toujours à ses trousses et de s'installer dans ce beau pays où personne ne le connaissait.

Comme Gauguin, malade et aspirant à une vie simple, il avait reconnu Atuona comme étant le bout de sa course. "Je veux redevenir un homme comme tout le monde", disait-il. En compagnie de Madly, l'ancienne Claudette, la belle Guadeloupéenne, il y vécut pendant trois ans. Il y écrivit son dernier album, *Les Marquises*, trouvant des mots collant parfaitement à cette terre : "ces vagues battant sur ce terrain vague… et ce temps qui ne passe pas".

Sur l'île, on se souvient encore de la générosité et de la rage de vivre de celui qui se savait condamné. On se souvient de la petite maison noyée dans la verdure à flanc de colline rue du calvaire. Des bringues où tout le monde était invité, du champagne coulant à flots et des perruches multicolores faisant écho à la musique de Mozart. Du grand Jacques leur chantant ses chansons qui leur étaient encore étrangères. Et puis de Madly qui dansait, virevoltait dans la verdure : "Elle était tellement légère", s'extasient ceux qui l'ont connue.

On se souvient aussi de *Jojo*, le bel avion blanc qui remplaça l'*Askoy*. A cette époque il fallait encore dix jours de mer pour atteindre Tahiti et le chanteur mettait son appareil à disposition pour les déplacements sanitaires sur Papeete. Hélas, la dernière urgence de *Jojo* fut pour son propriétaire. De l'aéroport de Faa'a, Jacques Brel reprit un autre avion, ce dernier pour Paris. Dans la lumière grise d'un jour de novembre 1978 le "crabe" eut raison du poète… Selon sa volonté, il fut rapatrié à Hiva Oa

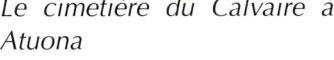

Le cimetière du Calvaire à Atuona

La tombe de Paul Gauguin avec Oviri

La tombe de Jacques Brel et la plaque déposée par Madly, objet de toutes les discordes.

pour être auprès de celui qu'il appelait familièrement Polo, c'est-à-dire Paul Gauguin. Si jamais les deux compères se parlent, c'est sûr qu'ils doivent avoir plein de choses à se dire… Evoquent-ils leurs femmes et leurs enfants abandonnés dans le plat pays du Nord*, le charme des femmes exotiques, leur soif de vie simple, leurs bringues dans leur *fa'e* ouvert aux indigènes, la beauté des choses ou leurs souffrances ?

Quelques crotons, des offrandes de coquillages, la tombe est simple et modeste. Un bas-relief sculpté le représente auprès de Madly, la compagne des derniers jours. Pendant vingt et un ans, cette dernière volonté du poète fut respectée… Jusqu'au jour où ses enfants vinrent de Belgique pour briser le portrait de la rivale et le remplacer par un poème de leur père. "Aux Marquises, il n'est pas de mise de gémir." Mais têtue, fidèle à celui qu'elle a tant aimé et à la parole de Gauguin "le tout est dans le droit chemin, c'est-à-dire celui qui est en toi", Madly est revenue. Elle a replacé une copie du premier bas-relief sous la protection des gendarmes. On en est resté là, pour le reste, c'était à la justice de trancher…

A l'ouest du village, peu après un pont enjambant la rivière, une piste grimpe dans la montagne sur dix kilomètres. Elle aboutit à un autre cimetière, celui-ci abandonné depuis longtemps. De hautes herbes, des croix, des *tiki* émergent, ainsi que des tombes semblables à de petites maisons. C'est le cimetière des païens. "Si t'es pas baptisé, on te met en dehors de l'enclos."

Sur la piste…

Sur la route de l'Est, on dépasse le SMA (service militaire adapté), enceinte militaire où les jeunes Polynésiens apprennent un métier. La rivière Faakau lâche tranquillement ses eaux dans la baie surnommée baie des Traîtres à cause de vahinés en tenue d'Eve qui autrefois servaient de leurres aux cannibales de la forêt pour attirer les marins de passage.

Aujourd'hui, le lieu est plus hospitalier. Goélettes, bateaux de toutes tailles y lèvent gaiement des pavillons de toutes couleurs. C'est la frontière pour entrer officiellement en Polynésie, le lieu de passage incontournable pour les circumnavigateurs venus de Panamá et voulant obtenir le droit d'y naviguer durant un an.

Après avoir fait le plein d'essence à la station du port, nous roulons sur une mauvaise piste qui longe la crête et atteignons le minuscule village de Hanapaaoa. Les cocotiers d'une plage lèvent leurs palmes sur des séchoirs à coprah. Une église, quelques maisons posent sur les bords du fleuve. Tout est silencieux… Cependant, il nous faut trouver un guide pour nous mener à un certain *tiki*, unique en Polynésie et nommé Tiki Moe One ou *tiki* couronné.

Dans le silence du village fantôme, nous finissons par rencontrer trois femmes. Elles sont assises sur le seuil de leur *fa'e*, immobiles dans le sac à fleurs de leurs robes mission, et comme en otage de l'ombre d'un arbre à pain. A peine surprises par notre irruption, elles savent déjà ce que nous cherchons :

— Vous voulez un guide ? Jean… Jean ! c'est Jean qui va avec vous. Jean, frimousse de poulbot hirsute, nous emmène sans un mot dans son sillage :

— C'est loin ?

— Non c'est tout près.

Et nous voilà partis bardés de nos appareils photo et caméra, précédés du gamin qui, pied de caméra à l'épaule, s'engage pieds nus et d'un pas vif sur un sentier de latérite qui colle à nos baskets. Après deux heures d'escalade, de trébuchements sur les entrelacs d'énormes racines, de sueur et de jérémiades ponctuées de : "On arrive bientôt ?", frais comme un poisson-chat, notre petit guide s'arrête avec un regard malicieux. On ne voit qu'une clairière ensoleillée abritant un *pae pae*. Un énorme banian crache ses branches vers le ciel. Des racines à l'aspect animal rampent parmi les dalles disjointes ; Jean en extirpe quelque chose : des os humains et un crâne éclaté. Il semble aussi fier que s'il avait déniché un champignon rare. Avec une simplicité qui nous déconcerte, il explique qu'il s'agit là de ses *tupuna*. Il y a 500 ans, on a mis les ancêtres au pied du banian pour que leur âme puisse monter au *po* par le vecteur de l'arbre sacré.

Mais pas de *tiki* couronné en vue. Encore quelque vingt minutes de souffrances et le voilà : magique, front ceint de sa couronne de pierre, il surgit comme un troll de terre. Il grimace, ses yeux immenses semblent prêts à dévorer le monde. Il paraît qu'autrefois on le descendait régulièrement à la mer pour le purifier et qu'il en remontait tout seul pour retourner à son *pae pae*, on raconte qu'il est toujours vivant, que son *mana* est intact et qu'il ne faut surtout pas y toucher.

Après nous être donc contentés de photographier le *tiki* couronné, nous rejoignons la vallée de Puamau. Du haut des falaises on aperçoit le serpent rouge de la piste qui file vers une vallée plantée de cocotiers : la vallée de Motuoa. Juché à flanc de colline, coincé entre rivière et falaise, Opïpona lieu *tapu* est invincible et domine le village…

* Mette, la femme légitime de Gauguin, était danoise. La famille de Jacques Brel était en Belgique.

C'est le centre cérémoniel le plus somptueux des Marquises, ainsi que le plus célèbre par le gigantisme de sa statuaire. Un mur de basalte noir le délimite. Des escaliers de blocs imposants également en basalte grimpent à ses multiples plates-formes. Mélange de puissance et de non-dit, le lieu force le respect. Castrés par les missionnaires, des *tiki* nous accueillent. Un autre, enterré tête en bas et pieds dépassant du sol, nous indique le sort réservé à ceux enfreignant un *tapu*. Là une pierre rappelle toutes les vierges venues s'y déflorer. Une statue représente une femme allongée sur le ventre, jambes et corps courts proportionnellement à une tête lunaire béant vers le ciel. Les femmes stériles avaient coutume de venir toucher ce symbole censé favoriser la fécondité. Sur un autre *pae pae*, on embaumait les corps avant de les envelopper dans un linceul de *tapa* et de les mener à leur dernière demeure : grotte ou pied de banian.

Un espace était réservé à la circoncision obligatoire. Sur un autre étaient pratiqués les sacrifices humains par décapitation.

Comme partout aux Marquises, la guerre fut ici fait de société ordinaire. Les guerriers, choisis parmi les hommes les plus grands et les plus forts, étaient divinisés. Accédant à la terrasse supérieure, nous nous trouvons face à l'un d'entre eux. C'est Takaï le grand guerrier, et ses 2,67 mètres de tuf rouge qui en font la star des *tiki* de Polynésie-Française. Légèrement plus petits, mais tout aussi intimidants, sa première épouse Te Tovae et son fils l'accompagnent.

Nous revenons sur le bord de mer, songeant à ces temps lointains où les Ma'ohi dominaient les terres du Pacifique. A l'entrée du village de Puamau, devant une élégante maison, un homme coud à la machine. En bavardant avec lui, nous apprenons qu'il est le maire du village et que sa machine à coudre est "monument historique" puisque c'est celle que Paul Gauguin avait offerte à Marie-Rose Vanahu, sa première maîtresse revenue accoucher au pays.

Nous retournons à Atuona. Du haut de la colline, nous contemplons un panorama d'une violente beauté, Jacques Brel avait rêvé d'y construire sa maison... Déposée sur un amas de rochers, une eau-forte montre son visage sensuel, son beau regard qui transperce la matière est tourné vers un soleil mourant dans un ciel mauve, douloureux. Nous sommes sûrs que le poète respire encore le *tiare* embaumant l'air du soir, qu'il cherche la musique des mots pour décrire ce temps immobile et cette mer qui bat toujours les rochers noir que l'on aperçoit tout la bas...

Haut
La tête retrouvée par P. Ottino et replacée sur un tiki *de Puamau*

Bas
Petit tiki *de Puamau*

5 – L'île d'Ua Pou

Une rencontre

Ua Pou, la minuscule voisine de Nuku Hiva, est une île plus haute que large. 125 kilomètres carrés de terre s'enorgueillissent d'une douzaine de pains de sucre dont le plus haut, le pic Oave, mesure 1 203 mètres (le quart du mont Blanc). Cet exploit géologique lui vaut l'honneur d'illustrer le billet de 500 francs-Pacifique.

Ce relief agressif interdit une piste assez longue pour accueillir un avion ATR. Depuis Nuku Hiva, on doit prendre le Dornier, petit avion léger brimbalant dans les fortes turbulences. Chaque semaine, ce bref parcours fait figure de véritable exploit. Des pilotes qualifiés "haute montagne" atterrissent en direction du vent, face aux aiguilles de basalte et au grand dédain de toute règle de pilotage.

Tony, un autochtone, nous attend, nous embrasse et nous tutoie comme si nous étions de vieux amis retrouvés. Cheveux courts et tatouage de tête de mort sur le bras attestent d'un passé militaire.

Le parfum des couronnes de *miri* et d'ananas roulé dans le santal nous enivre alors qu'il nous fait monter dans son 4x4. Fier de nous signaler quelques détails somptueux de son île, ses colonnes* de trachyte en forme de cathédrale, et de nous apprendre qu'"à cause de leur roche friable et leur abrupt on a longtemps cru qu'on ne pouvait pas y monter… Mais, en 1998, des alpinistes allemands, après bien des surprises**, ont réussi à les escalader…"

Il nous mène à la pension qu'il a bâtie "de ses propres mains". Perchée en haut d'une colline, cette dernière est claire et zen. Sa femme, une demi-Chinoise, nous accueille. Gestes économes comme pour laisser place au sourire dispendieux, Célestine est fondue dans la douceur :

"Je suis le seul homme de l'île à ne pas battre ma femme, fanfaronne Tony qui tient cette singularité ethnique de son passé militaire en métropole, et toutes les femmes de l'île viennent me demander pourquoi je ne la bats pas.. Mais je leur dis, n'est pas homme, celui qui bat sa femme."

Après avoir avalé un poisson cru tout juste sorti de la mer, nous partons à la découverte de la petite île du genre île au Trésor de Stevenson.

Une piste de rocaille nous mène au chef-lieu.

Chèvres et chevaux sauvages gambadent sur un plateau d'herbe maigre. En bas, nous apercevons des quartiers de plages dorées et un port blotti dans l'estuaire d'une rivière***.

Les premières maisons d'Hakahau s'annoncent. En plein cœur du village, l'église Saint-Etienne a l'air bien sombre avec ses murs de basalte noir. Alors que nous en poussons le portail, Tony nous explique qu'elle "a été bâtie en 1981 sur les fondations de l'église mère des Marquises élevée en 1859, et qu'elle est la copie conforme de celle de Nuku Hiva". A l'intérieur, dans l'épais silence, une superbe statue dédiée à saint Etienne nous accueille. Apprenant qu'elle est l'œuvre de Garrick Yrondi, que nous avons rencontré à Bora Bora, nous nous remémorons ses mots : "Je peignais sur la Côte d'Azur. Je voulais partir, j'en avais marre. J'ai lu un poème marquisien qui disait : «Là-bas, le nuage est bleu parce que il est au-dessus de la mer. Il serait rouge s'il était au-dessus de mon champ.» Alors, je me suis dit que je devais aller là-bas…" Quant aux autres

L'église d'Ua Pou

En haut, la chaire en forme d'étrave de bateau de pêche.

En bas, le chœur.

---

* Le pic Matahenua (1 028 mètres), le pic Poumaka (978 mètres) et le pic Pouteteïnui (970 mètres).
** Emmenés par Siegfried Weipper.
*** Descendue du mont Matahenua.

sculptures, elles sont taillées dans le *tu*, "bois miraculeux et résistant que les chefs guerriers utilisaient pour leurs casse-têtes", d'après Tony, elles sont toutes dues à des sculpteurs marquisiens. La chaire est l'allégorie du passage de l'Evangile selon saint Jean : pêcheurs tirant des filets emplis de poissons locaux : perroquets, *koviri*, carangues, requins et thazards.

Quand nous émergeons de la pénombre, la lumière et la chaleur nous agressent... Après Hakahau, nous cahotons lentement sur la piste sud qui contourne l'île. Dans la baie d'Anahoa, les vagues jouent à saute-mouton pour aller brouter la plage. Au creux tiède de la vallée d'Hakamoui, quelques vestiges anciens font semblant de dormir...

Une forêt, des torrents clairs, une route qui serpente jusqu'au mont Hohoï... au bout de la vallée, sur une plage, nous découvrons d'étranges galets fleuris* qui n'appartiennent qu'à l'endroit.

La route ne ceinturant toujours pas l'île, nous revenons sur nos pas pour emprunter la piste ouest.

Dans la baie des Requins, Tony nous signale les ombres inquiétantes des poissons sacrés hachurant le fond de l'eau.

Naturelle, colossale, une sculpture s'ébauche dans la falaise dominant le village d'Hakahetau. La rue principale glisse vers le port où une agitation anormale fait place à l'ataraxie ordinaire. Il faut dire qu'aujourd'hui est un grand jour : l'*Aranui* est dans la baie.

L'*Aranui*, c'est le cordon ombilical de l'île. Passant deux fois par mois, la goélette ponctue le temps sans repères des Marquises. Depuis Papeete, elle ravitaille les îles en marchandises de toutes sortes : voitures ou bois de construction, farine et boîtes de conserve, bière ou Coca-Cola. Cargo mixte, il embarque aussi quelques touristes ayant le goût du vrai.

Des chaloupes se décrochent du cargo et viennent déverser leurs grappes humaines sur le port. Sous l'auvent de la place, avec un goût exquis de nomade qui n'a jamais l'air d'y toucher, les artisans plantent le décor de leurs étals. Peau cirée au monoï, cheveux lourds piqués de *kumu hei*** aux parfums aphrodisiaques, les femmes proposent des parures tirées de la nature : pique-chignons en bois de rose et nacre délicatement ciselés, couronnes de pandanus et colliers de graines à l'aspect de cailloux.

Au ponton, d'une baraque s'élève une odeur de viande grillée qui plus loin va se mêler à une loyale odeur de café... Patrice Guerret, le vendeur de ce café sauvage, nous explique que "vers 1900 des missionnaires ont fait des plantations de café, du pur arabica. Ici, la terre est tellement

A gauche
Les pains de sucre d'Ua Pou.

A droite
La pirogue de Rataro.

riche que la production a grimpé au sixième rang mondial... A cause d'un problème de prix dû au coût d'exportation, les missionnaires ont arrêté la culture." Aujourd'hui Patrice et sa compagne vont récolter le café dans la montagne et tentent de ressusciter ce secteur économique à Ua Pou.

Au bout de quelques heures, la sirène du cargo retentit. Les rires, les voix, les regards se figent sur la place. Les chaloupes ramènent leurs passagers. Changement rapide de décor. L'*Aranui* disparaît de la baie, les produits des étals et les gens du marché.

Désert et silence. Le ciel est mauve et douloureux. Une douzaine de notes s'envolent du bonnet rouge de la petite église... Tony nous signale que c'est là que "Mgr Le Cléach a traduit sa Bible en marquisien".

Sur la presqu'île de Punahu, un oratoire regarde la mer. Une cohorte de saints y défilent aux pieds d'une drôle de Vierge blanche comme descendue de la planète Krypton...

La piste aboutit au village d'Hakamaï. Sorte d'œuvre à la Andy Warhol, mairie et église affichent un kaléidoscope de murs aux tons vifs. En face, l'océan gifle une plage de gros galets noirs. Des enfants s'acharnent à y élever des châteaux de pierre que le boutoir des vagues vient sans arrêt détruire.

* Cailloux à fleurs révélés par l'usure des vagues.
** Bouquets parfumés à base de fleurs, plantes et fruits séchés et roulés dans le santal, le jasmin, l'*opui*, le basilic ou la menthe...

Rapide, un soleil rouge fond dans la mer et gomme le jour. Nous descendons sur Hakahau. Sur une plage à côté du port, on n'entend que le froissement soyeux de l'océan qui se déroule sur le sable. Une pirogue double semble s'être échappée du passé des navigateurs ma'ohi.

"C'est la pirogue de Rataro", souffle Tony. Dans sa voix, un brin d'émotion nous fait comprendre qu'il doit s'agir d'un homme important.

Rataro émerge de son *fa'e* végétal. D'un pas félin, souple et nonchalant, il avance vers nous sous les étoiles portant la mémoire des dieux. Il est fort et doux. Il nous embrasse, nous tutoie. Nous sommes conquis. Rataro cumule les rôles de simple infirmier au dispensaire et de superstar de la chanson. Ses créations à la gloire de l'identité ma'ohi lui ont valu le prix de la chanson d'auteur des Marquises. Archéologue de l'âme ma'ohi, il fouille dans le passé pour en récupérer les fragments de mémoire enfouie. Comme réunissant les pièces d'un puzzle éclaté, il s'attache à restaurer l'image de l'identité et de l'inconscient marquisiens avec des signes retrouvés sur l'océan relié au ciel, l'enseignement par le chant, la danse et le tatouage.

Nous admirons le somptueux tatouage gravé dans la peau lumière de son épaule. "Ce tatouage, c'est un contrat sacré qui me relie à ma terre, nous explique-t-il. C'est comme le nom, c'est une marque pour toute la vie. On peut te le donner mais pas te le prendre. Mais, comme ton nom, tu peux aussi l'échanger avec un ami qui le sera toute ta vie."

Aidé par quelques sponsors dont le gouvernement territorial, Rataro a construit une pirogue en s'inspirant des gravures du dessinateur de Bougainville. C'est la même que celles qui conduisirent les Enata à la conquête du Pacifique. L'océan, sa bible, lui apprend qui il est et d'où il vient. Sur sa pirogue double, affrontant les tempêtes et la trouille vissée aux tripes, il a traversé les 1 455 kilomètres séparant Ua Pou de Papeete.

"J'ai cru qu'on allait tous mourir", avoue-t-il.

Malgré la peur, ses rêves de passé retrouvé continuent… Il dit qu'il va naviguer sur les traces de ses aïeux, jusqu'en Nouvelle-Zélande. Il va restaurer leur mémoire sur le chemin signalé par les oiseaux, les courants et les étoiles. Mais il ne faut surtout pas lui demander quand. S'il a plein de projets, Rataro est quand même marquisien. Le temporel reste flou. Il ne vit qu'un présent qui l'enclave, avec ses soifs, ses douleurs et le plaisir des sens. Et comme il est écrit dans le mythe : "A quoi bon compter le temps qui passe, autant compter les pas faits sur la peau de la mer."

L'avenir ? C'est tout de suite, la fête vers laquelle Rataro nous conduit : la soirée de clôture de l'Heiva, les fêtes de juillet au cours desquelles les Polynésiens renouent avec leurs traditions.

Les deux mille habitants de l'île sont massés autour de la place. La voix flûtée de Jolina, une jeune chanteuse des Marquises, jaillit sous une pluie intempestive. Les tambours battent comme des cœurs amoureux. Tour à tour, les groupes de danseurs se lancent sur le terre-plein pour y exécuter le vigoureux *haka** des guerriers. Les danses se succèdent, s'effeuillent comme les pages d'un livre qui raconte la généalogie de l'île, la création du ciel et de la mer. Le mythe et l'histoire se mélangent, exprimant la violence de la guerre comme du désir amoureux.

"La danse, c'est comme la pirogue, c'est un don de naissance, ça fait partie de l'inconscient marquisien", rêve tout haut Rataro. Puis, pensant sans doute à Brel ou à Gauguin dont selon lui la popularité occulte la vraie culture des Marquises, il nous met en garde : "Il ne faut surtout pas que les Marquises deviennent un mouroir pour *popa'a* en mal d'exotisme…"

---

* Nom générique de la danse aux Marquises.

Le drapeau de l'archipel des Marquises

Reconnu par l'Assemblée territoriale, le drapeau marquisien a désormais droit de cité et peut officiellement flotter auprès du français et du polynésien.

Trois couleurs le composent : le jaune, le rouge et le blanc. Le jaune symbolise la fête au cours de laquelle les Enata s'oignaient la peau d'une sorte de safran sauvage, l'*eka*. Le rouge est la couleur royale, celle de l'écharpe ceinte par les *ari'i*. Le blanc représente la paix.

Quant au *tiki* dessiné sur le blanc, c'est le symbole stylisé de l'homme aux Marquises. Le *tiki* marquisien se caractérise par ses yeux immenses, prêts à tout voir et à dévorer le monde.

Le Ve Festival des arts des Marquises
En route pour le nouveau millénaire
Nuku Hiva (1999-2000)

Ce peuple qui par le passé n'a jamais hésité à prendre son destin en main.
A la frontière du millénaire, il leur appartient de ne pas vendre leur âme au diable.
RENATO HOFER

Depuis 1985 et tous les quatre ans, le Festival des arts des Marquises se déroule dans l'une des îles de l'archipel. Le code Dordillon et ses censures ayant frappé les Marquises d'amnésie culturelle collective, il fut décidé dans l'urgence de retrouver une identité marquisienne et la fierté d'une culture stigmatisée par l'Europe.

En 1978, une association fut fondée pour sauver la langue vernaculaire : l'association Motu Haka*. A l'origine de sa création se trouve un instituteur nommé Toti qui s'alarma quand le territoire voulut imposer l'apprentissage de la langue tahitienne dans les écoles, alors que Dordillon leur avait interdit de parler la leur...

L'arrivée de l'an 2000 correspondant à l'anniversaire des premiers pas de l'homme aux Marquises, Nuku Hiva fut choisie comme ligne de passage officielle du nouveau millénaire.

Avant les trois jours de fête, deux manèges tournaient déjà sur le bord de mer. Sourire comme tiré par un élastique jusqu'aux oreilles, des gosses étaient aux anges dans des éléphants roses. A l'étroit dans des avions, des plus grands les accompagnaient comme dans un vêtement devenu trop petit pour eux...

— Ils nous ont demandé pourquoi il n'y a rien pour eux, expliqua Déborah Kimitete à l'origine de cette première. Mais le coût du fret est tellement cher. Pour le festival, un forain s'est dévoué pour venir travailler à fonds perdus.

— Alors, en l'an 2000, les enfants des Marquises n'ont jamais vu de manège ?

— Ceux qui n'ont jamais été à Tahiti... non !

Le jour de l'ouverture, ils étaient tous là, venus de tout le triangle polynésien. Chacun avait son habit, sa langue et son drapeau, mais tous n'avaient qu'un mot à l'esprit : ma'ohi.

Gaston Flosse, alors président de l'Assemblée territoriale, entama un discours devenu historique : "Vous avez votre hymne, vous avez votre drapeau. J'approuve totalement que vous affichiez ainsi les symboles identitaires. Je proposerai qu'ils soient reconnus. L'hymne et le drapeau marquisiens doivent avoir leur place aux côté des hymnes et des drapeaux polynésiens et français."

Le premier soir comme au temps des *tupana*, un grand feu brûlait pour signaler la côte aux marins... Regards de quêteurs attendant le retour d'une navette de l'espace, toute l'île était là... A l'horizon, des lueurs pointèrent telles des lucioles. Elles se rapprochèrent, grossirent. Comme la lumière d'une étoile déjà morte mais qui nous parvient toujours, des pirogues doubles, des tatoués à la peau brillant sous les torches émanaient de la nuit.

Le premier jour, jour du jaune couleur des temps anciens, le festival se déroula dans la vallée d'Hatiheu. Pour danser dans l'espace sacré de Kamuihei, des semaines, des années, ils se sont entraînés... Comme on apprend le geste exact d'une révérence à la reine, ils ont répété les gestes d'une révérence au passé...

Le deuxième jour, jour du blanc couleur de paix, la fête continua dans la vallée de Taïpi où sévirent les féroces guerriers cannibales. Une croix s'élevait sur le terrain de sport pour célébrer la journée œcuménique. Les ressortissants de chaque île avaient préparé leur four en vue du partage d'un gigantesque festin. Des paniers chargés des morceaux de quarante-deux cochons, de quarante-quatre chèvres, de centaines de kilos d'ignames, *fe'i* et *uru* furent portés en triomphe jusqu'au lieu de ripailles.

Le dernier jour, jour du rouge couleur de l'amour et des rois, le festival se déroula sur le site de Koueva où les *fa'e* végétaux que cent cinquante ans d'oubli avaient gommés du paysage furent reconstruits. Des dizaines de mains frappaient la peau des *toere* et des *pahu*. Le *tohua* palpitait comme un cœur amoureux. Lucien Kimitete irradiait. Drapé dans un *pareu* de calicot rouge, il claquait des mains et dansait au rythme bref des tambours tout en les encourageant : "Allez... battez les tambours... Il faut que les pierres se réveillent."

L'*haka manu*, danse de l'oiseau d'une grâce extrême... *pa haka* ou danses guerrières. *Pahu*, flûtes nasales et sons de *pu*, Pascuans déposant religieusement leur *mohoï*, artistes magiciens sculptant leurs *tiki* ou tatouant les corps sous la protection du banian sacré... mythique danse du cochon, celle du temps où l'animal fut sacré pour avoir sauvé les Marquisiens de la famine. Impressionnant, ce *haka* tout en puissance, en cris féroces et en tambour battant à tout rompre... Tard dans la nuit, cinquante à soixante guerriers font tournoyer leurs flambeaux dans le noir, comme à l'époque où l'île sortit du feu, la nuit qui s'enflamme, les torches qui se dispersent dans l'espace sacré et y tournent tels des météores. Les lueurs grimpant en spirales dans les banians évoquaient l'âme des *tupuna* revenus.

Nous étions nulle part dans l'espace-temps, sous la lune de l'an 2000, Hina faisait son *tapa*, le Christ naissait, sur les gradins, les *vini*** sonnaient. Nous étions tous pleins d'un présent heureux, amoureux...

Par la danse, l'acte et le geste, comme une encre incolore le passé s'inscrivait sur l'encart du présent et du futur, apportant la preuve que la mort du peuple polynésien n'est qu'un mythe universitaire. Ajoutons cette réflexion de Mgr Le Cléach, que l'on pourrait inclure dans la Déclaration des droits de l'homme : "On ne doit surtout pas perdre sa langue et sa culture... pour garder la tête haute et le respect de soi, on doit en être fier..."

---

* *Motu-haka* signifie rassemblement de population. Quant à *haka* tout seul, c'est le sésame de la géographie de l'esprit marquisien. Il désigne aussi bien "la danse" que l'action de "faire". Signalons que le mot travail n'existe pas en marquisien.

** Nom d'un oiseau et du téléphone cellulaire.

L'art des Marquises

James Cook fut le premier à faire admirer aux Européens la finesse de l'art marquisien. Depuis les immenses *tiki* de tuf protégeant les *tohua*, en passant par les outils d'obsidienne, diadèmes de chef en écaille de tortue et ornés de plumes rares, disques frontaux en nacre, colliers de dents de cochon, de graines ou de coquillage, la diversité des matériaux puisés dans l'environnement est impressionnante.

L'art marquisien est fait de force sauvage. Baroque et primitif, il est stylisé jusqu'à l'abstraction et d'une finesse extrême. Il inspira Gauguin, comme l'art africain influença Picasso qui en était collectionneur.

Le Festival des arts voit le rassemblement des plus grands artistes de l'archipel et fait sortir de l'ombre ces créations venues tout droit d'un imaginaire et d'une générosité absolue. "C'est dans le sang", disent-ils. Belle métaphore pour ce que les biophysiciens d'aujourd'hui appellent génome.

L'art appartient au domaine du sacré. Que ce soit le geste accompli pour tailler l'outil comme l'hameçon magique, l'herminette ou le poignard, celui accompli pour tresser la parure, taper le *tapa* de l'habit orné de plumes, celui accompli pour la fabrication de la pirogue et *fa'e*, et bien sûr celui accompli pour les *tiki* tutélaires et le tatouage, il est exécuté dans un *fa'e* à l'écart du profane et placé sous l'égide du *tuhuna*.

Le *tuhuna* a rang de prêtre. Créateur et professeur, il dirige et est soumis au *tapu*.

Pour concevoir l'ampleur de ce talent inné et inouï, la maestria du coup de gouge, il suffit de visiter les églises des Marquises et d'en contempler la statuaire. Certains restent fidèles à la tradition géométrique des symboles, motifs de poterie lapita disparue par manque d'argile, toute en ovales et spirales. D'autres innovent et mettent "l'art en mouvement". Casse-têtes, pagaies et *tiki* adoptent un style plus personnel, plus moderne. Mais tous sont somptueux et hors de prix. Damien, grand sculpteur *tuhuna*, auquel nous nous plaignions du coût de l'art marquisien nous a répondu avec pertinence : "Si vous calculez le nombre d'heures nécessaires à sculpter un *umete*, que vous comparez le prix au temps passé à le faire, vous verrez que l'artiste est moins cher payé qu'à faire le ménage."

Les tailleurs de pierre continuent d'aller chercher leur matériau dans les torrents qui courent dans la montagne. Certains artistes sculptent le bois et l'os de gibier pour en faire des poignards, le bois ou la pierre pour en faire des herminettes.

L'art de la parure joue un rôle majeur chez ce peuple ayant le culte du corps et le souci de la séduction. Les hommes se parent de colliers en dents de cochon, symbole de virilité, apanage du guerrier et emblème. Les femmes portent des colliers en graines multicolores ressemblant à des cailloux, en signe de fécondité. L'un des plus beaux exemples de cet art de nomade faisant dans l'éphémère, ce sont les bouquets aux parfums aphrodisiaques que les femmes se mettent dans les cheveux.

La musique joue un grand rôle. Instruments et chants accompagnent non seulement la danse, mais aussi tous les éléments de la vie sociale. La fabrication des tambours demande un soin particulier. Comme les violonistes, les timbaliers ont leur grand maître instrumentiste. Caisse de résonance façonnée dans un tronc de *tamanu*, le *pahu* est tendu d'une peau de requin frappée avec les mains. S'ils sont généralement de dimensions moyennes, ils peuvent atteindre des hauteurs impressionnantes, allant jusqu'à obliger le batteur à monter sur un roc ou une racine de banian.

Un tiki moderne en bois

Dans les lieux de fête, on est accueilli par le son de trompes, des *putona* (coquilles de tritons), autrefois utilisées pour diriger les combats. Elles servent encore pour annoncer des événements importants et lors des grandes fêtes quand les convives font leur apparition en costume d'apparat. D'autres trompes d'appel, les *pu kohe*, sont en bois de *mi'o* avec une embouchure en bambou. Destinées à la mer, elles signalent le départ et l'arrivée des pirogues ou encore une bonne pêche.

L'art marquisien est resté art sacré en quête d'absolu, un acte grave où toute maladresse est de mauvais augure. Un tailleur de pierres auquel nous avons acheté un *tiki* l'a soigneusement enveloppé dans un tissu. Nous avons cru que c'était pour le protéger des chocs du voyage. "Mais, non, a-t-il rectifié, c'est pour qu'il ne puisse pas voir où il va." Cet art toujours terriblement vivant fait peur par sa perfection facteur de fragilité. Il faut rester vigilant si l'on veut éviter que la demande du marché de Papeete ne vienne en faire une histoire d'argent et l'abîmer.

Les sculpteurs marquisiens sont des maîtres.

Le tatouage

De tout temps, les hommes ont connu le tatouage. Sans parler des plus tragiques qui ont marqué l'histoire des guerres, c'était un signe de reconnaissance ou d'expression identitaire. Les marins qui les exhibaient dans les bars et les quartiers interlopes des ports lui conférèrent un caractère vulgaire.

Mais, aux Marquises, il fut élevé au rang de manière de vivre, de marque de civilisation et d'art suprême. "Tatouer" est un mot originaire du polynésien *tatau* ou *ta-tu* aux Marquises, *ta* voulant dire frapper. Il fut transformé en *to tattoo* par les marins anglais, puis attesté pour la première fois dans la traduction française du *Journal d'un voyage autour du monde* de James Cook.

"Ils se piquent la peau avec la dent d'un instrument assez ressemblant à un peigne, et ils mettent dans les trous une espèce de pâte composée d'huile et de suie qui laisse une tache ineffaçable" écrit Wallis.

"D'après la mythologie tahitienne, la pratique du tatouage aurait commencé chez les dieux dans le *po*, son aspect décoratif leur plaisait beaucoup. Il fut inventé par Matamata-Arahu aidé de Tu-ra-i-po, dieux du monde des artisans", rapporte Teuira Henry*.

"Tohu était le dieu du tatouage. Il était le créateur des dessins et des couleurs des poissons que les humains imitaient sur eux-mêmes ainsi que le dieu des tatoueurs."

Le tatouage est le miroir des grands passages de la vie ainsi que des actes qu'on y a accomplis. A la naissance, alors qu'il vient du *po*, l'homme a la peau vierge de tout tatouage. A sa mort, pour qu'il y retourne tel qu'il est venu, son corps est gommé de toute trace. A la fois carte d'identité, *curriculum vitae*, camouflage de guerre et cri d'amour, les graphismes sont autant de signes définissant le rôle dans l'univers social, la place dans la hiérarchie du clan ainsi que les actes héroïques accomplis.

Certains guerriers rencontrés par les marins européens de la fin du XVIIIe siècle étaient tatoués de la tête aux pieds parfois jusque sur la langue ou le pénis. De larges surfaces bleu-noir masquaient le miroitement de leurs corps transpirant et leur permettaient de mieux se dissimuler. Tous se sont accordés pour dire que les Marquisiens étaient les plus somptueux : "Les Noukahiviens se tatouent tout le corps avec une perfection qui, nulle part ailleurs, n'est portée à un si haut degré", écrit Johan von Krusenstern.

A partir de 1830, l'usage se dévalorise et s'éteint avec le code Dordillon qui l'interdit.

En 1985, il connaît un regain de faveur avec le premier Festival des arts des Marquises. Peu à peu, dans toute la Polynésie il redevient volonté d'appartenance ethnique. Expression de force et de beauté intérieure autant qu'extérieure, il était comme l'organe indispensable d'un corps qui, quand on regarde de l'extérieur, semble considéré comme une prothèse.

Sorte d'artiste magicien, chaque maître tatoueur a sa spécialité et son style, aussi reconnaissable que celui d'un écrivain ou d'un peintre.

Jusqu'à la puberté, l'enfant vit en marge de la société des adultes. On commence à tatouer le petit garçon vers dix ans. La première cérémonie, le *hami*, est accompagnée d'une circoncision et de rapports sexuels immédiats.

L'initiation des petites filles se déroule vers l'âge de quatorze ans pour mettre en valeur des attraits sexuels naissants : percement d'oreille, soulignement d'une courbe, d'une lèvre, d'un sein, d'une joue... Les femmes de haut rang avaient le bas-ventre et les lombes couverts de tatouage, car de cet espace sacré du corps dépendait la continuité de la lignée.

Les anciens utilisent le "peigne à tatouer". Cet outil est taillé dans des os alaires, des dents de requins, de souris ou de rats ligaturés sur un bâtonnet. On trempe les pointes dans une encre fabriquée avec la suie de noix de bancoulier, mêlée à un extrait de liane faisant catalyseur et nommée *au papa*. A l'aide d'un petit maillet, on tape la peau avec le peigne et on y introduit l'encre bleutée. Soutenus par des chants ou des aides-tatoueurs, les tatoués endurent des souffrances extrêmes, surtout quand on touche des points particulièrement sensibles : intérieur des cuisses et certaines zones du visage.

Autrefois, un sacrifice humain accompagnait le premier tatouage du fils d'un haut dignitaire.

Aujourd'hui les techniques se sont faites plus douces. Mis à part les candidats à l'héroïsme, les jeunes Marquisiens arborant orgueilleusement leurs *tattoos* économisent pour fréquenter "l'échoppe à *tattoos*".

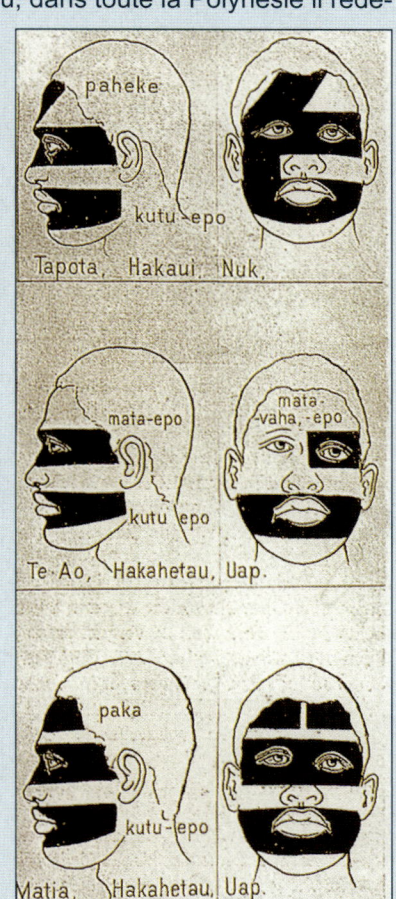

---

*Petite-fille du pasteur Orsmond, l'ethnologue avait hérité d'une documentation inestimable : "37 volumes de renseignements sur la mythologie et les coutumes des habitants", recueillis par son grand-père dès le début de son apostolat en 1817.

CHAPITRE 5

L'ARCHIPEL DE LA SOCIÉTÉ
LES ÎLES SOUS-LE-VENT

C'est James Cook qui baptisa cet archipel ainsi en l'honneur de la Société royale de géographie de Londres.

Il est divisé en deux groupes : à l'est, les îles du Vent qui comprennent Moorea, Tahiti, Maiao, Mehetia et l'atoll de Tetiaroa sur 1 200 kilomètres carrés. A l'ouest, les îles Sous-le-Vent qui rassemblent Huahine, Bora Bora, Raïatea, Tahaa, Maupiti et les atolls Tupai, Mopelia, Scilly et Bellingshausen sur 430 kilomètres carrés.

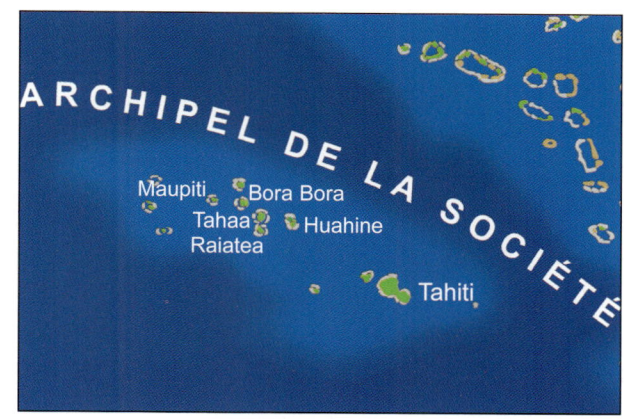

Raïatea et Tahaa trempent les pieds de leurs montagnes dans un même lagon. On pense qu'autrefois elles ne faisaient qu'une, et qu'une faille aurait séparé les siamoises. Entre les deux îles, s'étalent trois kilomètres de lagon pas toujours tranquille.

1 – L'île de Raïatea

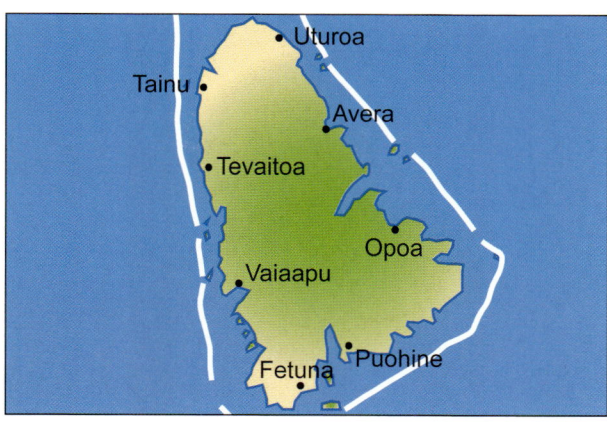

L'île sacrée a son étoile...

Centre sacré du triangle polynésien, Raïatea, l'île sacrée, est posée sous Sirius. De tous temps, l'île fut La Mecque de la Polynésie. Tout y est sacré : chaque pore de pierre et souffle de vent, la passe où les grandes pirogues pénétraient sous les arcs-en-ciel, son temple et le mystérieux *tiare apetahi*.

Point de départ et de retour d'explorations insolentes, les pirogues convergeaient vers son étoile et son temple Taputapuatea, c'est-à-dire "deux fois sacré".

"Je vois devant moi le sens de cet évènement étrange. Les glorieux enfants du tronc vont arriver et verront ces arbres ici à Taputapuatea. Ils seront d'aspect différent de nous et, pourtant, ce sont nos semblables. Issus du tronc, ils prendront nos terres. Ce sera la fin de nos coutumes actuelles et les oiseaux sacrés de la terre et de la mer viendront se lamenter sur ce que cet arbre décapité nous enseigne."

Ainsi parlait le grand prêtre sur le *marae*. Une cérémonie rassemblait les chefs des peuples de l'Alliance. Une bourrasque de vent avait décapité l'arbre sacré planté sur le temple. Incrédule, l'assemblée l'interrogea sur l'origine de ces hommes étranges. Laconique, le prêtre répondit : "Ils viendront sur une embarcation sans balancier."

Le 20 juillet 1769, très peu de temps après le présage, une voile se découpait sur l'horizon. L'embarcation était effectivement de facture différente des leurs : elle n'avait qu'une grosse coque... et pas de balancier. A bord, les "glorieux enfants du tronc" étaient eux aussi bien étranges : leur peau était blême et ils étaient pudiquement vêtus de sombre de la tête aux pieds. Ce navire, c'était l'*Endeavour*... avec à sa tête le grand James Cook en quête du fabuleux continent austral qui devait équilibrer la terre. Tupaïa, un autochtone embarqué à Tahiti, les avait conduits jusqu'à l'île.

L'arrivée de ces hommes "venus d'un ailleurs absolu" allait sonner le glas du culte d'Oro. Traînant dans leur sillage les victimes à sacrifier ; les pirogues de l'Alliance n'allaient plus franchir le porche de la passe sacrée : l'arc-en-ciel, le chemin du grand dieu...

L'ATR se pose à trois kilomètres de la capitale administrative Uturoa. Nichée au pied des 294 mètres du mont Tapioi, la ville fut fondée en 1880 par le pasteur John William.

Uturoa rassemble ses bâtiments autour du temple évangélique et s'articule sur deux axes majeurs. La rue principale divise la ville. Des maisons surannées se décolorent au soleil. Sous leurs auvents, jambes confortablement écartées sous leurs robes "mission", des mamas jasent sous leurs capelines de pandanus tout en roulant des cigarettes de Bison. Ici, tout est à fleurs : les robes et les chemises, les *pareu* et les rouleaux de tissu sortis d'une usine locale.

L'autre avenue longe le bord de mer. Les voiliers de passage oscillent dans le port de plaisance. Des navettes bondées s'arrachent au quai pour rejoindre Tahaa. Parmi les bouquets d'hibiscus, l'église Sainte-Anne jouxte la mairie. Des chiens jaunes au corps efflanqué reposent sur un tapis d'ombre et de fleurs de *purau*.

A la sortie de la ville, le port des goélettes est la proie de travaux pharaoniques. Des bulldozers allongent les quais pour mieux accueillir des bateaux de croisière qui veulent se faire aussi gros que l'île. On bâtit un centre artisanal géant pour un potentiel de touristes aléatoire. On va même inventer une plage à l'île qui n'en a pas et les autochtones rigolent en disant que "l'Etat a plus grands yeux que grande île".

Le tour de l'île...

Nous roulons vers le nord, partis pour parcourir les 98 kilomètres de l'île.

Sur sa première moitié, la route est en soupe de corail. Passé l'aéroport, nous atteignons un chantier naval en pleine effervescence qui accueille des bateaux de toutes sortes : du plus humble au plus glorieux. A mi-chemin de leur circumnavigation, Raïatea est l'escale incontournable des navigateurs. C'est là qu'ils réparent, carènent et repeignent leur voilier harassé par des jours de mer. Dans un coin, on peut voir des voiliers nichant leur coque écorchée dans des berceaux. Comme coiffés d'un bonnet d'âne, certains sont stigmatisés par un panneau : "A vendre." Ce sont les embarcations abandonnées de marins qui, rêves brisés par la réalité de l'océan, venaient de mettre un terme à leur voyage. D'autres nés sous une meilleure étoile attendent que leur skipper amasse assez d'argent pour leur refaire une santé en vue d'un nouveau large.

L'un d'entre eux semble être mis en quarantaine. Coque rouge rongée de rouille et pont blanc endeuillé de crasse, cockpit squatté par les branches de la haie adjacente, quelle est cette pauvre épave ? O scandale, c'est le dernier voilier de Bernard Moitessier : le *Tamata*. Ce bateau mythique naquit grâce à une merveilleuse chaîne de l'amitié. On était en 1982 et Moitessier était alors en plein désespoir : un cyclone venait de drosser son cher *Josuah* à la côte. Accablé, le navigateur écrivait dans son journal de bord : "Je n'ai plus les moyens financiers ni la force de reconstruire par moi-même." Cependant, trois mois plus tard, de généreux donateurs américains permettaient au marin solitaire de repartir à "la poursuite du soleil".

Sur le *Tamata*, Bernard Moitessier reprenait la mer et s'étonnait : "J'ai bientôt cinquante-huit ans et je repars de zéro sur le sable."

Il fait escale aux Tuamotu, où il se lance un défi : cultiver des terres où rien ne pousse. Infatigable, il gratte rageusement le corail avec ses mains. Pendant des jours et des jours... jusqu'à ce qu'il arrive à une poche d'eau douce qui lui permettra de faire pousser ananas et salades. Sur ce morceau d'éden arraché à

l'enfer, Moitessier ira jusqu'au bout. Le 19 juin 1994, après s'être interrogé : "J'ai vécu tous mes rêves, j'ai été au-delà de mes rêves et, maintenant, qu'est-ce qu'il me reste ?", il meurt emporté par ce qu'il appelait pudiquement "la bête".

A la borne PK 15 nous arrivons au village de Tevaïtoa. Le premier temple protestant de l'île se dresse côté mer. Il occupe l'emplacement d'un ancien *marae* dont il a copié les proportions. Cependant, les protestants ont quand même gardé l'ancienne tribune des prêtres ainsi que les messages occultes inscrits sur des murs en marge de la mer.

En bordure de route et côté montagne, s'élève un monolithe gravé d'une écriture cunéiforme. En face, affalé par un coup de *fiu* sur les marches du temple, un autochtone se redresse avec orgueil quand on l'interroge sur la signification de ces inscriptions en *reo ma'ohi*.

"Messieurs dames, nous nous sommes battus… ici à Raïatea !… Ce n'est pas comme à Tahiti où les Pomaré ont vendu leur île à la France !"

Le monolithe en question est dédié à la mémoire de Matahi, invincible guerrier et compagnon du chef rebelle Teraupoo. En 1888, ce dernier s'opposait au protectorat que la France voulait imposer. Les révoltés étaient retranchés dans les collines dominant Tevaïtoa. Pour seules armes ils avaient des harpons, alors que les Français les chargeaient à la baïonnette. Criblé de balles, Matahi résista pendant plusieurs heures avant de mourir.

Nous continuons notre route jusqu'à un lagon sous l'empire du ciel, avec couronne de *motu* dorés et blason de cocotiers. Passé le village de Fetuna, le *motu* Nao-Nao s'auréole de sable platine. Ce dernier est un lieu de mémoire : pendant la guerre du Pacifique, les Américains y ont construit un terrain d'aviation de dégagement pour la piste de Bora Bora.

Du haut de ses 824 mètres, le mont Oropiro plonge dans la somptueuse baie de Fatemu. Plus loin, le mont Matapura grimpe à 329 mètres alors que la presqu'île de Matahira s'allonge à ses pieds.

Les anciens y bâtirent le plus grand, le plus *tapu* de tous les centres cérémoniels et nécropoles de Polynésie : Taputapuatea. En face, l'océan s'engouffre dans la passe sacrée de Te Ava Moa.

C'est en ces lieux que naquit Oro, le fils d'Hina et de Tauera'a. A la fin du XVIIᵉ siècle, Oro s'imposa en tant que dieu suprême de la terre et des airs. Sous son autorité, les chefs des îles Sous-le-Vent fondèrent l'Alliance, sorte de clan au sein duquel ils scellaient des rapprochements politiques et des mariages. Tous les ans, les membres de l'Alliance se réunissaient sur le grand *marae*. Amour et mort s'y côtoyaient. Sur le *marae* se déroulaient des fêtes fastueuses et barbares, des orgies cannibales et le sang coulait à flots pour abreuver Oro.

Sur la grande esplanade, un *tupa* s'évertue à extirper un fragment d'os humain de la terre. Les enfants d'une école l'observent en riant, sans entendre le professeur qui raconte qu'ici "on enterrait les sacrifiés à Oro".

Puis, incrédules, ils écoutent le récit du passé, ce passé qu'ils voient devant eux sur le *marae* sacré. Ce passé qu'ils savent toujours puissant et vivant dans les pierres… Ce passé dont ils nous protègent alors que nous nous emparons d'un caillou. "Il ne faut pas toucher aux pierres !" s'exclament-ils en chœur.

Bien sûr le lieu est toujours chargé de *mana*. Sur l'île, circulent des tas de rumeurs insolites, des histoires de *popaa* qui auraient emporté des pierres de *marae* ou violé des lieux *tapu*, et seraient tous tombés malades ou décédés de mort violente.

Comme des organes intérieurs de la terre venus se greffer en bordure de lagon, trois *marae* saillent au bout de la pointe. Tous les ans, les peuples de l'Alliance y abordaient. Sur les collines alentour, les tours de guet signalaient les grandes pirogues doubles passant sous l'arc-en-ciel arc-bouté sur la passe. Elles amenaient les futurs sacrifiés dont le sang allait abreuver Oro. Sur le *marae* Taura'a-a-tapu, on les accueillait, les visiteurs y déposaient leurs offrandes à Oro : les *mana hune* ou "sans âme" et les cochons…

Campé en plein milieu d'une esplanade, un monolithe de 2,70 mètres de haut se dresse solitaire, puissant, inquiétant. Aux quatre points cardinaux, quatre sacrifiés furent enterrés vivants. C'est la pierre d'investiture vers laquelle princes et princesses s'avançaient pour ceindre la ceinture rouge*. Pendant ce temps sur un morceau de corail nommée *feo-oro*, des prêtres râpaient la chair des sacrifiés, morts au cours du voyage, accrochés aux pirogues. On pouvait ainsi offrir leur sang à Oro.

Plus petits, deux autres *marae* l'encadrent. A gauche, sur celui des pêcheurs, un prêtre déposait un *tiki* pisciforme dans une cavité creusée dans le sol, tête orientée vers le nombril de l'île. Puis l'homme tourné vers la mer entrait en transe, implorant un ciel désert. Alors, comme surgis du chapeau d'un magicien, des oiseaux venaient survoler les bancs de poissons. Les pêcheurs n'avaient plus qu'à jeter leurs filets pour faire une pêche miraculeuse. Quand il la jugeait suffisante, le prêtre interrompait son

Page 68
La pierre du sacrifice du marae de Taputapuatea à Raïatea

Page 70 haut
Le temple d'Uturoa à Raïatea

Page 70 bas
La marina d'Apooiti

Page 71
Bernard Moitessier

* Emblème des *ari'i*, signe de reconnaissance des membres de l'Alliance.

chant, dirigeait le poisson de pierre vers la passe, et tournait le dos à la mer... Les oiseaux disparaissaient, le ciel était à nouveau désert.

Du *marae* des navigateurs, les marins partaient à la conquête de l'océan. A la proue, un capitaine sorcier en transe indiquait la route vers une terre posée sous une étoile encore inconnue...

Le temple principal de Taputapuatea était dédié à Oro. Des murs de corail le délimitent sur une cinquantaine de mètres. On y empalait les sacrifiés sur des pierres taillées en triangle. Un peu plus loin les prêtres rassemblés discutaient adossés à des "pierres boucliers", les protégeant en cas d'agression.

Récurrent, le choc de l'océan sur la barrière brise le silence. Nos pas foulent une nécropole et la plainte des sacrifiés s'élève de dessous la terre, muette et assourdie par le temps, mais suscitant une angoisse inexpliquée. Le soleil tombe, le sang de Ta'aroa s'échauffe pour rougir le ciel et les arcs-en-ciel....

En poursuivant notre voyage, nous arrivons dans la baie la plus profonde de l'île : la baie de Faaroa, où se jette l'Opoomau, la plus grande rivière de Polynésie, la seule qu'on puisse remonter en pirogue sur quatre kilomètres. Ses berges sauvages sont le domaine des papyrus et des roseaux, les racines des *purau* s'y tortillent jusqu'au vert mélancolique des marécages. Les parasols des falcateas ombragent la montagne tandis que leurs racines retiennent la terre.

Dans l'île, une rumeur court à propos de cette rivière et d'un mystérieux trésor qu'elle renfermerait. C'est de là que Turi, le grand capitaine sorcier, partait à la découverte de nouvelles terres. Son armada était immense. Les grandes pirogues doubles étaient construites, en kit, de pièces de *mara*, un bois imputrescible. Les pièces étaient ajustées et reliées entre elles par des liens en bourre de coco. Les héros de la mer revenaient de nuit, guidés par un fragment de ciel buvant une lueur surnaturelle émise par le temple. L'équipage démontait alors les bateaux et les enfouissait sous les marécages avant d'être sacrifié afin que le lieu demeure secret.

Turi préparait son troisième voyage, quand il mourut sans avoir eu le temps de révéler l'endroit où gisait son armada. C'était en 500 après J.-C., et depuis personne n'a retrouvé les pirogues enterrées et l'Opoomau s'est refermé sur le secret de Turi.

Avant de retourner à la capitale, nous nous arrêtons au pied du plateau de Temehani, lieu hautement *tapu*. Une grotte immense s'ouvre à flanc de falaise. C'est l'entrée du *po*, l'au-delà

ma'ohi. Selon le mythe, toutes les âmes ma'ohi viennent s'y échouer après la mort du corps, afin de retrouver leur pays d'origine grâce au *tiare apetahi*. Sur la route montant au *po*, les cinq pétales de la fleur sacrée s'ouvrent comme une main fantôme, dans un claquement sec et leur signalent le chemin.

Raïatea demeure imbibée de croyances sourdes, terriblement vivantes. L'océan rongeant ses montagnes, chaque rocher y porte l'empreinte d'Oro. Sa visite implique un esprit ouvert au mystère, enclin au doute.

La légende des dauphins

Les tempêtes, les cyclones et les courants avaient éloigné les poissons des côtes de Raïatea. Sur l'île sacrée, ni les prières ni les sacrifices des prêtres ne parvenaient à enrayer la famine qui menaçait.

Un pêcheur partit alors vers la passe sacrée... Debout sur sa pirogue et face à l'océan, il émit une longue mélopée, s'adressant aux dauphins et plaidant la cause des habitants qui souffraient cruellement de la faim.

Les dauphins apparurent très nombreux à la surface. Entourant la pirogue et larmes aux yeux, ils entamèrent un triste requiem... Puis ils accompagnèrent le pêcheur jusqu'à la plage où les habitants purent en tuer quelques-uns. Provisions faites, les hommes de Raïatea regagnèrent la passe sacrée. Ils entraînaient les dauphins dans leur sillage, tout en entonnant un chant mélodieux en gage de pardon et de remerciement.

Le *tiare apetahi*
La fleur sacrée

Le *tiare apetahi* (Apetahia raiateensis) appartient à la famille des Campanulacées.

Dès 1769, Sydney Parkinson, botaniste embarqué à bord de l'*Endeavour* signale la fleur dans son journal. Mais c'est le botaniste français H. Baillon qui lui donne son nom d'*apetahi* en 1847 : "Cet arbrisseau ou arbuste de un à deux mètres au plus, aux rameaux fragiles et à latex blanc, aux feuilles simples, sessiles (...) possède des fleurs brièvement pétiolées à cinq pétales disposés d'un seul côté, et d'un beau blanc inodore. La corolle de la fleur s'ouvre vers 4 heures du matin, bien avant la fraîcheur de l'aube avec un claquement caractéristique."

Mais une légende attribue son nom à une autre histoire. Il y a bien longtemps, un mari partant pêcher abandonna sa femme Apetahi à la maison. Très triste, cette dernière décida de monter sur le plateau Temehani. L'idée de la mort lui traversa l'esprit. Elle creusa un trou, appuya son bras gauche sur la pierre, puis le coupa et le déposa dans le trou avant de mourir. Bien des années après, à l'endroit où la femme du pêcheur avait enterré son bras, un arbuste se mit à pousser.

Des habitants de Tevaïtoa qui coupaient des bambous dans la montagne passèrent la nuit près de l'arbuste. Au petit matin, ils furent réveillés par des bruits secs. C'étaient des fleurs qui éclataient sur les branches du petit arbre, des fleurs à cinq pétales comme les doigts d'une main. Ils comprirent tout de suite que c'était celle d'Apetahi et la baptisèrent *tiare apetahi*.

Alerté, le mari vint chercher une branche de l'arbuste pour la planter devant sa maison, ceci sans aucun résultat. Depuis, tous les essais faits pour transplanter la fleur ont échoué. Elle s'entête à ne pousser que sur le mont Temehani. C'est la fleur sacrée de Raïatea, la main qui signale le chemin du *po* aux âmes errantes...

Hélas des cueilleurs professionnels pillent les parois du mont Temehani pour vendre cette fleur rare et fragile aux touristes de passage. Aujourd'hui, c'est une espèce protégée, mais n'est-il pas trop tard ?

Page 72 haut
Si jeune et déjà aventurier de la mer

Page 72 milieu
Pas de cimetière ; on "plante" les morts le long des routes ou dans les jardins.

Page 72 bas
La rivière Opoomau.

Page 73 haut
Raïatea. Le plateau Temehani Rahi où se trouve l'entrée du po, *le paradis des Ma'ohi.*

Page 73 bas
Le tiare apetahi, la fleur qui guide les âmes vers le po.
(Courtoisie de Jean-Yves Meyer, délégation de la Recherche)

Marae *international de Taputapuatea. A droite, la pierre des investitures.*

Marae *international* de Taputapuatea. Le marae *des voyageurs.*

Marae *international* de Taputapuatea. Le tohua *d'Oro où l'on dépose toujours des offrandes.*

La passe sacrée en face de Taputapuatea.

Tahaa, l'île des fleurs.

2 – L'île de Tahaa

L'île des fleurs

Cette île de 90 kilomètres carrés semble avoir vécu en dehors du temps et respire la sérénité. On ne peut l'atteindre que par la mer. Ses 4 900 habitants vivent dans des *fare* occultés par des buissons de fleurs. Comme Raïatea sa grande sœur, elle ne possède pas de plage mais des montagnes qui se reflètent dans l'eau.

Du ciel, on peut voir sa couronne de *motu* d'or sertis de cocotiers émeraude, ses vallées vertes et fertiles, ses baies larges et profondes où les voiliers d'une certaine élite sont à l'abri du vent et des touristes.

Selon la coutume, les premiers arrivants lui ont donné le nom de la dernière terre abandonnée : Uporu. Sa faible densité de population, son isolement en ont fait la proie des chefs de Bora Bora et de Raïatea. Elle fut un pion important sur l'échiquier des luttes opposant ses puissantes rivales.

Ses contours ronds sont profondément entaillés de baies étincelantes, telles celles d'Hurepiti, Apu ou encore de Faa'a. La baie d'Haamene est la plus profonde : ses quelques 5 kilomètres auraient pu couper l'île si le mont Ohiri avec ses 590 mètres ne s'y était pas opposé.

Une route de 60 kilomètres en soupe de corail fait le tour de l'île, traverse ses huit petits villages, passe devant des boutiques à l'auvent entrouvert sur des taros posés comme des grenades manche, des ananas et des régimes de *fe'i*. Partout, des buissons de fleurs multicolores parfument les chemins, dissimulant des *fare* plus petits qu'eux. L'île a l'air de participer à un éternel concours du plus beau village fleuri. On y répertorie cent variétés d'hibiscus, la fleur emblème, celle qu'on met le plus souvent à l'oreille et qui décore les *pareu*. Importées d'Asie, quatre cents espèces d'ixoras et leurs fleurs en grappes colorent le paysage. De somptueuses amaryllis se hissent sur des tiges qui n'en finissent pas de grandir et les flamboyants font claquer leur rouge vif sur un ciel éclatant. Les frangipaniers étendent leurs branches nues et torturées ornées de fragiles fleurs blanches. L'ylang-ylang vous saoule de son parfum avant de fixer ceux des plus grands parfumeurs français.

Mais, surtout, Tahaa produit 80 % de la vanille de Polynésie. Partout l'orchidée fleurit sur des tuteurs grimpant à l'assaut des collines.

En 1848, l'amiral Hamelin en importe les premiers plants de Manille pour embellir les jardins du gouverneur. Deux ans plus tard, la *Vanilla*

aromatica daigne fleurir... Encouragé par le succès d'Hamelin, l'amiral Bonnard rapporte des pousses d'une autre espèce, prélevées dans le Jardin des plantes à Paris : la *Vanilla pompona*.

En 1874, le commandant Gilbert Pierre rentre du Mexique avec des plants de la *Vanilla fragrance* où elle est naturellement fécondée par les mélipones.

Cependant, il faut attendre 1880 pour que la vanille devienne une production polynésienne à part entière. Son histoire débute par une idée neuve : l'hybridation de la variété mexicaine et de la *Vanilla aromatica*. On obtient ainsi la *Vanilla tahitiensis*. Avec ses gousses charnues, extrêmement riches en huile et au léger goût d'anis, on la dit la meilleure du monde. Faute d'insectes pollinisateurs comme l'abeille mexicaine, on doit inséminer artificiellement la fleur. Cette opération extrêmement délicate fut inventée par un esclave d'une plantation de l'île de La Réunion. Les "marieurs" sont souvent recrutés parmi des personnes aux mains habiles : femmes ou *mahu*.

L'insémination se fait dans la lumière pudique du matin. Quand la fleur est à point, le "marieur" introduit le pollen dans le stigmate à l'aide d'un bâtonnet. Du vert tendre les gousses passent au jaune, atteignant une vingtaine de centimètres. Neuf mois, le temps de faire un enfant, s'écoulent avant la récolte traitée par le préparateur qui va lui faire prendre toute sa senteur. Cette dernière étape est essentielle. Après avoir été déposées sur des séchoirs, chaque jour, les gousses sont exposées durant quatre heures au soleil, brassées à intervalles réguliers et entassées dans des caisses où elles vont transpirer sous des couvertures. Trois mois plus tard, la vanille dégage son étonnant parfum sensuel. L'or parfumé est alors prêt pour l'expertise.

Un an de soins attentifs est nécessaire à l'obtention d'une vanille de qualité, ce qui en fait une denrée précieuse, justifie son prix faramineux et sa cote sur le marché. Une fois sélectionnées d'après leur calibre, les gousses sont réunies en fagots de 300 grammes, contrôlées par une commission d'expertise puis l'administration en fixe le cours.

Tahaa, plus qu'une terre, est un parfum.

L'arbre à pain

Originaire d'Asie, il est arrivé dans les bagages des premiers migrants. Il existe plus de trente variétés d'arbre à pain en Polynésie. A l'état sauvage, l'arbre grandit sans donner de fruits. Entouré de soins et exposé au soleil, il peut fructifier jusqu'à trois fois par an.

Très vite, l'arbre à pain attire l'attention des découvreurs, séduits par sa forte valeur nutritive et sa facilité de culture. Les Anglais pensent à l'introduire dans leurs colonies pour nourrir les esclaves. Le *Bounty* fut chargé de se rendre à Tahiti pour en ramener des plants. Si on connaît la fin de cette épopée tragique, on ignore souvent que le capitaine Bligh revint et qu'il réussit cette fois-là à accomplir sa mission. C'est ainsi que l'arbre à pain colonisa la Jamaïque et d'autres îles des Antilles.

Chaque maison possède ses arbres à pain plantés dans le jardin. On distingue trois principales espèces, identifiées d'après la forme de leurs feuilles. Produisant des fruits à différentes époques, ils en assurent ainsi la pérennité.

Parvenus à maturité, ces derniers sont consommé frais ou sous forme de *popoï*, une pâte confectionnée avec des fruits cuits pendant quarante-huit heures. A l'abri de l'air, elle se conserve pendant plusieurs semaines. Un orifice pratiqué à la base du récipient permet d'en extraire la quantité désirée. Autrefois, quand la récolte était suffisamment abondante, on préparait le *mahi* en prévision d'une possible disette. A l'intérieur de larges fosses creusées dans le sol, on superposait des couches de fruits en morceaux et de feuilles d'*auti* ou de bananier. Une fois la fosse remplie, on la refermait avec un mélange de pierres et de terre. La fermentation du fruit permettait alors de le conserver plus d'une année.

Le peintre Octave Morillot

Le peintre Octave Morillot est originaire d'une grande famille où la tradition veut que les garçons fassent carrière dans l'armée. Il choisit la "Royale". Il arrive un jour à Tahiti avec son bateau.

L'enseigne Octave Morillot descend à terre avec son ami Victor Segalen, officier médecin du bord, futur écrivain des *Immémoriaux* et admirateur de Paul Gauguin.

Ensemble, ils se rendent à la vente aux enchères des derniers biens du peintre qui se déroule ce jour-là à Papeete. Segalen veut acquérir une toile, mais il ne dispose que de trois louis d'or. Il demande à Morillot de lui prêter le complément, soit deux louis d'or. Le commissaire-priseur présente l'œuvre à l'envers et la nomme *Chutes du Niagara*. En fait il s'agit de *Neige sur un toit breton**.

Octave Morillot renonce à sa carrière pour rester à Tahiti et peindre. Rejeté par sa famille, il ne vendra aucun tableau de son vivant. Mais, comme Paul Gauguin, il tombe sous le charme des Tahitiennes et des paysages des mers du Sud...

Au fond de la baie d'Hurepiti, à côté de la maison de mon ami Alain Plantier, un ponton et un sentier conduisent à un *fare* enfoui sous une végétation luxuriante. C'est ici qu'habite le fils du peintre, Roland Morillot**, qui nous accueille à bras ouverts. Il se montre intarissable sur ses souvenirs... Il n'a conservé qu'une seule toile de son célèbre père, une huile représentant sa mère, une Tahitienne de Tahaa.... Dans le dossier qu'il ouvre devant nous, plusieurs dessins au crayon et aux fusains. Des croquis, des esquisses voisinent avec la photo d'un sous-marin qui porte son nom *Roland Morillot*. En fait, le vieux monsieur nous dit que Roland Morillot est son oncle, et l'histoire qu'il nous raconte est extraordinaire.

Son père, Octave Morillot, avait un frère, Roland, resté dans la "Royale". Lieutenant de vaisseau, il commandait le sous-marin *Monge* durant la Première Guerre mondiale. Dans la nuit du 28 au 29 décembre 1915, le *Monge* navigue dans les bouches de Cattard quand il croise une vedette autrichienne le *Ballaton*. Le sous-marin coule la vedette, mais est éperonné par un torpilleur qui fait une ouverture dans le kiosque du submersible. Ce dernier coule rapidement et se pose sur le fond par 70 mètres. En chassant partout, le commandant Morillot réussit à faire remonter son submersible à la surface. Mais, là, il est touché par un obus lancé par le torpilleur autrichien... Le sous-marin commence à couler par l'arrière, des tonnes d'eau s'engouffrent par le trou béant.

Le commandant largue tout le lest et ordonne à son équipage d'évacuer le sous-marin par le panneau avant... Tout l'équipage est sauvé, mais le *Monge* sombre engloutissant son commandant Roland Morillot dans la pure tradition de la "Royale".

En 1939, dans l'arsenal de la marine, on termine la construction d'un sous-marin qui porte le nom de ce héros, le *Roland Morillot*. Mais, face à l'avance rapide des troupes allemandes, le sous-marin est dynamité afin qu'il ne tombe pas aux mains de l'ennemi.

A la fin de la guerre, les Anglais s'emparent de deux U-Boots allemands ultramodernes et flambant neufs. L'un d'entre eux est donné à la France... Il s'appellera le *Roland Morillot*.

C'est la photo de ce sous-marin qui est là sous mes yeux.

Après une carrière de courses lointaines sur toutes les mers du monde, le sous-marin sera retiré du service et deviendra navire-école.

---

* Segalen remboursera à Morillot ses deux louis d'or. Le tableau sera revendu par la famille Segalen à une galerie de New York pour plusieurs millions de dollars.

** Roland Morillot, le fils du peintre Octave Morillot, qui nous avait si gentiment reçus, en juillet 1999, ouvrant pour nous ses archives et nous contant ses souvenirs, est décédé en avril 2000.

Alain Plantier marie la vanille dans sa plantation.

Une orchidée nommée vanille

L'étape la plus importante chez le préparateur : le séchage des gousses.

Les motu *en face des côtes de Tahaa.*

3 – L'île d'Huahine

L'île du "petit jardin gris"

A 35 kilomètres à l'est de Raïatea, deux îles jumelles tètent le même lagon. C'est Huahine. 75 kilomètres carrés d'un vert opulent s'ourlent de plages vieux rose. Tout y est en lumières subtiles, en rondeurs et en douceur. Chaque repli de rocher y raconte une histoire de femme ou de voleur.

Hua signifie "graine" et *hine*, "joli", les deux mots accolés se traduisent chez les anciens par "sexe de femme". Vu ses contours, l'île était parfaitement bien nommée, son nom ne choquait personne. Il faut dire qu'à l'époque les femmes ne cachaient que leur nombril considéré comme la partie la plus intime de leur corps. Plus tard, le puritanisme protestant venant modifier la notion de pudeur, on lui préféra la métaphore de "petit jardin gris".

Trois volcans modèlent un relief plus vieux que celui de Tahiti. Sur Huahine Nui, le mont Turu culmine à 669 mètres, tandis que le Pohue Rahi s'élève sur Huahine Iti à 462 mètres. Les deux îles sont séparées par un large canal naturel obstrué par un petit volcan, le mont Vahi (198 mètres). A l'est, l'entrée de ce chenal porte le nom de baie de Maroé et à l'ouest le nom de baie de Bourayne.

Dans un accès de fureur, Hiro, le dieu des voleurs, aurait creusé cette passe avec sa pirogue. Dans un débordement de colère, il jeta sa pagaie contre la falaise qui en conserve encore la marque.

Partout sur l'île, la pierre porte l'empreinte de ce personnage mythique, sorte d'Hercule irascible, et qui semble avoir perdu beaucoup dans ses colères. A la pointe de Rate Aua, sur la ligne de crêtes du mont Haoroa, on aperçoit deux aiguilles rocheuses qui se dressent avec arrogance vers le ciel. On dit que la première est le *kokoro* (le sexe) d'Hiro et la seconde, l'une de ses dents.

Dès l'an 800 de notre ère, Huahine est colonisée par des migrants venus de l'ouest. Rapidement, la population grossit. Teintées d'érotisme, une vie spirituelle intense, une structure sociale complexe et raffinée s'élaborent. Trente-deux vestiges de *marae* ont été répertoriés sur l'île.

Le 30 janvier 1769, Cook découvre l'île au cours de son premier voyage. Il la baptisa Hermosa (belle, en espagnol). Il y revient en 1876, puis un an plus tard en 1877 pour y rapatrier un insulaire au destin peu banal et lié à l'histoire de l'île : O'Maï... (Voir encadré, p. 28.)

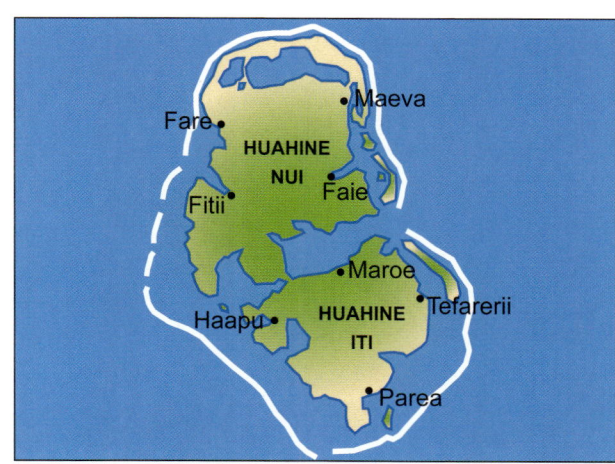

Vers 1808, les missionnaires de la London Missionary Society s'installent à Huahine. Ils n'y restent qu'un an, temps suffisant pour imposer des lois draconiennes qui allaient bouleverser la structure sociale de l'île.

Fare, un port bien tranquille

La capitale administrative se situe dans une échancrure de la côte à l'abri d'un récif qui la protège du *maramu* et de la houle. Trois fois par semaine, les goélettes, dont l'*Ono-Ono*, débarquent gens et marchandises sur le quai envahi par la foule des curieux.

La ligne de crêtes des collines dessine le gisant d'une femme couchée. On distingue la tête, les seins et le ventre gonflé par un enfant qui pousse. On dit ici que c'est Hina, l'épouse d'Hiro.

Sur le quai, les marchands lèvent l'auvent de roulottes couleur manège et proposent leurs spécialités culinaires : poissons crus au coco, grillades et plats chinois...

A côté, les agriculteurs descendus des huit districts de l'île vendent leurs produits : taros, patates, *fe'i*, pastèques et vanille. Les boutiques des Chinois et les magasins de souvenirs regardent la mer. La poste fait dans l'ostentatoire, avec son style Louisiane qui se distingue de l'architecture austère du temple mormon et des bâtiments administratifs.

Le tour des îles

Une voie de 40 kilomètres cerne la grande île, Huahine Nui. Au début, noire bitume, la route est dure sous les roues. Puis le béton cède rapidement la place à la latérite, que le fouet des pluies métamorphose en patinoire.

A quelques kilomètres de Fare, un embranchement conduit au *motu* Oavarei où est construit l'aéroport. Un cordon d'alluvions le relie à l'île et délimite la grande lagune de Fauna Nui. C'est le paradis des *tupa*, ces crabes verts, qui y fourmillent, traversent la route à la pleine lune, et font le régal des oiseaux pélagiques nichant sur les eaux peu profondes de la grande lagune.

Plus loin, les vestiges du grand complexe cérémoniel de Maeva s'étendent de chaque côté de la route.

Pour la plupart datés du XVIe siècle, cette vingtaine de *marae* furent le théâtre d'un style de vie aussi prestigieux qu'aristocratique. C'était une cité interdite, strictement réservée aux familles royales, aux prêtres et hauts dignitaires. Entre lagune et montagne, bien gardée par des fortifications à flanc de colline, la citadelle invincible préservait ses habitants des agressions des farouches guerriers de Bora Bora.

Des esplanades de grosses pierres plates bordent la lagune. D'énormes blocs de corail s'y redressent. Ce sont les vestiges de trois *marae* : le *marae* Vaïotaha, le *marae* Oavaura et le *marae* Orohahaa. Sur les fondations de l'ancienne salle de réunion, un *fare* fait boutique de souvenirs...

Côté montagne, en frontière d'un champ de manioc, les cailloux d'un ancien muret de pierre retracent un sentier gommé par les pluies. Celui-ci traverse les restes des fortifications construites en 1846 par les insulaires pour résister au débarquement des troupes françaises venues établir le protectorat.

Le sentier serpente à travers les ruines de Te Ana, jadis résidences des hauts dignitaires, aujourd'hui envahies par de nombreux arbustes.

Plus haut, nous arrivons sur la colline de Mataïrea où la forêt avale un énorme ensemble de plates-formes. Un gros banian n'en finit pas de pleurer ses racines sur le *marae* Tifano.

Nous grimpons en trébuchant sur des racines de *mape*, pour découvrir le *marae* royal Mataïrea Rahi, théâtre des orgiaques et gigantesques rassemblements claniques des chefs de l'île. Parés de hautes coiffures de plumes illuminées de nacre, ils venaient participer, loin du peuple, au milieu des danses d'amour, à des festins cannibales. Dans les murs limitant ces lieux tabous, des reliefs humains sont toujours enfouis.

En exergue, un énorme rocher, "la pierre du sacrifice" sur laquelle devait s'allonger le supplicié. On renversait sur lui un autre rocher qui gît à côté et qui épouse parfaitement la partie supérieure du premier et ainsi coulait le sang pour satisfaire et abreuver les dieux.

Nous montons encore... Un *ahu*, une terrasse de basalte, surplombe la mer. Nous sommes sur le *marae* Ofata. Solidement plantées entre ciel et océan, neuf pierres dossiers se dressent face à la mer attendant encore la venue des prêtres.

A quoi pensaient-ils ces prêtres en regardant la rivière qui bave sur la mer ? Nous l'ignorons et demeurons sceptiques. Des chercheurs, comme le professeur Sinoto, archéologue au Bishop Museum, ont tenté de répondre à cette question qui suscite sans cesse de nouvelles interrogations.

Nous revenons sur la route. A la sortie du village de Maeva, un pont de bois franchit la rivière et mène au *motu* Ovarite. Sur celui-ci, à quelques kilomètres, au milieu d'une cocoteraie en bordure du chemin, le *marae* Manunu. Long de plus de 40 mètres, un mur de blocs de corail haut de 2,50 mètres cerne l'édifice.

La légende raconte qu'une jeune femme nommée Hotu-Hiva habitait à Raïatea. Elle n'avait qu'une idée en tête : rejoindre son mari qui demeurait sur l'île d'Huahine. Comme elle n'avait pas de pirogue, elle se glissa dans un

La goélette dans le port de Fare à Huahine

grand tambour, et se laissa porter par les courants. Elle échoua sur cette plage où elle s'endormit. Ce *marae* familial fut élevé pour remercier les dieux qui l'avaient aidée.

Au pied du mur d'enceinte, sous une dalle de l'*ahu*, repose la dépouille du dernier grand prêtre de l'île d'Huahine, Raïti, mort en 1915.

L'hôtel *Sofitel* s'élève en bout de *motu*. Gracieusement, son directeur met une pirogue à notre disposition. Nous remontons la rivière jusqu'à la lagune. Depuis les troncs de cocotiers penchés sur l'eau, des enfants frondeurs plongent en hurlant des cris de guerre. Côté montagne, au bord de la rivière, le *marae* Te Ava et le *marae* Fare Miro dressent leurs énormes pierres dossiers.

Plus loin, le fleuve est ponctué d'arabesques de pierre : ce sont des pièges à poisson, de grandes nasses minérales bâties voici six cents ans. Le principe est d'une simplicité élémentaire : quand la mer monte, l'eau inonde les pièges en entraînant les poissons vers la lagune. Quand elle descend, les murs les retiennent prisonniers. Ils ne peuvent que se réfugier au fond du traquenard où, chaque soir, les habitants viennent les harponner.

Plus loin, c'est le petit village de Faï qui s'enroule autour d'une baie. Un pont enjambe la rivière. Près de là un cabanon vend exclusivement du thon en conserve... Passé l'effet de surprise provoqué par cette marchandise aussi saugrenue qu'unique, nous observons les enfants pateaugant à mi-mollets dans l'eau glauque, les boîtes de thon à la main. Des anguilles grasses, énormes sortent alors de la vase : des monstres de deux mètres de long et pesant dix à quinze kilos. Appâtées par le thon, les anguilles montrent leur tête tendre, des oreilles minuscules et de larges yeux bleus. Elles se prêtent tranquillement aux caresses des enfants auxquels les touristes offrent quelques sous.

On cultive un certain mystère en disant qu'elles sont "sacrées". Mais ce n'est qu'un canular, et l'office du tourisme conseille de passer dès le matin, avant que les bestioles soient repues.

A la sortie du village, le serpent rouge d'une route de latérite rejoint le belvédère. A nos pieds, la soie de la baie de Faï que l'on vient de quitter se nourrit du ciel. De l'autre côté du col, la grande baie de Maroé. Un pont permet de rejoindre l'île siamoise : Huahine Iti. En contrebas du mont Haoroa, une suite de bourgs de pêcheurs nichent au fond des baies.

Dans la presqu'île de Tiva, des plantations de cocotiers ombragent quelques hôtels reliés à la route par des cordons de sable. Au bout, le *marae* d'Anini fut construit aux environs de l'an 1300. Il est consacré à Hiro et ses hiéroglyphes retracent l'histoire du dieu des voleurs.

Face au *motu* Araara, le village de Tefareii fut la résidence d'une importante chefferie qui s'opposa au protectorat français. En bordure de route, une famille d'autochtones propose des nacres, des coquilles de moules géantes et... des coraux ! L'extraction, la vente et l'exportation du corail est interdit. Si, par curiosité, on interroge les autorités locales, elles vous répondent "qu'on a le droit de les vendre, mais qu'en revanche on n'a pas le droit de les acheter".

Après avoir achevé le tour d'Huahine Iti, nous repassons sur le pont pour prendre la traversière. Au bord de cette dernière, une grosse patte de chien a laissé son empreinte dans la roche avant de se sauver. C'est celle du compagnon d'Hiro, toujours lui, décidément bien étourdi.

Le soleil sombre sur la baie de Fare. Une goélette embarque les derniers passagers qui traînent des pieds, croulant sous les fleurs et les couronnes de *tiare*. Dans cette île intacte, la scène aurait pu être peinte par Gauguin. Les passagers escaladent pesamment l'échelle. Du pont, ils esquissent de larges signes d'au revoir, des larmes coulent de leurs grands yeux à fleur de visage... Le bateau s'éloigne vers la passe, les couronnes de *tiare* sont jetées à l'eau, minuscules jardins flottants qui symbolisent l'espoir du retour.

La poste du village de Fare à Huahine

Les pièges à poissons dans le chenal du lac Fauna Nui à la mer

Marae d'accueil sur la lagune, Huahine.

Le marae royal de Mataïrea domine le village de Maeva et le chenal, avec les pierres-dossiers des chefs d'Huahine.

Le kokoro d'Hiro (le phallus du dieu Hiro, dieu des voleurs).

4 – L'île de Bora Bora

La perle du Pacifique

D'après le mythe tahitien, Bora Bora fut la première des îles Sous-le-Vent à émerger. Les Ma'ohi la nommèrent Pora Pora, "première-née*".

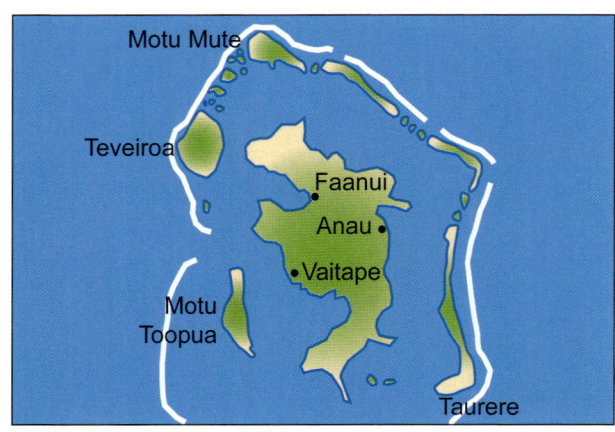

C'est un île d'une beauté insolente, haute et arrogante, bâtie en contreforts et forteresses, plantée d'un trio de pics mauves laissant peu de place aux terres plates. Culminant à 727 mètres, le mont Otemanu est le plus grand. Une éternelle écharpe de nuages soyeux lui donne l'air d'être toujours en représentation.

Au cours de son voyage tectonique, la crête est du volcan a basculé pour engendrer son relief. La crête ouest s'est réduite à deux îles miniature : Topua et Topaa Iti. Les eaux indigo de la baie de Povaï envahissent la caldera du volcan. Le récif qui s'arrondit autour de l'île n'offre qu'une seule passe : Tea Vanui.

L'ombre des nuages passe sur le lagon. Des bleus vivants s'y déclinent au gré de la profondeur de l'eau. On dit de Bora Bora qu'elle possède "le plus beau lagon du monde".

Comme Tahiti, l'île demeure liée à un mythe indélébile que seul son vécu peut effacer. Car Bora Bora la trop gâtée par la nature a vendu son âme au démon de l'argent facile : celui du tourisme.

En l'an 900 de notre ère, les premiers migrants l'appellent Vavau, du nom de leur terre abandonnée dans l'archipel des Tonga. Des quarante-cinq temples qu'ils y bâtirent, il reste peu de traces, les pierres ayant été emportées par des iconoclastes de passage. Seul le *marae* Fare-Opu, situé au bord dela mer, à gardé son *ahu*.

Le 7 août 1769, James Cook passe au large de Bora Bora. A bord du navire, se trouve Tupaïa en partance pour l'Angleterre. A peine ce dernier aperçoit-il le pic Otemanu qu'il pâlit. Terrorisé, il supplie le capitaine de ne pas aborder, bégaie qu'il est en danger de mort à Bora Bora. Le navigateur apprend alors que des pressions sociales dues à l'étroitesse de l'île ont engendré le bellicisme des habitants, toujours en guerre avec tout le monde sur l'archipel. Pour la sécurité de son passager, Cook ne peut donc faire autrement que d'admirer la belle Bora Bora depuis le large.

En 1775, l'*Aguilla* et le *Jupiter*, deux bateaux espagnols, croisent dans les îles Sous-le-Vent et la baptisent île San Pedro. Le 8 décembre 1877, Cook revient à Bora Bora à l'occasion de son troisième voyage. Cette fois, il peut enfin y débarquer avant de mourir aux îles Sandwich.

En 1820, le pasteur J. M. Orsmond s'installe à Bora Bora. Il y crée la mission de Vaïtape, et propage le protestantisme, toujours majoritaire dans l'île.

En 1888, après avoir farouchement résisté à l'annexion française, les guerriers de Bora Bora sont matés. L'île entre enfin dans une ère de paix, partagée entre prières, pêche et culture.

Mais, en 1942, les quatre mille cinq cents GI's de l'opération *Bobcat* vont changer le visage de l'île. Le monde est en guerre, mais les habitants de Bora Bora vivent sur un nuage. Chaque soldat a sa famille *fa'amu* et sa douce vahiné. Les autochtones découvrent le chocolat, le Coca-Cola et le corned-beef. Les vahinés apprennent le pouvoir de séduction du rouge à lèvres. "Même les vieilles mettaient du rouge", apprend-on sous la plume de Francis Sanford, alors gouverneur de l'île. En 1946, l'opération *Bobcat* se termine. Partout sur terre, on swingue et on fait la fête. Mais, à Bora Bora, on est en larmes : les Américains rentrent au pays. Un enfant dans les bras, les vahinés leur disent adieu… Quatre-vingt-cinq petites têtes blondes vont modifier la génétique de l'île et jamais plus Bora-Bora ne reviendra comme avant. L'hospitalité et la générosité disparaissent sous la pression de l'appât du gain. Les gens de l'île savent désormais que les choses de la vie s'achètent, le commerce va remplacer la culture et la pêche. Les GI's rentrés au pays propagent le mythe d'un éden et les touristes américains affluent, devenant rapidement le fonds de commerce de Bora Bora.

Les hôtels de luxe se serrent sur la côte abritée des cyclones, envahissent les *motu*, rampent sur les eaux du lagon. On estime que le personnel de ces hôtels représente deux mille cinq cents individus. 95 % des

---

* L'aînée des îles de la Société doit avoir entre trois et quatre millions d'années.

Bora Bora. L'impression artisanale des paréos.

Vue aérienne de Bora Bora.
Courtoisie du service photo des armées

habitants vivent du tourisme. Les autochtones ne suffisant plus, les employés arrivent de tous les archipels.

Le veau d'or du tourisme fait perdre la tête à Bora Bora. Plus personne ne se penche pour travailler la terre. Taros, ignames et pastèques importés de Raïatea ou d'Huahine sont vendus à prix d'or. Mais encore plus tragique est la pénurie d'eau potable qui contraint certains hôtels à fermer en pleine saison.

Chaque matin, les préposés aux activités touristiques font la tournée des hôtels pour y prendre leurs clients. Ils les conduisent à des centres de plongée pour aller nager avec les raies mantas, les napoléons, les requins gris, ceux à pointe noire ou à pointe blanche. Les compagnies de 4x4 vous proposent un tour de l'île pour y vivre une aventure à la *Indiana Jones*. Voiture, cheval, hélicoptère, pirogue double, tous les moyens de transport sont mis à votre disposition pour contempler le bijou du Pacifique. "Si vous le rêvez, vous le pouvez." A l'abri dans un mini-sous-marin, on peut même s'approcher des requins sans se mouiller. Tout est parfaitement huilé, risques restreints au maximum pour cause d'esprit procédurier américain.

Si les guides parlent tous un pidgin franco-anglais, les brochures publicitaires n'existent bien souvent qu'en anglais. Reproducteurs de Toby* ou de Gauguin sur paréo foisonnent. Les vitrines exposent les incontournables colliers de perle noire à prix "américains".

Vaïatepe

C'est le chef-lieu de l'île. Toute l'activité est concentrée sur le quai du petit port. Les chaloupes des gros paquebots ancrés dans le lagon y déposent leurs passagers pour une brève visite à terre. Arrivant de l'aéroport du *motu* Mute, des bateaux-navettes y larguent les voyageurs d'Air Tahiti à la chaîne. Pancartes brandies, chauffeurs de trucks d'hôtels et de pensions guettent les arrivants et les Japonais attendent de pouvoir embarquer des valises aussi grosses qu'eux.

Sous un marché couvert, des mamas opulentes attendent le chaland tout en enfilant des coquillages derrière des étals de chapeaux et de paniers en pandanus. Banques, agences de location de voitures, poste et mairie, tout est centralisé afin de faciliter la vie du touriste.

Nous sommes en période de Tiuraï** sur la terre battue de la vaste place Motoï. Toits frais de palmes tressées, enceintes de pandanus vert, des petits *fare* modèles se tiennent en rang. Ces petites cantines temporaires se sont parées pour un concours de beauté. A l'intérieur, ça sent le jardin tropical après la pluie. Les vahinés redressent leurs belles épaules jaillissant de robes fleuries quand on s'exclame face à leurs chefs-d'œuvres : décor végétal baroque, sculptures et colonnes torsadées de feuilles et de fleurs... Le tout conçu avec la patience, la notion de l'éphémère, le sens inné de la couleur et de la forme que possèdent les Ma'ohi.

Il y a longtemps de ça et pendant plus de cent ans, d'énormes flamboyants ombrageaient cette place. Mais, en 1937, un marin qui aimait autant la mer que le ballon débarqua. Les arbres, il s'en foutait... il fit abattre les centenaires pour construire un terrain de football... C'était Alain Gerbault... (Voir encadré, p. 96-97.)

Autour de l'île...

Pour parcourir les 35 kilomètres qui permettent de faire le tour de l'île, nous avons loué une "mopette", une minuscule moto en forme d'insecte, à doubles places latérales et munie de deux roues stabilisatrices. Assis comme dans un jouet, nous bourdonnons vers le sud de l'île.

Sur une falaise du mont Pahia, on nous a signalé l'empreinte du "coq d'Hiro" et son histoire à dormir debout... En bon cambrioleur, Hiro ne travaillait qu'en nocturne et, en bon coq polynésien, le sien chantait n'importe quand... Le dieu était occupé à boucher la passe unique de l'île quand une saute de vent donna au coq l'idée saugrenue de chanter. Fou furieux de voir son travail interrompu, Hiro fracassa alors l'animal sur la falaise...

Nous nous arrêtons, juste le temps de dire *nana* à nos copains Alain et Linda. Ils possèdent l'une des multiples galeries de peinture de Bora Bora. On y trouve les œuvres des nombreux

Un mariage japonais dans un grand hôtel de Bora Bora

Ci-contre : *On sonne le* pu *pour appeler à la fête.*

* Peintre polynésien.
** Les fêtes de juillet.

artistes vivant sur l'île comme Yrondi, et celles de grands disparus tels Boullaire et Bobby Holcomb. Alain s'applique à une peinture sur un *pareu* en soie quand il nous signale une certaine note surréaliste face à son atelier : deux ancres et un canon de la marine américaine rouillant depuis plus de cinquante ans dans un jardin privé. (voir encadré, p. 95.)

Nous longeons ensuite une plage publique qui cerne la baie de Povaï et ses luxueux voiliers battant pavillon de tous les pays.

Un peu avant la pointe de Matira, la zone touristique s'amorce. Le *Bloody Mary* est un restaurant branché américain. Comble de snobisme, ses tables sont posées à même le sable. A défaut d'indiquer le menu affiché avec les poissons frais d'un étal, un panneau d'affichage extérieur donne la liste des stars d'Hollywood et de Navarre venues s'y asseoir : Marlon Brando, Depardieu ou Carlos... sans oublier Paul-Emile Victor qui venait de son *motu* situé juste en face.

Les premiers grands hôtels ont été construits à cet endroit. Sur une île lilliputienne poussée en plein lagon, le *Sofitel Marara* inaugure des bungalows bâtis à flanc de colline. Les animations insulaires classiques se résument au "four polynésien", aux groupes folkloriques qui passent d'hôtel en hôtel et à la danse du feu. Mais le *Sofitel*, l'un des plus anciens, avait trouvé son originalité avec le tour de l'île en pirogue sur le lagon...

Nous partons tôt le matin, dans une lumière impitoyable. Assis à l'arrière et attentif à la manœuvre pour éviter les "patates" de corail, notre guide cultive une certaine ressemblance avec Charles Bronson. Dans un discours français mâtiné d'anglais, accompagné de gestes théâtraux et ponctué de cris de cow-boy partant au galop, il nous explique certaines choses aperçues sur l'île : l'hôtel *Hyatt* en ruine, commencé et jamais terminé pour cause de propriétaires ayant eu plus grands yeux que grand coffre-fort... une grosse tache à l'odeur délétère n'étant rien d'autre que la décharge publique*. Nous en concluons que Bora Bora est plus belle vue de terre que du lagon.

A quelques encablures de la barrière de corail, notre guide stoppe le moteur, jette l'ancre et plonge avec un seau rempli de morceaux de poisson cru. Il tend une corde entre deux piquets et nous invite à le rejoindre tout en nous conseillant de bien rester derrière la corde. Non sans une pointe d'anxiété, nous nous jetons à l'eau pendant que "Bronson" lance ses appâts... D'abord, les mouettes se précipitent pour les

Les hôtels envahissent les eaux du lagon de Bora Bora.

happer au passage. Au large, des ombres inquiétantes se profilent, se multipliant rapidement, et une nuée de requins à pointe noire arrivent à nos pieds. A coups de zygomatiques, ils découvrent des dents aiguës comme des pointes de silex, s'arrachent les bouts de poisson et filent comme des savonnettes entre nos jambes. Nous poussons des hurlements de frayeur tout en nous prenant pour les héros des *Dents de la mer*.

Un peu plus loin, nous faisons escale sur un *motu* pour nous remettre de nos émotions. "Bronson" fend prestement quelques noix de coco. Nous tétons l'eau douceâtre tout en trempant jusqu'à la taille dans une tisane couleur d'absinthe.

La pirogue file le long du récif. Nous nous sentons tout minuscules. L'océan hurle comme un fauve qui voudrait sauter la barrière. Nous passons une heure à sillonner l'eau, rêvant et confondant ciel et mer... Nous sommes ailleurs.

Mais "Bronson" est là pour nous remettre les pieds sur terre et dans l'eau. Il recommence son coup du réflexe de Pavlov avec son poisson cru. Cette fois ce sont des raies léopards qui surgissent. Par dizaines, indolentes, elles sortent du sable comme de gros champignons gluants, engloutissent le poisson et vous grimpent sur le dos avec des débordements de tendresse plutôt encombrants.

Après tous ces frissons, nous sommes bien contents de retrouver notre "mopette" pour continuer notre tour de l'île. Nous dépassons le ghetto du *Club Med*, traversons la pointe de Pao-Pao, et descendons sur la baie Maorio où se situe Anau.

* Les décharges publiques sont un problème à Bora Bora comme dans beaucoup d'autres îles trop exiguës pour installer un incinérateur.

Anau est le village où est née Tarita Teriipaea. Dans *Les Révoltés du Bounty*, la belle actrice jouait le rôle de la fille du chef, Marlon Brando celui de Fletcher Christian et, à la fin du film, les deux comédiens se sont mariés pour de vrai.

D'un embarcadère du village, des navettes maritimes permettent de rejoindre le *motu* Tape. En 1998, le *Méridien*, l'un des plus étonnants complexes hôteliers du monde, y fut inauguré. Avec ses *fare* étoilés sur le lagon, ses chambres aux sols de verre où l'on peut se prendre pour Jésus-Christ marchant sur l'eau, c'est une destination de lune de miel. Fuyant le protocole de mariages trop dispendieux, des Japonais viennent s'y marier. Après s'être avancés entre deux haies de danseurs de tamouré, les mariés entrent dans une petite chapelle où le pianiste du bar sert d'officiant. Selon la coutume polynésienne, un nom de mariage leur est donné. Après échange d'anneaux et chaste baiser, les époux se dirigent vers le bar. L'officine japonaise ayant tout organisé fournit aussi la photo : on y voit un bout de terrasse sur fond de lagon, une table avec bouteille de champagne et gros gâteau, le visage blanc d'une jeune femme dont la bouche carmin a du mal à sourire, un jeune homme embarrassé dans un costume noir. Les nouveaux mariés ont l'air de s'être égarés dans une époque qui n'est pas la leur.

Nous retrouvons l'île, la route et la "mopette" pour atteindre à la pointe de Tuiaera l'unique vestige du Tahiti des temps anciens sous la forme de deux *marae*. De là, un sentier grimpe jusqu'à un rocher où Hiro a encore laissé une empreinte, celle de son *kokoro*. Plus bas, émergeant d'herbes folles, deux canons qui n'ont jamais servi restent braqués sur la passe.

Dans un virage, une discrète enseigne à l'antique affiche : musée de la Marine. C'est là que se tient Bertrand Darasse. Professeur d'arts appliqués au collège, il ouvre gracieusement sa collection de maquettes de bateaux au public. Depuis trente ans qu'il vit sur l'île, avec une patience inouïe, il s'est acharné à reconstituer les bateaux des fous du Pacifique, depuis les pirogues doubles des Ma'ohi, en passant par les navires des conquérants européens pour finir par les voiliers de grands solitaires comme Moitessier ou Tabarly.

Pendant la dernière guerre, les principaux bâtiments de la base militaire ont été construits dans l'immense baie de Faanui : hangars pour hydravions, station météo marine, quai du matériel militaire, quai des pétroliers et centre de commandement.

Plus loin, une famille se ressource à la musique d'un torrent, tout en s'appliquant à l'assouplissement de palmes de cocotier et de pandanus. Intrigués par cette occupation passéiste sur une terre qui semble avoir délibérément tout oublié, nous coupons le moteur de notre "mopette". Ici, nous sommes enfin heureux d'apprendre une bonne nouvelle : une loi oblige les hôtels à avoir des toits traditionnels en couverture végétale. Comme ça, d'une pierre deux coups : on respecte le paysage et les insulaires en leur offrant des emplois nobles.

Bora Bora, la trop belle, la trop gâtée par la nature... Le touriste qui la quitte y a passé autant de jours que Bougainville sur son paradis terrestre. A l'aéroport un bagagiste blasé nous tend un collier de coquillages sans même nous regarder et si jamais nous pleurons, c'est sur nos illusions perdues.

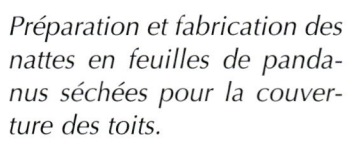

Préparation et fabrication des nattes en feuilles de pandanus séchées pour la couverture des toits.

L'opération *Bobcat*

Le 7 décembre 1941, le doux train-train de l'île de Bora Bora est bouleversé. Les Japonais bombardent Pearl Harbor. Quoique très éloignée du théâtre des opérations, l'île vivra un avant et un après bombardement.

Le 17 février 1942, un convoi américain arrive dans le lagon : deux transports de troupes, quatre cargos transportant plus de 20 000 tonnes de matériel, et un pétrolier protégés par deux destroyers et deux croiseurs, au total 4 450 hommes dont 178 officiers sous le commandement de l'amiral John F. Shafroth. Sa mission est de construire à Bora Bora une base de ravitaillement, un dépôt d'essence et une piste d'atterrissage.

Le 23 février, un accord est signé entre le gouverneur Orselli et l'amiral à bord du *Trenton*, stipulant que la France conserve tous ses droits sur l'île. Durant cinquante mois, les habitants de Bora Bora sont aux anges. Les Américains percent des routes adaptées aux lourds camions et au matériel de chantier. Ils mettent en place un système d'adduction et de dessalement de l'eau de mer pour pallier le manque d'eau potable, et construisent la première piste d'aviation.

Pour protéger l'île, on installe huit gros canons de marine de sept pouces et plusieurs batteries antiaériennes. La seule et unique passe pour accéder au lagon sera fermée par un filet sous-marin.

Les insulaires sont embauchés pour les travaux. Chaque soldat a sa famille d'adoption et sa douce vahiné. Elles étaient employées comme blanchisseuses et fabriquaient des colliers. Les *tane*, lorsqu'ils n'étaient pas embauchés à la construction, vendaient langoustes et poissons. Quant aux enfants, ils recevaient des caisses de bonbons, de chocolat et de Coca...

Les GI's avaient de l'argent, beaucoup de dollars, mais il y avait peu de choses à acquérir. Les Polynésiens eux-mêmes ne pouvaient pas dépenser la manne qu'ils gagnaient... Alors, ils achetaient de la nourriture dans les magasins de l'armée.

Tout le monde vivait trop bien...

Puis vient le jour où la base doit fermer ses portes, l'opération *Bobcat* se termine le 2 juin 1946. La guerre est finie et, paradoxalement, à Bora Bora, on ne fait pas la fête : on pleure les marins et les soldats qui rentrent en Amérique en devant abandonner leur vahiné, leur gouvernement ayant interdit aux soldats de les épouser.

Après leur passage, les routes et la piste d'atterrissage sortent l'île de son isolement. Mais il faut noter que l'administration française refusera l'offre généreuse des Américains, à savoir laisser en état tout le matériel et l'infrastructure de la base pour une somme symbolique... Tout sera jeté dans le lagon. La centrale électrique et l'installation d'eau potable seront abandonnées à la rouille tropicale.

Les soldats nostalgiques ont promis de revenir. Comme Bougainville l'a fait en Europe, ils ont propagé le mythe dans leur grande Amérique, celui d'un éden hospitalier. Bora Bora est devenu légendaire au pays des GI's.

Hélas, ils ont laissé une autre trace, celle de leur éthique, à savoir que rien n'est gratuit. Le merveilleux sens de l'hospitalité polynésienne est mort à Bora Bora, les touristes affluant des Etats-Unis et du monde entier vont devoir payer.

Ruines d'une casemate américaine

L'un des huit canons de marine de l'opération Bobcat

Alain Gerbault

Au lycée, je dévorais les livres d'Alain Gerbault. Je contemplais les photos noir et blanc qui illustraient ses ouvrages. Je me jurais qu'un jour j'irais en Polynésie pour mettre de la couleur et faire bouger ces images.

Un jour donc, je débarque à Bora Bora. Fidèles à mon rêve, couleurs et lumières sont bien là. Naturellement, ma première visite est pour la tombe de mon idole de la mer, celui qui m'a fait supporter le gris perpétuel de mon ciel ardennais.

Mais adieu aux fantasmes de grandeur dont j'entourais le héros de mon enfance, quand je parle de lui avec les insulaires. Voilà mon icône qui se métamorphose en "pouilleux paumé". Té Repo* était son nom tahitien, suprême injure pour un peuple qui fait de la propreté l'une des plus grandes règles d'éthique. L'homme, dit-on était un asocial, un solitaire hargneux, toujours en guerre contre l'administration. De plus, il assumait mal son homosexualité. Gerbault dégringolait du piédestal que je lui avais fabriqué dans mon enfance. Brutalement, je me suis senti orphelin de quelque chose, mais surtout très vieux...

Alain Jacques Georges Marie Gerbault naît le 17 novembre 1893 dans une famille aisée, "l'une des grosses fortunes de Laval". L'été se passe à Dinard où son père possède un petit bateau. En 1905 ce dernier meurt...

(Courtoisie du musée Alain Gerbault à Laval)

Quelque temps après, Alain et son frère Robert partent à Paris pour faire des études d'ingénieur au collège Stanislas dans le but de reprendre l'usine familiale. L'élève est studieux et travailleur.

Après avoir gagné en 1909 le championnat interscolaire de tennis, sous la pression de son ami de collège Pierre Albarran, il s'inscrit au Tennis-Club de Paris. Il remporte d'autres tournois, les rayons de sa bibliothèque s'emplissent de coupes..

En décembre 1914, il s'engage dans l'armée pour quatre ans. Après avoir été incorporé au 25e dragons, il est "détaché dans l'aéronautique". Mais il n'obtiendra son brevet de pilote de chasse qu'en 1916, à la suite de complications pulmonaires qui le retiennent à l'hôpital.

Il est basé au Bourget, puis affecté à la défense de Paris. En juillet 1916, il est envoyé sur le front. Il se retrouve dans la même escadrille que Guynemer qu'il admire beaucoup. Mais il est déjà très solitaire, partageant son temps entre ses missions et la lecture.

"Le 17 mars 1917, c'est sa première victoire personnelle." Il participe à toutes les grandes batailles de la Meuse et de la Somme.

Dans l'aviation de l'époque, se battent les fils de la "tradition blanche". Toutes les grandes familles de l'aristocratie ont un fils pilote. C'est aussi le milieu où gravite Alain Gerbault, royaliste convaincu. D'autres pilotes viennent s'y joindre, des Anglais très *british* et des Américains très décontractés de l'escadrille Lafayette

Deux de ses camarades pilotes américains, après la lecture du livre de Jack London *The Cruse of the Snark*, décident d'armer un bateau pour les mers du Sud après la guerre. Alain s'associe au projet.

Mais les jours de guerre passent et ses "meilleurs compagnons meurent dans les airs". Les deux camarades américains sont abattus et meurent dans leurs avions en flammes.

A la fin de la guerre, Alain Gerbault est vivant et totalise trois victoires personnelles, et vingt-trois victoires en escadrille.

---

* L'homme sale.

(Courtoisie du musée Alain Gerbault à Laval)

Il joue à nouveau au tennis au Racing et au Stade français. Il y côtoie Jean Borotra, Henri Cochet et René Lacoste. En Angleterre, au cours d'un tournoi, il rencontre un navigateur, Ralph Stock, qui lui parle de ses voyages aux Marquises et à Tahiti...

Il achète un bateau, le *Firecrest*, voilier de onze mètres construit durant l'année de sa naissance. Il a vingt-huit ans.

Le 2 octobre 1925, il quitte New-York et, après cinq ans de navigation, il est de retour au Havre le 26 juillet 1929. L'arrivée est triomphale, il vient d'accomplir le tour du monde en solitaire.

Avec les droits d'auteur de ses livres, il construit l'*Alain Gerbault*, nom qui ne sera jamais inscrit sur la coque. Le 27 septembre 1932, le cotre noir sort du vieux port. Cap sur la Polynésie où il naviguera d'île en île...

En 1940, il approuve totalement l'armistice demandé par le maréchal Pétain et il le clame fort et clair, mettant mal à l'aise ses amis. Je veux croire que c'est le héros de 1914-1918 qu'Alain Gerbault honorait, un homme qu'il connaissait personnellement pour lui avoir vendu une propriété familiale. Le cotre mouille devant le temple Paofaï. Mais l'hostilité des Tahitiens qui ont répondu présents au général de Gaulle devient de plus en plus manifeste. Alain Gerbault décide de partir à Bora Bora. Mais sa prise de position est connue, des hommes ayant trop bu parcourent Vaïtape en hurlant qu'ils vont "lui régler son compte à ce salaud ! A mort Gerbault…"

Prenant peur, il embarque des vivres et part à la mi-septembre 1940 sans préciser ses intentions.

Il arrive en Nouvelle-Guinée où là aussi ses idées sont connues. Il fait l'objet d'une enquête des services de renseignements australiens. La conclusion de l'officier traitant est la suivante : " Royaliste par-dessus tout, les sympathies d'Alain Gerbault pour le Maréchal s'expliquent dans la mesure où Vichy peut apporter son aide à la cause monarchique. Anticommuniste et anti-allemand." L'officier ajoute : "Gerbault est beaucoup plus pro-Vichy qu'il ne veut bien le dire. C'est un homme à surveiller dans le Pacifique. Intentionnellement ou non, il prêche la cause de Vichy chaque fois qu'il peut trouver un interlocuteur. Si on le laisse, il pourrait causer de grands torts à la cause de la France libre." On examinera son bateau discrètement, soupçonnant la présence à son bord de puissants émetteurs radio. Certains prétendent même que son cotre "était lesté avec des lingots d'or volés à Tahiti". Il pourra quitter la Nouvelle-Guinée pour l'île de Timor.

Il arrive exténué, à bout de force, à Timor en septembre 1941. Il meurt à l'hôpital de Dili, le 16 décembre 1941... Son bateau et ses manuscrits disparaîtront durant l'occupation japonaise, volés sans doute pour y chercher "le trésor".

A la fin de la guerre, le Yacht Club de France prend l'initiative d'élever à Bora Bora une tombe pour accomplir les dernières volontés du navigateur. En 1946, l'amiral Lemonnier envoie à Dili, l'aviso *Dumont d'Urville* qui rapatrie le cercueil contenant les restes d'Alain Gerbault à Bora Bora.

Mais un doute s'empare de la population : Est-ce bien les restes d'Alain Gerbault ? Ils obligent l'infirmière Puni, une amie du navigateur, à venir reconnaître le squelette dans le cercueil ouvert. "Ils ouvrirent le sac de toile qui contenait les os et le crâne d'un être humain, et alors Puni fut catégorique : la mâchoire inférieure n'était pas celle d'Alain Gerbault."

Ce qui semble être confirmé par l'ancien quartier-maître Frantz Vanizette à la suite de sa déclaration dans le journal *Les Nouvelles de Tahiti* et rapporté dans *Le Mémorial polynésien* : "Nous nous sommes dirigés vers le cimetière accompagnés d'un vieil indigène qui se souvenait vaguement de Gerbault et de l'endroit où il avait été enterré. Malheureusement, ce lieu de repos ressemblait plus au champ de bataille de la Marne qu'à un cimetière... Nous avons ramassé quelques ossements qui ont été ensuite gardés deux mois sur le bateau."

En haut : *à gauche, l'hôtel Sofitel à la pointe Matira ; à droite, tous les matins les touristes partent pour le tour de l'île par le lagon.*
En bas : *à gauche, halte pour rencontrer les raies ; à droite, autre halte pour le* sharkfiding.

Le plus beau lagon du monde, Bora Bora.

Requin à pointe noire
(© Daniel Pardon)

Nourrissage des poissons de lagon.

La raie manta
(© Daniel Pardon)

Le mont Otemanu, 727 mètres.

Sculpture de Yrondi sur le motu face à l'aéroport

5 – L'île de Maupiti

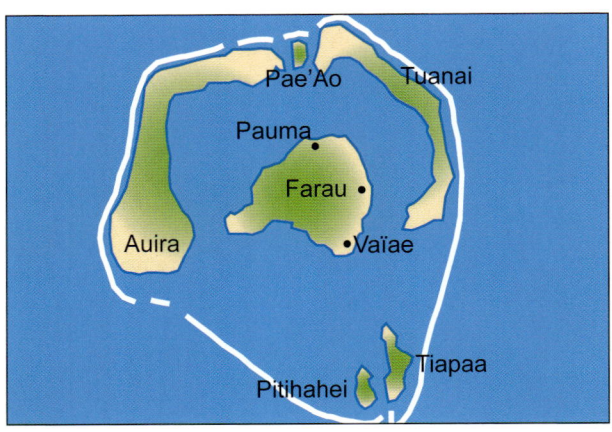

Maupiti est une île lilliputienne, un mouchoir de poche de 14 kilomètres carrés. En miniature, elle possède tous les éléments du paysage polynésien. Elle a son mont Teurafaatu (380 mètres) avec turban de nuages et son lagon bleu qui remue quand le *maramu* souffle trop fort. Elle a aussi sa couronne dorée de *motu* piqués de cocotiers, sa barrière de corail et sa passe.

Parlons-en de cette passe... la passe Onoiau, "l'espadon qui nage". Unique, violente, parfois infranchissable, l'océan s'y engouffre comme si l'île était grande. Chaque dimanche matin, une marche autour de l'île sert d'horloge aux habitants : trois heures de ronde et, le tour accompli, le four est prêt à livrer ses victuailles.

La position géographique de Maupiti lui fit jouer un rôle majeur dans le processus migratoire. Une forêt ruisselante de lumière y abrite une soixantaine de vestiges de *marae*. Sur le *motu* Paeao, les archéologues ont découvert une nécropole d'où ils ont exhumé hameçons, herminettes, pilons à large poignée et multiples amulettes en dents de cachalot. Daté de 850 après J.-C., le centre cérémoniel affiche une troublante ressemblance avec ceux de la Nouvelle-Zélande.

Le 6 juin 1722, le navigateur hollandais Jacob Roggeveen découvre l'île, mais il se croit aux Samoa et ne fait que passer au large sans y débarquer. Sur l'île, le relief ne permet aucune piste d'atterrissage. Au risque de plonger en plein lagon, l'avion doit se contenter de celle du minuscule *motu* Tuaanaï.

Passagers et bagages s'entassent dans des *marara* pour atteindre la côte : celui de l'administration et ceux des pensions accueillant les touristes à doses homéopathiques.

Le premier jour, nous logeons sur le *motu* Tiapaa, larme de terre dorée coulant de la barrière de corail. De là, on voit la passe et les bateaux qui y font des manœuvres d'orfèvre pour ne pas se briser sur les récifs.

Nous débarquons en nous frottant les yeux. Nous nous croyons en plein *Livre de la jungle*. Le peuplement du petit *motu* se résume à un couple, à peine sorti de l'enfance, et d'un chien famélique. D'abord, c'est lui qui s'avance vers nous dans le soleil, regard de petit chat maigre et sourire dévorant un visage délicat. Le chien nous suit alors qu'il nous mène à elle. Affalée sur son *paeu* de pandanus par un coup de *fiu*, la toute jeune femme repose un ventre devenu trop gros pour elle.

— C'est pour quand le bébé ?

— C'est pour bientôt... répond-elle avec cet accent particulier au pays à la fois traînant et juvénile.

La pension se compose de deux bungalows sur pilotis. La table délicatement décorée d'hibiscus est déjà dressée sous un auvent de *ni'au*. Deux transats sont posés sur le sable fin à la frontière du lagon. En face, sur l'île, le mont Teurafaatu semble croquer le ciel couleur de bonbon fondu.

Naturellement, rien à boire dans le frigo. Notre petit sauvage escalade un cocotier pour en détacher quelques noix et rigole franchement en voyant notre peur quand elles se fracassent à nos pieds : "Faut pas avoir peur, les cocos ont des yeux !"

Le menu du dîner est sobre, mais d'une saveur à vous redonner le vrai goût des choses : poisson tout juste pêché et grillé sur des coraux chauffés sur de la braise, *uru* cuit à la flamme et pastèques.

A 19 heures le groupe électrogène et les réverbères s'éteignent. Toute ronde, la lune s'allume sur le lagon. Nous ne savons plus très bien où nous sommes et nous nous imaginons que c'est l'heure où sortent les *tupa* et les *tupapa'u*.

Nous ne nous fions qu'au soleil s'étirant à l'horizon pour nous lever avant de partir à la reconnaissance du pays. Le chien maigre que nous avons surnommé Vendredi nous accompagne. A la pointe, des pêcheurs emplissent des sacs de sable destinés au bétonnage des routes de l'île. *Ia orana*, nous nous saluons, nous d'un signe de la main, eux d'un haussement de sourcils. Nous les dépassons pour atteindre le côté mer. C'est alors que Vendredi se livre à un type de chasse nouveau pour nous : la chasse à la raie léopard. Le chien bondit, faisant gicler l'eau... Large feuille morte tremblant dans le courant, la pauvre bête est tétanisée

Page 105
Haut
Les falaises du mont Hotu Paraoa dominent Vaïae.

Milieu
Le temple décapité de Maupiti

Bas
Les maisons anticycloniques de Maupiti

Le trou à poisson du marae royal de Vaïahu

par l'épouvante. A plusieurs reprises, le chien lui mordille les ailes, la tire par la queue pour tenter de la hisser sur le sable. Compatissants, nous tentons d'intervenir... Mais rien à faire. Vendredi et ses crocs nous préviennent que nous ferions mieux de nous occuper de l'appareil photo que nous avions oublié.

Après deux jours comme rêvés sur ce bout de terre d'ailleurs, nous partons l'esprit et le corps régénérés, nourris de bonheur simple et de beauté, grandis par cette forme de voyage "qui vous fait étranger à soi-même, et plus grand et plus vaste et plus large" (André Welter).

Nous sommes à la pension *Chez Floriette*, en plein cœur du village de Vaïae. Ils sont quatre bourgs à s'enfiler comme des perles de multiples couleurs sur la côte est. Vaïae... Petei... Farau... Pauma... Pendant la guerre, les pétainistes de Tahiti furent isolés dans ces villages du bout du monde. Le commerce s'y réduit à trois épiceries et à une "cantine" jouxtant le centre administratif.

Nous séjournons dans un village en lambeaux. Le temple a été décapité. Depuis une maison éventrée, un cochon noir pointe son groin vers les nuages, seule la tombe dans le jardin a résisté.

"C'est Osea, le cyclone de 1998, explique Floriette. "C'était comme une bombe... les toits s'envolaient, on se cachait sous les lits pour se protéger."

Après Osea, de nombreux insulaires se sont retrouvés sans abri. L'administration leur a envoyé plus de deux cents maisons MTR, un habitat anticyclonique qui casse le paysage des îles. Murs de "pinex", importées en kit et montées sur pilotis par les autochtones, si elles sont sans charme, elles présentent l'avantage de résister aux ouragans faisant rage de novembre à mars sur les îles.

De plus, le terrible Osea a détruit les cocotiers plantés sur les *motu*. On en a bien replanté d'autres. Mais comme il faut patienter sept ans avant que l'arbre fournisse des noix, avec cette faculté d'adaptation qui les caractérise, les autochtones ont remplacé le coprah par la pastèque. De taille inversement proportionnelle à l'île, les cucurbitacées font deux fois un ballon de rugby... Les Maupiti ont poussé le culot jusqu'à remporter le concours de la plus grosse pastèque de Tahiti, rendant ainsi fous de jalousie les précurseurs d'Huahine.

Pour plus de renseignements, Floriette nous conseille d'aller à la mairie. Nous nous frayons un passage parmi des grappes d'enfants rieurs s'accrochant à nos basques. Une mama soulève

le rideau à fleurs de son *fare* bleu, nous gratifie d'un sourire complice en jetant un coup d'œil à son arbre à pain et à ses morts "plantés" dans son jardin*.

La demeure coloniale du centre administratif trempe ses pilotis dans le lagon. M. le maire s'appelle Paul Ropiteau. C'est un métis, un "demi", comme on dit ici : mère tahitienne et père bourguignon. Ce dernier, André Ropiteau, est tombé amoureux de Maupiti et de sa future épouse lors de son tour du monde.

Le 20 juin 1940, alors engagé volontaire, il fut tué du côté de Toul par un éclat d'obus. Autour de son cou, on trouva le *pareu* qui ne le quittait jamais et avec lequel il est enterré**.

Maupiti est si petite qu'on ne se déplace qu'à pied, à vélo ou en scooter. Les rares voitures sont des pick-up destinés au transport du matériel. Gracieusement, le maire a mis le sien à notre disposition ainsi que le garde champêtre de l'île pour nous guider.

Au bout d'un kilomètre de route en béton, nous retrouvons vite la bonne soupe de corail. Après le complexe sportif, un sentier bifurque et grimpe dans la vallée de Haranae. Les eucalyptus, les *mape* et les cocotiers filtrent

* Faute de cimetière, les habitants de Maupiti enterrent les morts dans leur jardin.
** André Ropiteau a laissé de précieux clichés et témoignages sur la vie à Maupiti en 1930.

parcimonieusement quelques taches de lumière. Transpirant à grande eau, nous atteignons quatre gros rochers et leurs pétroglyphes devenus à peine perceptibles. A la craie, notre guide souligne la courbe d'un scarabée, d'un poisson et celle d'une tortue.

Plus loin s'embranchant à la route côtière, un chemin nous conduit au pied de la colline Vaïta. Au bout d'une demi-heure de marche à flanc de coteau, nous apercevons un monolithe d'environ six mètres de long. Notre compagnon qui n'a vraiment pas l'air de plaisanter nous raconte que "c'est la pirogue d'Hiro... Il était venu la creuser dans un arbre de la colline, mais elle a été changée en pierre par une sorcière qui avait fait chanter un coq pour interrompre sa mise à l'eau." Rappelons qu'Hiro, le dieu des voleurs, se devait de ne travailler que de nuit.

Nous continuons vers la pointe Puoroo. La mer s'acharne sur les rochers d'une côte sauvage. Des vestiges de *marae* s'égrènent. L'ombre d'une cocoteraie barbouille la plage de Teirei déclinant ses blancs et ses roses. De là, à marée basse, marchant immergés jusqu'à la taille tout en évitant les dards des raies léopards, nous rejoignons le *motu* Huapiti. A propos de ce dernier, Floriette nous a raconté qu'un jour "des Japonais ont débarqué... Ils avaient une valise de dollars à la main et voulaient acheter le *motu* pour en faire un complexe hôtelier..." Puis, après un silence, Floriette a ricané : "Mais, nous on n'a pas voulu. On leur a dit, ça ne s'achète pas un *motu*. C'est un trésor, un *motu*, et c'est seulement pour nous. On ne veut pas qu'on touche à notre terre, nous !" Bel exemple de l'attachement quasi viscéral du Polynésien à son *fenua*... son sol aussi rare que précieux. Cet amour ajouté à l'indivision des terres les protègent souvent du béton et fait qu'on trouve encore des endroits restés purs.

Au bout de la plage, à marée basse, on peut longer la côte en passant sur un ruban de sable qui ourle le pied des falaises. Une cavité profonde s'y ouvre comme un vagin sur la mer. Nous arrivons à la grotte d'Hina. Il paraît que dans cette faille profonde Hina aurait endormi le lézard qui la surveillait pour s'enfuir de Maupiti...

Une route descend vers les rives de la baie d'Atipiti. Ici s'élève le *marae* royal de Vaïahu. Le lieu force le respect. Sur une stèle, défile la liste impressionnante des *ari'i* ayant reçu leur investiture sur l'île. Le *marae* témoigne du faste des cérémonies royales qui se sont déroulées là. Venus de toutes les îles Sous-le-Vent, les visiteurs y accostaient avec leurs grandes pirogues doubles.

Sur les pierres plates d'une grande esplanade s'avançant dans le lagon, nous apercevons le "trou à poisson" où les prêtres déposaient leur *tiki* pisciforme pour que les habitants réalisent des pêches miraculeuses.

Nous retrouvons Vaïae et son port. Le quai est noir de monde, et vert de grosses pastèques. Il y a également de nombreuses poubelles couvertes d'une feuille de plastique noir qui dégagent des odeurs nauséabondes... Les regards sont ceux que nous voyons sur les photos de fête. Toute l'île est là, ses bien portants et ses malades, ses vieux, ses jeunes et ses enfants qui ce jour-là n'ont pas école... Les ventres des femmes enceintes ont l'air de jongler avec un ballon invisible et les regards convergent vers la passe.

Enfin, un point apparaît. Les visages se figent. On cesse de respirer. Ce n'est d'abord qu'un trait, qui ensuite grandit. Enfin, une coque rouge sang émerge, chahute dans le goulot de la passe, puis, triomphante, glisse et traverse le lagon en toute majesté. Sur le quai, on reprend son souffle. C'est le *Taporo VII*, goélette qui, lorsque l'état de la passe le permet, vient deux fois par semaine. C'est grâce à lui que l'île respire.

Une fois le bateau amarré, les passagers débarquent. Une tragicomédie s'ensuit, joie et tristesse, rires et larmes sont à l'affiche. L'unité est donnée par la couronne de fleurs. De retour de Raïatea où elles ont accouché, des jeunes femmes rient en brandissant leur bébé. Sur sa chaise roulante, un homme a l'air gêné quand on lui passe sa couronne de fleurs. Une grosse larme coule sur sa joue : il vient d'être amputé des deux jambes à l'hôpital de Raïatea...

La culture de la pastèque sur les motu *de Maupiti*

Le chargement des pastèques sur le Taporo

Commence alors la cérémonie d'accueil avec un ballet à la chorégraphie parfaite. Les mâts de charge du *Taporo VII* déposent leurs marchandises sur le quai : palettes de planches, sacs de ciment, packs de lait, de Coca-Cola, d'Hinano et de lessive. Les enfants se mettent en rang auprès du tas de pastèques. Ils s'en emparent comme un joueur de rugby du ballon, se les passent de l'un à l'autre jusqu'à ce qu'elles atteignent leur but : la cale où un marin les dépose avec précaution.

Des grandes poubelles noires on transvase une bouillie brune et à l'odeur délétère dans des conteneurs bleus. Depuis des semaines, les *nono* y fermentent. Apporté par les premiers Ma'ohi, le *nono* est un petit arbuste médicinal. Depuis que son jus a miraculeusement guéri l'angine d'un mormon arrivant des Etats-Unis, il est acheté par une firme américaine et commercialisé sous forme de sirop aromatisé. Du diabète au cancer en passant par le sida et les coups de *fiu*, il guérit tout... Face à la ruée vers ce nouvel or supplantant le coprah, le gouvernement a dû fixer un quota proportionnel à la population de l'île. Le *nono* poussant tout seul, les *popa'a* disent que ça "arrange bien l'esprit de nonchalance polynésien". Et pourtant : "C'est pas ce qui nous arrange ! bougonne un tatoué sous le foulard qu'il a mis sur son nez pour ne pas sentir la puanteur des *nono*. Déjà qu'on n'a plus de cocotiers à cause de ce con d'Osea..."

Passagers ayant regagné leurs petites maisons de couleur, pastèques et conteneurs de *nono* enfermés dans la cale, femmes enceintes sur le pont, le quai retrouve son calme et le *Taporo VII* s'éloigne vers le ballon rouge du soleil qui s'envole à l'envers à l'horizon.

La nuit est tombée. Dans le ciel la lune est ronde. Hina y tisse son *tapa*. Les coqs n'arrêtent pas de chanter dans les arbres. Et, dans les *fare*, des bougies brûlent pour éloigner les *tupapa'u*.

Les vertus du *nono*

Cet arbuste pousse à l'état sauvage dans toutes les montagnes de Polynésie. Son fruit reste ferme durant toute sa maturation, passant du vert foncé au jaune pâle translucide. En forme de figue de Barbarie, il a une odeur nauséabonde.

Dans les temps anciens, le *nono* était cultivé sur les *marae* et utilisé par les *tau'a* pour ses vertus médicinales. Plus inattendu, on cueillait également ses fruits pour en faire des projectiles de fronde.

Dans son livre, le pharmacien Paul Pétard relate une coutume liée à l'amour, et rapportée par M. de Bovis dans la *Revue coloniale* de 1855.

Le fruit du nono.

"Lorsque les jeunes gens venaient se livrer au service du bain sous les berceaux de verdure qui ombragent certains ruisseaux, il arrivait que l'un des *nono* vienne frapper l'un des baigneurs. C'était le signal d'une bonne fortune pour celui qui venait d'être frappé et qui s'élançait alors dans la direction d'où était parti le fruit, courant à la recherche d'une vahiné qui ne se laissait pas longtemps poursuivre."

Plus loin, il précise "que, parfois, c'était une vieille chéfesse qui l'attendait. Il ne s'agissait plus d'amour, mais d'un ordre en vertu duquel il fallait marcher. Cette triste corvée était récompensée par l'honneur d'être le favori d'une personne de rang élevé."

Cette coutume frivole est à l'origine de l'appellation des enfants adultérins : *taora nono* c'est-à-dire, "lancer de *nono*".

Le fruit était consommé en période de disette. Son beau jaune était encore employé comme colorant pour les *tapa* et le *more* des costumes de danse. On espère que la teinture perdait l'odeur du fruit.

Dans la pharmacopée ma'ohi, le *nono* jouait un rôle primordial... Ses vertus magiques soignaient l'hypertension, les angines, la tuberculose, les panaris et donnaient un regain d'énergie.

Ce remède est toujours utilisé par les autochtones. On en trouve en bouteille sur tous les marchés. Si les mormons américains n'ont rien inventé avec ce qu'ils vendent sous le nom de *tahitian noni*, ils ont le mérite d'avoir su le commercialiser et de l'avoir transformé pour le rendre buvable. Ils ont choisi l'appellation de *noni*, parce que chez eux le terme de *no no* n'encourage guère à l'achat...

A Moorea, une usine de *noni* fabrique et exporte le jus de fruits vers les Etats-Unis, l'Australie, Taiwan et Singapour.

Mais, l'idée se révélant lucrative, d'autres nations du Pacifique ont décidé elles aussi d'exploiter le fruit magique, ce qui risque de nuire à cette nouvelle manne polynésienne.

Le transvasement des nono fermentés dans les bidons alimentaires avant embarquement à Maupiti

CHAPITRE 6

L'ARCHIPEL DE LA SOCIÉTÉ
LES ÎLES DU VENT

L'île de Tahiti

La nouvelle Cythère

Plissés, lourds drapés de montagnes, vert gavé de soleil, jeux de lumières subtils, chutes d'argent et végétation qui se poudre d'or aux grands soirs de beau temps, le tout posé sur soie pervenche ourlée de dentelle... c'est l'image sur papier glacé de Tahiti... Celle que devant une vitrine d'agence de voyages, comme un enfant pauvre devant celle de jouets un jour de Noël, le SDF gelé contemple dans l'hiver parisien.

C'est vrai qu'avec une température moyenne de 24°, on peut être à la rue sans y mourir de froid, se contenter d'un *pareu* noué autour de la taille, vivre de fruits de l'arbre à pain et des sources d'eau pure... Mais, derrière ses airs opulents, Tahiti cache sa misère, ses bidonvilles et ses "traîne-tongs" qui prennent le train du rêve dans l'alcool de palme et la fumée du *pakalolo*.

Voici trois millions d'années, deux volcans géants sortaient de la mer. Réunies par l'isthme de Taravao, deux terres siamoises composent l'île : Tahiti Nui, la grande, et Tahiti Iti, la petite. Le plus haut pic, le mont Orohena, culmine à 2 241 mètres. Avec ses 1 040 kilomètres carrés et ses 140 000 habitants c'est la plus importante île de Polynésie-Française.

Lieu de passage, c'est le point de rendez-vous des hommes d'affaires et la plaque tournante des touristes débarquant à l'aéroport international de Faa'a.

Selon le mythe, autrefois les terres de Raïatea, Tahaa et Tahiti ne faisaient qu'un bloc. Elle s'appelait Hawa'ï, du nom de la première et mystérieuse terre des ancêtres. Un jour que les dieux préparaient une grande cérémonie sacrée, ils mirent un *tapu* sur les bruits de l'île. Les coqs arrêtèrent de chanter, les chiens d'aboyer, les cochons de grogner. Le vent tomba, la mer se fit plate. Les hommes se terrèrent dans leurs *fare*. La terre était entre parenthèses... immobile et silencieuse.

Cependant, en bonne O'Tahitienne attachée à la propreté corporelle, une jeune fille, Tere-he, ne put s'empêcher d'aller se baigner à la rivière.

Devenus fous furieux, les dieux la paralysèrent, et elle se noya. Un long poisson surgit alors de son trou pour engloutir Tere-he dont l'esprit se mit à le posséder.

Enragé, l'animal se mit à tout arracher : les arbres, les plantes, les rochers et les *fare*. Son corps se métamorphosa en poisson gigantesque et creusa un souterrain jusqu'à la mer. Il réapparut loin sur l'océan. Il était devenu Tahiti. Sa tête, sa queue et ses nageoires dorsales délimitaient les territoires. Toutefois, l'île flottait toujours, reliée par des tendons à Raïatea, l'île sacrée. Alors, un grand guerrier s'écria : "Les tendons de ce poisson doivent être sectionnés, on doit aussi séparer la tête du corps, de façon que le vent puisse souffler librement autour de sa tête et que le corps reste stable."

Saisissant sa hache, il trancha la tête, la queue et les tendons. La tête devint Tahiti Iti, la queue Tahiti Nui, et les tendons l'isthme de Taravao. L'île cessa alors de bouger.

Cependant, Tahiti Nui restait une terre sans dieux. Les dieux ? Ils étaient tous partis de Raïatea pour s'installer partout. Les habitants n'arrêtant pas de vociférer contre ceux qui les méprisaient, se réfugièrent dans la montagne pour implorer leur clémence. Pris de pitié, les dieux vinrent alors "disperser leurs bienfaits sur Tahiti Nui".

Le XVIIIᵉ siècle est l'époque des bâtisseurs de *marae*. Le culte du dieu Oro se répand dans l'archipel et devient le ciment des îles.

Cependant, de fortes rivalités inter-îles et inter-clans s'installent. Trop de gens sur de trop petites terres... D'une barbarie et d'une violence inouïes, les guerres se soldent par des autodafés : le vainqueur brûle les *fare* et les champs de taro du vaincu. Les *titi* ou prisonniers sont sacrifiés au culte d'Oro. Les survivants n'ont que la diaspora comme planche de salut.

Quand Wallis jette l'ancre à Tahiti, l'île est partagée entre six chefferies, elles-mêmes divisées en trois classes sociales, chacune enclose dans des *tapu* infranchissables.

En haut de l'échelle sociale, trônent les *ari'i*. Leur pouvoir surnaturel ou *mana* leur est transmis à travers une lignée d'ancêtres déifiés. Ils se déplacent portés en triomphe par de robustes guerriers et on se découvre le buste sur leur passage. Ils ont droit de vie et de mort, lancent des oukases et décident de tabous. Cependant, leur autorité se limite encore à une vallée ou à un district. Puis arrivent ensuite les *ra'atira* qu'on pourrait comparer aux gentilshommes. Ils sont propriétaires et gardiens des *tapu*.

En bas de l'échelle, la plèbe est appelée *mana hune*, c'est-à-dire sans âme. Esclaves, chair à sacrifice, ils sont sous l'autorité absolue des deux classes précédentes à laquelle s'ajoute celle des prêtres...

A l'arrivée des Européens, certains chefs comprennent très vite le pouvoir qu'est l'arme à feu. Que ce soit Wallis, Bougainville ou Cook, les découvreurs ne se sont jamais directement impliqués dans les conflits. Cependant, ils exercèrent une influence en procurant des armes à certains *ari'i*.

Parmi ces derniers, l'un d'entre eux joua un rôle capital dans l'histoire de Tahiti. Quand Cook débarque pour la troisième fois sur l'île, il rencontre Tu, alors petit chef de vallée en guerre avec Moorea. Cook devient son ami et fera comprendre à ses ennemis qu'il le défendra fidèlement.

Le 26 octobre 1788, quand arrive le *Bounty* sous le commandement du capitaine Bligh, Tu a pris le nom de Tina. Suivant la coutume polynésienne, il a légué nom et titre à son fils encore enfant, tout en continuant à régner.

Le 21 septembre 1789, lorsque après la mutinerie, le *Bounty* revient à Tahiti, Tina s'appelle désormais Matte. Grâce aux armes des mutins, Matte étend sa domination. Il prend alors le titre d'*ari'i-rahi*, "chef des chefs", et le destin de Tahiti va s'en trouver modifié.

Curieusement c'est grâce au capitaine Bligh, revenu chercher des plants d'arbre à pain pour les Antilles qu'on sait pourquoi Matte a fini par s'appeler Pomaré. Dans son journal de bord, Bligh raconte qu'au cours d'une entrevue, où il s'étonnait de son changement de nom, le Tahitien expliqua qu'après une nuit blanche où sa fille toussait et se mourait un courtisan entra chez lui en s'exclamant : "*Po mare! Po marei** !" et qu'il avait pris ce nom une fois sa fille emportée.

A trente-cinq ans, Pomaré Iᵉʳ devient le premier roi de Tahiti. Le 5 mars 1797, les protestants de la London Missionary Society débarquent dans la baie de Matavai. Pomaré Iᵉʳ et son fils les accueillent. Mais ces pasteurs sont des gens simples et naïfs, incapables de s'adapter à un peuple aux croyances et aux coutumes si contraires aux leurs. Isolés par la barrière de la langue et un manque de compréhension absolu, ils sont non seulement ignorés mais aussi maltraités par une population hostile. Leur mission apostolique se solde par un fiasco total.

Le 3 septembre 1803, une crise cardiaque emporte Pomaré Iᵉʳ. Son fils Tu lui succède. Il n'a que dix ans quand il devient Pomaré II. Son règne va être jalonné de guerres destinées à assurer sa suprématie. Grâce aux armes des navires marchands relâchant dans l'île, Pomaré II étend son hégémonie sur toutes les autres vallées**. Les appétits de sa dictature sont tels qu'en décembre 1808 les chefs de clan vaincus se révoltent. Menacé de mort, Pomaré II se réfugie à Moorea. Durant son exil, il se rapproche des protestants de l'île, et se persuade des bienfaits du monothéisme. En 1812, il demande le baptême... Consécration refusée pour cause "d'ivrognerie et... d'homosexualité". Ce dernier handicap ne l'empêche cependant pas d'épouser la cadette du chef de Raïatea, et de prendre l'aînée pour concubine sous le nom de Pomaré-Vahiné. Grâce à cette alliance, il peut rassembler une armée de mille hommes, composée des féroces guerriers de Raïatea, Bora Bora et Huahine.

Le 12 novembre 1815, Pomaré II et ses guerriers envahissent Tahiti. Vainqueur, le roi reprend le trône... Mais, contrairement à la coutume, il n'entreprend aucunes représailles, arguant "que le nouveau dieu n'est qu'amour". Il n'en faut pas plus pour que les idoles d'Oro soient brisées et que les O'Tahitiens affluent pour se faire baptiser.

Haut
Otoo (Tu) qui deviendra le premier roi de Tahiti sous le nom de Pomaré Iᵉʳ.
(© Musée national de la Marine)

Bas
La reine Pomaré-Vahiné IV avec son mari.
(© Musée national de la Marine)

* Littéralement : Quelle toux !
** Exception faite des districts d'Aharoa et de Teva.

Le code Pomaré est alors promulgué. Le pasteur Nott qui avait suivi le roi dans son exil traduit l'Evangile de saint Luc en langue ma'ohi. En 1816, l'île est totalement chrétienne. Le 16 mai 1819, Pomaré II est finalement baptisé. En décembre 1821 alors qu'il s'éteint, le dépravé, l'homosexuel, l'ivrogne, l'ex-indigne de baptême est accompagné par tous les pasteurs de l'archipel.

Pomaré III n'a que dix-huit mois quand il lui succède. Son oncle et Pomaré-Vahiné assurent la régence, mais les protestants détiennent le pouvoir effectif. Ces derniers placent tous leurs espoirs dans le petit prince qu'ils forment à leur image, mettent à leur école, ne lui apprenant que l'anglais. Orchestré par les protestants, le couronnement du petit roi se fait le 21 avril 1824. Hélas, de santé fragile, ce dernier meurt à l'âge de sept ans... Tous les espoirs des protestants s'écroulent.

Légalement, le pouvoir revient à sa demi-sœur de quatorze ans : Pomaré-Vahiné IV. Les missionnaires, n'ayant jamais pensé à elle, ont complètement négligé son éducation. La O'Tahitienne ne songe qu'à une chose : faire la bringue... Cependant, c'est vers un pasteur anglais qu'elle se tourne quand elle a besoin d'aide : George Pritchard. En 1825, tout frais débarqué à Papeete, le protestant devient l'éminence grise de la jeune reine confrontée à de nombreux problèmes. Les navires européens affluent. Pirates, pêcheurs de baleine et marchands de santal, durs de la mer, se saoulent dans les tavernes du port. L'alcool fait ses ravages, les bagarres éclatent, prostitution et maladies vénériennes prospèrent... Pritchard et ses conseils deviennent indispensables.

En 1832, à la demande de Pomaré-Vahiné IV, Londres nomme Pritchard consul de Grande-Bretagne à Papeete. Hélas l'Anglais commet deux erreurs : celui de prôner l'expulsion de deux catholiques français* et, plus grave, de souffler à Pomaré-Vahiné IV la sollicitation du protectorat anglais. En raison d'accords politiques avec la France, la Grande-Bretagne ne peut adhérer à cette requête. Ces affronts provoquent une intervention musclée de la France. En 1842, l'amiral Dupetit-Thouars débarque à Tahiti, exige des excuses auprès des catholiques et dans la foulée... impose le protectorat français sur l'île.

Pour montrer son désaccord, Pomaré IV part bouder à Moorea, puis à Raïatea. Cinq ans s'écoulent. Nostalgique et de guerre lasse, la reine rentre à Tahiti pour voir le pouvoir lui échapper.

Le 17 septembre 1877, Pomaré-Vahiné IV s'éteint à l'âge de soixante-cinq ans. Son fils, Pomaré V lui succède. Très vite, ce roi ubuesque se révèle inapte à gouverner. Comme sa mère, il ne pense qu'au jeu et à la bringue. Quant à Marau son épouse elle pourrait s'appeler Messaline. Nymphomane, ses ardeurs ne sont jamais satisfaites. En mars 1879, elle donne le jour à une fille que Pomaré V refuse de reconnaître. Mais l'époux bafoué se heurte à la loi française alors en vigueur : on ne peut pas renier l'enfant de son épouse. La bâtarde devient donc première prétendante à la royauté.

Inquiet pour le trône, Pomaré V règle le problème par l'absurde. A la manière d'Einstein qui pour ne pas faire de trous à ses chaussettes décida de ne pas en porter, Pomaré V, pour ne pas perdre le trône, le supprima... Sublime déduction mathématique donnant enfin tout espoir à la France : une abdication qui affermirait ses droits en Polynésie...

Le 29 juin 1880, négociée par Isidore Chessé, la cession de Tahiti à la France est signée par Pomaré V. Non sans la résistance farouche de certaines îles, l'archipel de la Société devient "établissement français d'Océanie".

Dans l'histoire, Pomaré V demeure le roi qui remit, "complètement et pour toujours entre les mains de la France, le gouvernement et l'administration de nos Etats, comme aussi tous nos droits et pouvoirs sur les îles de la Société et dépendances".

Le tombeau de Pomaré V et sa bouteille de bénédictine.

* Les pères Laval et Calvet, arrivés des Gambier.

Papeete

Capitale de la Polynésie-Française

Le 14 avril 1818, un certain pasteur Crook décide de planter clocher au bord d'une baie déserte, grande et bien protégée sur l'autre côté de la pointe de Taharaa. La naissance de la mission de Paofai amène celle de Papeete. Pape'ete, "corbeille d'eau", nom venant d'une source à laquelle les insulaires venaient puiser l'eau douce qu'ils transportaient dans des paniers.

Dès 1820, les marins affluent. Baraques de bois et tavernes poussent dans un port parfaitement insalubre. En 1827, la jeune Pomaré-Vahiné IV la choisit comme lieu de villégiature préféré, s'y baigne dans une source aujourd'hui remplie de poissons rouges et nommée bain de la Reine dans les jardins de l'Assemblée.

En 1843, Bruat, premier gouverneur de l'île en fait la capitale administrative du protectorat.

En 1941, Papeete compte plus de 11 000 habitants. En 1960, l'installation de la base arrière du CEP entraîne l'explosion démographique. Population, ville et communes côtières comprises atteignent 120 000 habitants.

Chaque matin, des camions multicolores et des voitures venues des différents districts encombrent les rues. Il faut dire que si on mettait bout à bout toutes les voitures de l'île elles en feraient le tour. Pour être à l'heure à leurs bureaux, les habitants de l'île doivent partir au moins deux heures avant. Mais, le jour où nous y sommes, c'est l'apothéose... Le front de mer est la proie de travaux, on a l'impression qu'un raz de marée vient de passer. Mais, rassurons-nous, ce n'est que le boulevard Pomaré qui élargit sa chaussée. Hommes du GIP et machines travaillent en continu, creusent et remuent la terre. Le temps n'a plus de virgules, le tunnel de la nuit s'engouffre dans le jour. Au petit matin, voitures, trucks et scooters, à part pelle inlassable des bulldozers et les gaz d'échappement plus rien ne bouge. A l'ombre d'un *purau*, élégante chemise de soie à fleurs, casquette américaine vissée sur le crâne et sifflet collé à la bouche, un homme règle la circulation et tente de calmer la tension qui monte. Qui est-ce ? En tout cas, l'homme semble avoir du *mana*. Quand ils le voient, les automobilistes grognons éclatent de rire... Cet agent de la circulation atypique n'est autre que le président de l'Assemblée territoriale en personne : Gaston Flosse, surnommé Gastounet par les gens du pays. Depuis l'aube jusque tard dans nuit, le président est sur le trottoir, réconfortant les pauvres automobilistes en leur racontant que "ça ne va pas durer longtemps, et qu'après ils auront un beau boulevard"...

Le centre-ville se modernise. Des rues piétonnières cèdent leurs trottoirs aux terrasses de café. Coiffure de platine immobile sous mousseline rose, des Américaines en croisière y flânent et regardent les vitrines derrière leurs lunettes papillons.

Plus de la moitié de la population des archipels vit à Papeete. Dans leurs îles emmurées par la mer, les jeunes étouffent et foutent le camp... Papillons attirés par les lueurs des néons, de l'high-tech et du tee-shirt fluo, ils viennent s'y brûler les ailes. Hélas dans la capitale, il n'y a ni travail, ni d'argent et tout est hors de prix. Ils se retrouvent alors dans des bidonvilles. Des ghettos sans bateau pour prendre le large, et rien d'autre à pêcher que des lambeaux de rêves égarés dans la fumée du *pakalolo*. A la place des nuages qui passent, la tôle ondulée qui brûle en emprisonnant le soleil. Perdue leur identité, perdus leurs repères et le ciment de leur âme : l'océan. Sous l'empire de l'Hinano et du *pakalolo*, les bagarres éclatent, nombreuses et tournant parfois au meurtre. En dix ans, les cambriolages ont augmenté de 62 %. Le gouvernement tente bien l'impossible : des créations d'emplois dans le tourisme, la récupération d'un esprit de compétition atavique à travers le football, mais surtout avec un sport de *fenua* comme le concours de courses de pirogues où les Tahitiens sont champions du monde.

Mais, derrière l'image impeccable des hôtels de luxe et des lagons pervenche, Papeete a du mal à oublier ses problèmes. L'escalade des prix se fait à coups de salaires doubles des fonctionnaires et des *popa'a* venus y couler une retraite fortunée. Le coût des loyers grimpe sans discrimination : côté lumière, de somptueux *fare* à piscine, côté ombre, de simples cabanons sans eau courante...

De plus en plus, les "nantis" travaillant à Papeete émigrent vers la coquette Moorea où ils ont fait construre leur *fare*.

Le soir, ceux qui dorment à Papeete flânent sur les quais. Sur de longues barres de bois, les pêcheurs revenus du large enfilent des bonites à l'orient de perles. La baie avale un soleil écarlate.

Nous sommes à la terrasse du *Métro*. Une majorité de *popa'a* y sirotent leur Hinano. Une plaque de cuivre indiquant "qu'en 1972 Joe Dassin est mort au premier étage du bistro" intrigue quelques touristes. "Radio Cocotier" débite ses informations : les exactions des uns, les détournements des autres, et règle les histoires courantes d'argent et de fesses. Traînant un lourd parfum de monoï dans leur sillage, de belles vahinés et des *rae-rae* passent, hissés sur des talons aiguilles et tortillant d'un popotin ostentatoire. Avec des regards de zoologues, les clients les observent à la dérobée et font des paris : "Fille ou garçon ?"

Six heures... Pâli comme un linge déteint au soleil, un vieux *popa'a* jette un coup d'œil rapide sur les vitrines des bijouteries qui claquent leurs rideaux métalliques au nez. A quoi pense-t-il, ce *beachcomber* qui fond avec ses rêves ? A la peau douce de sa vahiné, ou à l'odeur de baguette tiède des petits matins de Paris ? Au kiosque à journaux faisant coin avec le centre commercial de Vaima, il ouvre la page météo de *La Dépêche*, y voit des soleil jaunes sur Papeete et des nuages gris sur Paris. Alors, il se frotte les mains en se disant qu'il a peut-être fait le bon choix en s'installant ici.

Notre-Dame-de-l'Immaculée-Conception se dresse, petite mais sévère, au bout de la rue Jeanne-d'Arc trop bruyante. La cathédrale fut l'objet de polémiques sévères entre Eglise et Etat. En 1858, son concepteur, l'évêque Jaussen, avait de grosses ambitions : il envisageait un immense sanctuaire dont la nef mesurerait cinquante-cinq mètres de long... Le commissaire impérial y vit une provocation des catholiques vis-à-vis des insulaires de confession majoritairement protestante et fit suspendre les travaux. Onze ans plus tard, les bâtisseurs de Mangareva sont envoyés par le père Laval pour reprendre l'ouvrage, mais avec des proportions plus conformes à son taux de fréquentation. En décembre 1875, les catholiques de Papeete assistent à la première messe de minuit.

Depuis la cathédrale, nous longeons les commerces de la rue du Maréchal-Foch et de la rue Colette avant de nous plonger dans les parfums de vanille, de monoï et de *tiare* du marché Marupu. Pour l'anecdote, ce dernier fut bombardé le 22 septembre 1914 par les croiseurs de l'escadre allemande du Pacifique qui voulaient "s'emparer du charbon de l'île, pour regagner leur pays en guerre".

Rénové en 1987, Marupu est le cœur battant de Papeete. Dès l'aube, bouquets de fruits et légumes élèvent leurs pyramides colorées : ananas et rambutans côtoient taros, ignames, *fe'i* et *uru*. Le tout présenté avec une grâce éphémère. En fin d'après-midi, à peine remontés de la mer, bonites, nasons bruns, perches et mérous célestes scintillent sur les étals tels des météores tombés du ciel...

Jus de *nono* en bouteille et autres herbes miracle accordent l'esprit sorcier au lieu. Des sentiers lourds de vanille percent la touffeur de l'air. A l'ombre de l'auvent qui encercle le marché, parmi les gerbes d'opuhi et d'oiseaux de paradis, des mamas impavides tressent d'odorantes couronnes de *tiare*.

Dans les travées étouffantes du premier étage, les touristes tâtonnent dans le labyrinthe d'un capharnaüm d'objets, qualité vide-grenier et prix antiquaire. A donner des boutons à tout collectionneur d'art...

Dans le quartier, marchands de tissus, épiciers et restaurateurs sont à la même enseigne : la chinoise... Avec 20 % de la population, les Chinois constituent à eux seuls un pays enclavé dans un autre pays (voir encadré, p. 119). La mairie est une vaste et rose demeure coloniale clonée sur l'ancien palais de la reine Pomaré IV. Le samedi après-midi, on y célèbre des mariages à la chaîne. L'un après l'autre, couples chinois, couples tahitiens, couples tahitiens-*popa'a* ou encore tahitiens-chinois font une sortie théâtrale sur le balcon ouvragé de la mairie. Figés pour la

Papeete, le centre commercial de Vaima et le bistro Le Rétro.

photo, figurines de sucre en haut d'une pièce montée, ils sont seuls tous les deux. Rue Paul-Gauguin dans des pick-up à rubans blancs, une marmaille en dentelles les attend et les accueille en s'écriant "papa, maman"…

Au coin de la rue, il y a un Mc'Donalds. Casquette vissée à l'envers sur leurs épaisses tignasses noires, des adolescents plantent leurs dents blanches dans des hamburgers et se trémoussent sur des rythmes africains. La statue de Pouvana, le fondateur du nationalisme tahitien, les regarde…

Un peu plus loin, le modernisme sans esprit des bâtiments de l'Assemblée territoriale a remplacé le charme du palais de la reine Pomaré. Les énormes racines de deux banians s'accrochent comme des ventouses au centre de la place. Ce sont les seuls vestiges du cercle militaire qui se dressait là jadis. Théâtre des défilés militaires, l'avenue Bruat profite de l'ombre souveraine d'une haie de *samanea*. Elle aboutit en front de mer, à un monument dédié au général de Gaulle, mais que l'humour tahitien a tout de suite nommé "clé à molette".

Plus loin, le temple protestant de Paofaï est rose et frais, face à la mer.

Depuis 1907, il remplace celui du pasteur Crook. Une assemblée majoritairement féminine rivalisant d'élégance assiste à l'office du dimanche matin. Du balcon cernant la nef, on ne voit qu'une seule chose : un étal de chapeaux-gâteaux… Le grand classique est la capeline en dentelles néocolonialiste… Quant aux autres, ils sont le substrat d'un imaginaire fertile où ont poussé des jardins fleuris, des lampions et des moulins à vent qui font rêver les petits. Sur les bancs, règne une indiscipline de classe qui s'ennuie.

À la fois violentes et naïves, les voix au timbre cuivré entonnent un *himene*. Les éventails rythment les chants, chassent l'air trop chaud et tapent sur des mouches invisibles. Deux heures s'écoulent… le clocher jette sa volée de notes fraîches sur la mer. Les chapeaux-gâteaux se pressent vers les sorties, et s'enfournent dans des trucks enrubannés qui les ramènent au *fare*.

Sur la plage, des pirogues aux tons vifs, tels de faux ongles peints, dorment sur leurs cales. Toutes les fins de journée, des piroguiers aux bras robustes les tirent à l'eau et les dirigent vers le port où tout est immobile.

Le buste de Bougainville est planté parmi les massifs fleuris de son parc éponyme, seul espace vert de Papeete. Dans le port de plaisance, les voiliers rêvent ou ont fini de rêver et l'écho d'une phrase résonne dans nos têtes : "Il y a les vivants, les morts et ceux qui vont sur la mer."

Les frégates y chahutent avec des cris qui les réinventent dans le ciel. En face, dans le port commercial, alourdi de marchandises, l'*Exodus* pousse une longue plainte en s'arrachant au quai.

Du toit en terrasse du *Kon Tiki*, l'hôtel le plus haut de Papeete, on aperçoit la baie en entier. En bas, des roulottes allument leurs néons en même temps que les étoiles. Elles portent des noms qu'on pourrait trouver dans les chansons d'Edith Piaf : *Chez Roger, Chez Lili, La Boule rouge*. Le Papeete populaire s'y retrouve dans la fumée des barbecues, autour de pizzas, de frites et de *chaomen*. Un peu plus loin, des rires gras, des cris, des bruits de bagarres résonnent depuis les tavernes qui éclairent le quartier interlope…

Une lune ronde, énorme, écrase les toits. C'est la nuit où elle est le plus près de la terre.

Le tour de l'île – La côte est

C'est une côte sauvage, aux angles noirs, déchirés et mordus par un océan enragé. À la sortie de Papeete parmi les manguiers, de plantureux banians protègent le lieu de culte des Chinois. Rouge sang, le temple Kanti de Mamao grimace sous le poids de ses dorures. Sur le parvis extérieur, les descendants des coolies d'Atimaono brûlent des faux billets qu'ils viennent d'échanger contre des vrais.

Le temple protestant Paofaï

Les mamas du temple

Le charme désuet d'une époque coloniale musarde dans la commune d'Arue. Ancienne demeure d'un planteur de coton, la mairie ne ferait pas mauvaise figure parmi les maisons *ante bellum* de Louisiane. Sous l'auvent ouvragé, un gros fauteuil d'osier attend le *tupapa'u* d'une brodeuse en crinoline. A la sortie, une maison éventrée squattée par des jeunes hébergea jadis l'écrivain James Norman Hall alors qu'il rédigeait sa célèbre trilogie sur l'épopée du *Bounty**.

Grise et incongrue à la pointe Outuaiai, une pyramide de blocs de corail fait tache dans la beauté du paysage. Ce mausolée qui fit pousser des cris d'horreur à Gauguin fut d'abord édifié pour la reine Pomaré IV. Sans aucun scrupule, Pomaré V fit enlever le corps de sa mère afin de pouvoir y être enterré, le jour venu. Au sommet, on ajouta alors une note surréaliste qui devrait consoler l'œil du peintre : une urne funéraire aussitôt assimilée à une bouteille de Bénédictine, boisson préférée du roi.

Du haut de la pointe de Taharaa, on découvre toute la baie de Matavai. Plage de sable noir aussi fin qu'une poudre, la pointe de Vénus est un lieu privilégié pour la baignade. Le dimanche, les insulaires s'y prélassent entre deux bains dans le vert laiteux du lagon. Femmes *popa'a* en monokini, et vahinés en short et maillot… La pudeur puritaine a changé de nationalité depuis qu'en 1769 Cook et ses astrolabes y débarquèrent pour y voir Vénus éclipser le Soleil… C'est quand ce même soleil se cache que tout le monde repart, après s'être attardé sous un ciel de braise couvant l'anthracite de la plage.

Un phare, inauguré par le comte de La Roncière le 23 avril 1868, témoigne de la vocation d'accueil de la baie. Les bâtisseurs de Mangareva en ont élevé les blocs de corail. Toutes les cinq secondes, son éclat blanc parvient aux bateaux passant jusqu'à vingt-quatre milles nautiques au large. Un dispositif à gaz de pétrole guida d'abord les marins, et ce n'est qu'en 1973 qu'on le relia au réseau électrique de Tahiti.

Nous atteignons la plage de Mahahonu. Des surfeurs volent sur le tapis roulant d'une forte houle.

Un chemin s'enfile sous une épaisse forêt de *mape*. Le gazouillis des merles des Moluques y ponctue un lointain chuintement d'eau. En haut du sentier, la cascade Vaimahutu paraît : eaux d'argent fondant dans la fraîcheur d'une vasque noire. Des enfants s'y ébrouent et, levant les yeux, nous nous émerveillons du spectacle de deux autres plongeant dans le nid d'une végétation éclatante.

Plus loin, à l'entrée du village d'Hitiaa, au kilomètre 38 on peut faire une photo ordinaire : un bougainviller orange fleuri sur un rocher. Mais, si on écarte ses branches, on peut voir une plaque signalant un haut lieu de mémoire : l'endroit où Antoine de Bougainville mouilla la *Boudeuse* et l'*Etoile*.

La route continue jusqu'à l'isthme de Taravao. Les vestiges d'un port inachevé attendent un hypothétique bateau. Un fort domine le lagon. Quelques jeunes militaires du RIMAP s'en échappent pour leur footing quotidien. Bâti en 1844, lors des guerres d'annexion, ce fort était destiné à décourager le passage des guerriers de Tahiti Iti qui voulaient voler au secours de ceux de Tahiti Nui.

A partir de Taravao, la route côtière septentrionale de Tahiti Iti mène au village de Tautira dans la baie de Vaitepiha. Le calme hospitalier de cette dernière a offert un mouillage sûr aux premiers découvreurs : dès 1772, l'Espagnol Boenechea y ancra l'*Aguilla*. Cook y mouilla en 1774 et 1777. C'est également là qu'un jour de 1836, le navire *Eliza* débarqua les pères de Picpus Caret et Laval qui se firent expulser de Papeete. Détail qui a son importance puisqu'il conduisit au protectorat et au destin français de l'archipel.

Dans l'air frais, des nuages gris s'attardent, des vaches broutent une herbe épaisse sous des

Le phare de la pointe de Vénus

* Cette maison, aujourd'hui restaurée, est devenue un musée, une maison d'écrivains.

pommiers rouges... Mais non ce sont des flamboyants. Il faut dire qu'on pourrait s'y tromper, le plateau de Taravao, avec son lait, ses fromages et sa ferme expérimentale ressemble à un coin de Normandie égaré en pleins tropiques.

Le tour de l'île – La côte ouest

Depuis Papeete, une voie rapide mène à la route de la côte ouest coincée entre mer et montagnes. Un *manureva*, "oiseau qui s'en va", s'envole dans le ciel de Faa'a. A bord, des familles de gendarmes rentrent au pays, croulant sous le poids des colliers de coquillages et lâchent de grosses larmes. Dans le hall de l'aéroport, on pleure et on rit aussi. C'est un lieu où les sentiments s'exacerbent avec la nostalgie des grands départs. Costume de *more* à la mode des anciens guerriers, les militaires en partance sont portés en triomphe par ceux qui restent. Côté arrivée, les familles attendent chargées de couronnes de *tiare*. Hibiscus à l'oreille, de belles vahinés couronnent des touristes voguant entre veille et sommeil et que le parfum du *tiare* achève d'enivrer.

A l'entrée de Punaauïa, une route mène au musée de Tahiti et des Iles : Te Anavarau, la "caverne aux multiples issues". Le gouvernement s'y est réapproprié son passé. Il fait partie du Centre polynésien des sciences humaines. Tous les objets de la culture locale sont rassemblés dans des vitrines. Parfois à prix d'or, on a récupéré des objets anciens : pirogues de toutes formes, *tiki* aux pouvoirs intacts, sièges d'*ari'i*. On se promène dans le temps, revivant l'époque du rêve et des temples païens, l'épopée des grands découvreurs occidentaux, l'arrivée des missionnaires des différentes confessions, pour finir par l'histoire du bataillon du Pacifique.

A Paea, balcons ouvragés et frises de dentelle, l'ensemble administratif décolore ses couleurs layette au soleil. Plusieurs vestiges de *marae* témoignent qu'ici existaient trois chefferies importantes. Un peu plus loin, un sentier grimpe dans une forêt enchantée et s'arrête au pied d'une falaise. Trois grottes s'y ouvrent sur des dents de calcaire. La plus vaste est celle de Vaipoiri, véritable image de catéchisme. Depuis le plafond de vastes fougères se mirent dans un étang, d'autres s'épanouissent sur le sol. Terre et ciel s'y enfantent pendant qu'immobiles, en plein milieu, un garçon et une fille enlacent leurs jeunes corps androgynes.

Après Papara, sur les ruines de la plantation Antimanoo, les palmes cirées d'une cocoteraie transpirent sous le soleil. Côté montagne, d'un geste sec, un *popa'a* lance une balle sur le vert dru d'un gazon... Si ce golf est unique sur l'île, des normes internationales y permettent un concours annuel où l'élite des joueurs mondiaux se réunit.

La pointe de Vénus

Abandonnant les rondeurs de leur corps aux jets des thermes naturels du bain de Vaïma, des vahinés offrent leur visage paisible au soleil.

De 1891 à 1890, Paul Gauguin vécut avec Vahiné Teha' à Mataiea. Au cours de son premier voyage, il débarqua dans cette commune, bercé de chimères à propos d'un paradis sur terre. Dans la lumière de l'endroit, cet "indissoluble lien entre le naturel et le surnaturel", l'artiste peignit comme il l'entendait "autour de la pensée et non autour de l'œil". La magie du lieu lui inspira des tableaux tels que *La Orana Maria*, (allégorie chrétienne reprise en peinture primitive) ou *La Femme aux mangues*.

A Papeari, un vaste jardin botanique abrite des espèces du monde entier. En 1930, des tortues géantes y furent apportées des Galápagos pour y couler des jours immobiles. En 1919, un professeur de l'Institut de technologie du Massachusetts débarquait à Tahiti. Le grand rêve d'Harrison Smith ? Y cultiver son jardin... Il aménagea alors un parc de 130 hectares, et importa plus de 250 espèces étrangères. Malheureusement, le ver était dans le fruit : une superbe plante d'Amérique centrale poussant jusqu'à 15 mètres de haut allait se métamorphoser en monstre. C'est le *Miconia calvescence*, capable et coupable de fournir des millions de graines par an. Sa progression fut fulgurante. En cinquante ans, il colonisa l'archipel, dévorant plus de 70 000 hectares, soit les deux tiers de Tahiti...

Le *miconia* asphyxie la végétation et menace aujourd'hui le superbe patrimoine naturel des îles. Le danger est devenu tel qu'en 1990 un arrêté territorial a dû le déclarer "espèce nuisible".

Le musée Gauguin partage le parking avec le parc botanique. Mis à part de rares prêts, il n'expose guère d'originaux. Seuls quelques sculptures, dessins et pochoirs de bois témoignent des multiples talents de l'artiste. Mais l'intérêt de ce musée réside dans une excellente biographie et une rétrospective de l'œuvre du peintre à Tahiti et aux Marquises où il voulut accorder sa peinture au "silence des belles nuits tropicales" et "écouter la douce musique murmurante des mouvements de son cœur".

Au fond du jardin, deux silhouettes inquiétantes se profilent sur l'océan. Il s'agit de deux grands *tiki* ayant jadis protégé l'île Raïvave. Retirés de leur île natale en 1933, ils sont là depuis 1965. Les *popa'a* ne prennent pas les Ma'ohi au sérieux quand ils disent que les *tiki* ont gardé leur *mana* et qu'il ne faut pas y toucher. N'empêche que l'histoire de ceux-là reste troublante : six personnes ayant participé à leur transfert sont mortes d'une façon étrange. Le directeur adjoint du musée, qui voulait en faire un moulage, est entré dans un état comateux. Sur l'île, on a peur, on les regarde de loin et on se demande qui va être assez *hasvanas* pour les ramener à leur *fenua*.

Dans l'isthme de Taravao, la baie de Phaéton s'ouvre comme l'œil d'un cyclope. Des voiliers à l'ancre balancent leur mât auprès d'une frégate reconstituée. A l'entrée de Taravao, une route conduit au Tahiti Iti méridional. Peu fréquentée, elle aboutit au cul-de-sac de Teahupoo. Cependant, elle connaît ses embouteillages annuels, lors des compétitions internationales de surf.

Face au petit port de Tapueraha, la passe éponyme est la plus large de Tahiti, ce qui lui valut d'être empruntée par les porte-avions lors de l'installation de la base du CEA, ainsi que par le paquebot *France* dans les années 1970.

Le tiki *du marae Arahurahu*

Reconstitution historique de la naissance d'un prince au marae d'Arahurahu lors de l'Heiva

Le grand prêtre de Tahiti, Raymond Graffe, en grande tenue

Les Chinois

Nous sommes en septembre 1862. James Stewart, gérant d'une compagnie portugaise appartenant à Auguste Soarès, débarque à Tahiti. Son but ? S'installer à Moorea sur une plantation de coton anglaise. Mais cette dernière n'étant plus à vendre, il trouve un autre terrain sur l'île de Tahiti : Atimaono.

Fortement intéressé par cette démarche, le gouvernement français facilite les tractations en exemptant l'entreprise "de tout droit à l'importation sur les machines et ustensiles employés dans l'agriculture". Sont également supprimées les taxes sur les travailleurs, les taxes foncières, les taxes perçues sur les produits agricoles sortant de la propriété... Ce qui fait jaser tous les autres planteurs qui en compensation reçoivent eux aussi des avantages gouvernementaux.

Le défrichement commence le 5 mars 1864. Mais pour exploiter ces 3 000 hectares la Polynesian Compagny manque de main-d'œuvre. Il est d'abord envisagé de faire venir des travailleurs de l'Inde. Mais, l'Angleterre s'y opposant, Stewart se tourne vers la Chine. Par un arrêté du 30 mars 1864, il est autorisé à faire venir 1 000 Chinois aux frais de la compagnie Soarès.

En attendant l'arrivée des Chinois, la compagnie embauche 300 Tahitiens, ce qui, le 30 mars 1864, va donner naissance au premier Code du travail de Polynésie.

Le 28 février 1865, le *Ferdinand Brumm* arrive de Hong-Kong, avec à bord 329 Chinois exténués par quatre-vingt-trois jours de mer. Suivent l'*Albertine* et ses 357 coolies, puis le *Spray of Océan* qui en transporte 324.

Ce sont des paysans hakkas et puntis, venant des environs de Canton. Effectuant des tâches extrêmement dures pour un salaire de misère, quatre-vingt-treize Chinois vont mourir en l'espace de trois ans.

Certains épousent des autochtones et ouvrent des commerces à l'extérieur de la plantation, tout en continuant à pratiquer leur langue et leur religion.

Le Kanti de Mamao, le temple chinois.

En 1871, la plantation est mise en faillite, donc incapable de respecter l'article 28 du contrat d'engagement, à savoir que "les immigrants employés aux travaux agricoles de la compagnie Soarès doivent être rapatriés à ses frais".

Ces 900 Chinois vont donc rester à Papeete, attachés à leur patrie originelle par la langue, la cuisine, la religion, leur cimetière réservé et les rites conservés... Cultivateurs, commerçants ou artisans, ils vivent dans le ghetto de petites communautés en marge, unis par l'éthique du travail et le sens de la famille.

Cependant beaucoup désirent encore rentrer au pays. En 1897, il n'en reste plus que 322 sur l'île. Chassés des Etats-Unis, d'autres groupes viennent grossir la communauté. Bien accueillis par leurs compatriotes, ils bénéficient d'une grande chaîne de solidarité commerciale, tissée de part et d'autre de l'océan Pacifique.

Mais ces Chinois vont trop vite s'enrichir aux yeux des autres communautés. On commence à parler de "l'invasion jaune". Sous la pression des commerçants européens qui s'affolent, on taxe tout Chinois ne travaillant pas dans l'agriculture.

Cependant, le gouvernement français trouve du positif dans le commerce chinois : la baisse des prix qui met fin à un monopole qui interdisait à bon nombre de Tahitiens l'accès aux coûteux produits importés de métropole.

Entre 1907 et 1914, 2 512 Chinois débarquent dans la colonie avec les premières femmes chinoises. Entre les deux guerres, beaucoup d'autres arrivent dans l'espoir de retourner chez eux, une fois fortune faite.

Dès 1875, les Chinois se regroupent. Ils construisent un Etat dans l'Etat. Ils créent leurs propres associations, celles de secours mutuel comme celles destinées à gérer leur patrimoine. L'arrivée des femmes permet la reconstitution de familles purement chinoises. Ils ouvrent leurs propres écoles, construisent leurs propres temples. La communauté a l'air de vouloir vivre en autarcie, conserve traditions et langue dans l'espoir d'un retour futur dans leur patrie.

En 1962, on estime à plus de 10 000 le nombre de Chinois sur le territoire.

Mais trois paramètres vont modifier le comportement de cette communauté travailleuse.

Le premier est la carence en femmes chinoises, ce qui engendre le mariage entre ethnies différentes. Les hommes épousent des vahinés et les "demis" naissant de ces unions échappent à la communauté. Ils s'intègrent rapidement, parlent français et tahitien. Ils fréquentent l'école publique, deviennent catholiques ou protestants selon la religion de la mère.

Le deuxième, c'est la révolution communiste en Chine. Les Chinois ne désirent plus rentrer au pays et sont obligés de s'intégrer.

Enfin, le troisième, c'est qu'en 1964 le gouvernement leur accorde la nationalité française.

Aujourd'hui, la communauté chinoise occupe tous les domaines de la vie économique. Ils ont gardé intacts leur esprit de solidarité et leurs associations culturelles. Ceci a contribué à l'élaboration de grandes fortunes dynamisant l'économie du pays. Alors que leurs parents sont dans le négoce, les enfants accèdent à l'élite intellectuelle en fréquentant les meilleures universités françaises, américaines ou australiennes...

Le port de plaisance de Papeete

Les va'a de course dorment sur la plage du port de Papeete.

Du Tiuraï à l'Heiva

Les missionnaires avaient interdit les danses, jugées immorales et obscènes... Le code Pomaré leur emboîta le pas... Au fil des années, l'interdiction fut transgressée, la danse revint, d'abord timide, corps enfouis dans de pudiques robes "mission" et gestes suggestifs censurés.

En 1881, le gouvernement français institue le Tiuraï. Ces fêtes de juillet ont pour but d'éveiller la fibre patriotique des Tahitiens, en les rassemblant pour la fête nationale française.

Le 14 Juillet se limite alors aux parades militaires, retraites aux flambeaux, flonflons et lampions de bals populaires... Au cours d'une élégante garden-party, le gouverneur reçoit "le gratin colonial", Européens et autorités tahitiennes confondus.

Des compétitions sportives sont organisées. Les autochtones y mesurent leur force et leur adresse au cours de joutes rituelles, levers de pierres, lancers de javelots et courses de pirogues. Mais sur la vraie danse traditionnelle, le chant et surtout ce qui peut leur faire redresser la colonne vertébrale et recoller l'âme, c'est encore l'omerta.

Il faut attendre 1956 pour qu'une institutrice crée un groupe de danse qu'elle nomme Heiva. Madeleine Moua envisage alors une image neuve de la danseuse polynésienne. Elle tente de "récrire les tables de la danse traditionnelle".

Le 29 juin 1984, le statut d'autonomie de la Polynésie est signé. Naturellement l'année d'après, la date du 14 juillet est remplacée par celle du 29 juin. L'appellation de Tiuraï disparaît pour laisser la place au nom du groupe de danse : l'Heiva. Les festivités ont une vocation nouvelle : réapprendre le langage du passé.

Chaque année, une parade haute en couleur inaugure l'Heiva. Toute la population de Tahiti se presse sur le front de mer. La moitié défile, l'autre regarde et applaudit. Les autorités ont invité les représentants du gouvernement français.

Toute la journée le boulevard Pomaré vibre au rythme sourd des *pahu* et *toere* entrecoupé de longues plaintes de *pu*. Les groupes rivalisent d'imagination, d'élégance et de couleurs. Scouts en uniforme rigide précèdent l'association des mamas qui se trémoussent dans des robes à fleurs aux tons vifs. Jupes de *more* ou d'*auti* volent autour des corps enduits de monoï. Parfois, le chef de file monte faire des offrandes rituelles (un cochon parfois) au président couvert de colliers de fleurs.

Androïdes, les miss figent leurs sourires carnassiers, agitent mécaniquement la main du haut de leur char : miss Heiva, miss Dragon et miss Tahiti, ou miss Mahu.

La nuit a déjà envahi le boulevard quand des motos pétaradent et clôturent la parade. C'est le club des Harley Davidson. A sa tête, Raymond Graffe, le grand prêtre, a troqué sa coiffure de plumes rouges contre le cuir du motard.

Un peu plus tard, un feu d'artifice embrase le ciel du port, pendant que l'élite locale se raconte des histoires de *fenua* autour d'un cocktail offert par le président.

Durant trois semaines, les concours se succèdent. Tout ce qui roule, marche, glisse sur eau ou sur terre entre en compétition. Les terrasses de café se remplissent. Les serveurs, entraînés par la fièvre de la compétition, participent à une course avec des plateaux de verres remplis à ras bord. Une épidémie de *fiu* s'abat sur l'archipel et les bureaux se vident.

L'Heiva se fête sur toutes les îles de l'archipel. Mais à Tahiti la consigne est draconienne : immersion absolue dans le précolonialisme... Un *tapu* est posé sur le short, la casquette américaine et le tee-shirt publicitaire. Sous peine d'élimination, tout participant doit être habillé couleur locale : couronne de fleurs fraîches et *pareu*...

Travaux de la terre spécifiques aux îles et sports ma'ohi rituels font l'objet de concours.

Le lancer de javelots s'inspire du *teka*, jeu originaire des Tuamotu. Le javelot ne fut jamais utilisé en tant qu'arme de guerre. C'était un jeu sacré, pratiqué sur le *marae*, réservé aux prêtres et aux *ari'i*. Pendant les trois week-ends de l'Heiva, la pelouse du musée de Tahiti fait office de temple. Chaque candidat dispose de dix javelots taillés dans le *purau*. But du jeu ? Atteindre une noix de coco juchée sur un mât faisant 7,5 mètres de haut. Les lanceurs se placent à 22 mètres de la cible... muscles tendus, silence et concentration de joueur d'échecs, le lanceur envoie le javelot posé sur un doigt faisant ressort. Rapide, dans un froissement d'air, l'arme atteint la noix de coco où des tracés circulaires délimitent les tranches de points. Celui qui plante le javelot le plus près du sommet est déclaré vainqueur.

Quant au concours du lever de pierres, il est originaire de Rurutu. C'est le plus ancien de tous les sports ma'ohi et les femmes des Australes y participaient à parité égale avec les hommes. Au

cours de l'Heiva, les athlètes se retrouvent sur la place Tarahoï. Deux pierres ont été apportées : l'une de 110 kilos, l'autre de 122 kilos. Le principe du jeu consiste à soulever une pierre... puis à la hisser sur l'épaule. Une troisième pierre hypothétique attend près du jury, ses 144 kilos l'ont placée hors concours et rares sont les Superman aptes à cet exploit. A l'origine, les pierres étaient ointes de monoï pour les rendre glissantes, mais un taux trop élevé d'accidents a fait interdire cette pratique.

Le concours de préparation du coprah se déroule sur la même place. L'un pour les hommes, l'autre pour les femmes. Il s'agit de casser des noix de coco en un temps record (50 en individuel et 150 en équipe de trois), à en extraire la pulpe, l'entasser dans un sac de jute qu'on referme avant de le déposer aux pieds de l'arbitre qui arrête son chronomètre*.

La course des porteurs de fruits fait le tour du quartier de la mairie. Il y a deux courses : l'une de jour, l'autre nocturne aux flambeaux... Régimes de bananes, filets d'oranges, d'ananas et autres fruits sont suspendus aux extrémités d'un balancier. Pesées dans la cour de la mairie, les charges se divisent en deux catégories : les 30 kilos et les 50 kilos. Courant le plus vite possible, les porteurs effectuent un parcours de 1 700 mètres. Au coup de sifflet, chacun s'empare de son fardeau, le charge rapidement sur les épaules et s'élance.

Si les Polynésiens sont paysans, ils sont aussi et avant tout hommes de la mer. Si la trop peu virile pirogue à voile fait de moins en moins d'adeptes (quatre en 1998, trois en 1999), les courses de *va'a* provoquent l'engouement du public. De tous les concours, ce sont elles qui rassemblent le plus grand nombre de participants. Féminins ou masculins, les équipages s'entraînent à longueur d'année pour cette course forte en symboles. Durant tout le mois de juillet, des équipes de trois, six ou douze rameurs traversent la rade. Depuis le quai des paquebots, ils filent jusqu'à l'entrée du port de Papeete pour revenir à la ligne de départ.

Le départ des V6 est sans doute le plus spectaculaire. Deux cent cinquante pirogues attendent le signal du départ... On triche un peu, on franchit légèrement la ligne. Dans les haut-parleurs, les officiels menacent, demandent à tous de reculer... Sous les couronnes de *tiare*, les regards sont fixes comme les aiguilles du chronomètre. Au coup de feu, les pirogues s'élancent et, minuscules sous les grosses coques de cargo, tels des millepattes, elles fourmillent sur la rade.

On ne voit plus que des dos courbés, des centaines de petits parterres fleuris pullulant sur la mer. Rapides et vigoureux, muscles bandés, les bras puissants plantent les pagaies dans l'eau. Ils sont mille cinq cents à transpirer à grosses gouttes, ahanant pour se donner du courage. A la vitesse maximum, ils vont jusqu'à l'épuisement et au vertige pour arriver en vainqueur... L'accident est courant. Les fines pirogues sont fragiles, la fureur de vaincre et la vitesse entraînent des télescopages fréquents. Il n'est pas rare que les commissaires de course aillent repêcher les naufragés agrippés aux fragments de leur pirogue brisée.

Si on obtient la faveur de suivre l'impressionnante course des V12 depuis la vedette des commissaires, on peut vivre l'un de ces instants rares de la vie, où l'émoi fait "toc" dans la poitrine, reflue vers cette partie du cerveau où la mémoire reste indélébile. Deux pirogues sont reliées par un balancier.

Au signal de départ, douze dos s'y arrondissent comme celui d'un fauve, douze pagaies se plantent énergiquement dans l'eau, accompagnées de douze feulements aidant la mise en marche de l'embarcation... Spectacle inoubliable, résurrection d'une image peinte par les artistes des premiers découvreurs : Wallis, Bougainville et Cook.

Chaque soir voit le spectacle grandiose des danses traditionnelles ressuscitées. Tous les districts de l'île se mélangent. Délinquants des bidonvilles et jeunesse dorée des belles demeures côté mer sont ensemble. Chaque jour, ils ont répété. Les uns dans les écoles de danse, les autres parmi les conteneurs du port, tous motivés par la même foi, la même rage de danser, la soif de reprendre racine dans un passé dont ils sont en exil, mais aussi par l'envie d'être remarqué par Coco ou un autre grand directeur de groupe de danse.

Les *pahu* battent à plein régime, résonnent dans les poitrines, danseurs et danseuses font trembler la scène. C'est beau et on rêve... Je suis assis à côté de mon ami Daniel Pardon, le rédacteur en chef de *La Dépêche*. Sans faillir, chaque soir de l'Heiva jusqu'à minuit passé, il écrit sur le petit banc inconfortable et immuablement destiné à la presse. Sa plume est acerbe. Il n'hésite pas à dénoncer "le clonage du groupe des danseuses de O'Tahiti", les prix décernés injustement, les histoires d'amour de la danse qui deviennent des histoires d'argent, les *more*, les plumes teintes achetées à prix d'or à Honolulu. Mais c'est aussi un fin connaisseur sachant rendre hommage à la beauté du geste... Il n'hésite pas à expliquer les subtilités de langage aux béotiens que nous sommes. Ainsi l'*aparima* exprime une grande variété des gestes de la vie quotidienne. L'*o'tea*, danse des guerriers, est rythmée par "le bref coup de ciseaux des jambes du danseur". L'*hivinau*, large ronde s'inspirant des manœuvres de cabestans scandées par le cri *"Heava-ho"* sur les bateaux de Sa Gracieuse Majesté. N'oublions pas la chaude danse *pao'a* qui met en scène un couple homme-femme aux gestes évocateurs qui ne dépareraient pas dans la littérature *trash* actuelle, mais qui les firent qualifier "d'incontestablement obscènes" par les missionnaires du XIXe siècle...

Le spectacle est magnifique : hautes coiffures de plumes bougeant à peine, envol des jupes de *more* autour des hanches qui vibrent, pieds immobiles et seins blottis dans les demi-noix de coco de l'*apea titi*. A la lumière des projecteurs, on aperçoit de grosses gouttes de sueur patinant des peaux cirées au monoï et les regards remplis d'extase. Dans l'ombre des gradins, des larmes coulent sur les joues du public, saisi par l'émotion intense... Papillons éphémères, jupes d'*auti* ne durant guère qu'une semaine, couronnes et colliers de fleurs qu'on crée et recrée tous les jours, passé pris au piège de l'avenir.

L'orchestre est essentiellement composé d'instruments à percussion. Le *toere* est un instrument de musique originaire des îles Cook. Creusé dans du bois de rose (en langue véhiculaire bois de *pou*), c'est un tambour sans membrane. Disposé verticalement, il est tenu d'une main et frappé de l'autre avec une seule baguette : c'est le *toere hoe*. Disposé horizontalement sur un petit chevalet et frappé avec deux baguettes : c'est le *taïri piti*. Derrière, dans l'ombre, résonnent les *tari parau*. Ce sont de grosses caisses à doubles membranes posées sur chevalet. Les *pahu*, gros tam-tam de cérémonie tendus de peau de requin ou de chien, aujourd'hui remplacée par celle de veau, les accompagnent.

C'est sur cette estrade élevée face à l'embarcadère que chaque soir l'Heiva retrouve le rythme d'un cœur arrêté par l'Occident**. La danse et le chant y palpitent comme les deux principes fondamentaux de la vie. On fouille à cœur perdu dans un passé enfoui, on va jusqu'à corps nu comme cette grande danseuse qui un soir jeta son *apea titi* pour danser libre, comme le faisaient autrefois ses ancêtres, sans *tapu* mis sur l'amour.

Durant l'Heiva trois autres tentatives de *revival* ont lieu sur l'île.

Le *marae* d'Arahurahu est la scène de reconstitutions historiques des grands événements du "Tahiti aux temps anciens". Raymond Graffe y ressuscite les grandes cérémonies sacrées du passé. En 1998, on y a consacré le mariage d'un descendant d'*ari'i*. L'année suivante, on a célébré l'enfant-roi qui en naquit... Et, en l'an 2000, ce fut le rite accompagnant le passage à l'adolescence... Evidemment, une chose manque : le sacrifice humain... Une onde magique traverse le public, les pierres transpirent leur passé, miroir d'un inconscient universel.

A Mahana Park, les cérémonies de la marche sur le feu font le plein. Raymond Graffe, le grand prêtre, toujours lui, y maîtrise le feu.

La veille, lui et ses assistants ont préparé le four... Des bûches d'*aïto*, l'arbre de fer, le bois sacré, se sont consumées pendant vingt-quatre heures. Les pierres volcaniques chauffent à blanc et, à la nuit qui tombe, le four est entouré par des bouquets de feuilles d'*auti*, plante sacrée, plante à vivre dans la beauté des choses... Les *pahu* se mettent en place. Les danseurs ouvrent la cérémonie de l'*umuti*.

Raymond, le *tahu'a*, genou à terre, corps écrit de tatouages racontant ses exploits, implore le dieu du feu dans la langue qui lui fut contemporaine, parle aux flammes qui dansent entre les pierres.

Puis, pieds nus, lentement il s'engage sur les cailloux brûlants, chasse le démon du feu à coups brefs de branches d'*auti*. Le public le suit, lui aussi pieds nus. Femmes enceintes ou qui ont leurs règles, ceux qui ont bu de l'alcool doivent s'abstenir... Mystérieusement, plus de cent cinquante personnes marchent sur le feu sans se brûler. Lorsque le dernier candidat a traversé, Raymond s'adresse à nouveau au dieu du feu pour qu'il referme "la fournaise aux hommes"... Sur les pierres rougies, il jette une brassée de palmes sèches qui s'embrasent pour saluer la brûlure des pierres et les flammes revenues.

Pendant l'Heiva, se tient un marché de l'art. Ils sont venus de partout, vanniers des Australes, sculpteurs des Marquises, graveurs de nacre des Gambier et bijoutiers en coquillage des Tuamotu. Une échoppe travaille à plein temps : celle du tatoueur revenu à une mode planétaire.

Enfin, arrive le 14 Juillet. A côté du monument aux morts, l'estrade de l'avenue Bruat retrouve les officiels du 29 juin. A droite de la tribune d'honneur, panoplie de médailles pendantes, les anciens combattants lèvent leurs drapeaux. Parfois l'un d'entre eux porte son béret de commando... Beaucoup arborent fièrement l'insigne du bataillon du Pacifique. Ce sont les derniers survivants des volontaires ayant quitté leur île, leur soleil et leurs plages pour combattre au cours de la dernière guerre et voir leurs camarades mourir dans la poussière du désert de Bir Hakeim.

Cette fois, c'est la République qui invite. La garden-party se déroule dans les jardins du haut commissaire. Les mamas l'invitent à danser le tamuré et, sur toutes les îles de Polynésie-Française, les enfants des écoles défilent en chantant *La Marseillaise*...

---

* Depuis deux ans ces dernières manifestations se déroulent également dans les jardins du musée des îles.
** Depuis quelques années, les festivités ont lieu au bout de la plage dans les bâtiments tout neufs de la place des Arts. L'ambiance a changé... Le banc de la presse s'est agrandit.

CHAPITRE 7

L'ARCHIPEL DES AUSTRALES

L'archipel compte cinq îles habitées : Rimatara, Rurutu, Tubuai, Raïvave et Rapa, égrenées d'ouest en est, à cheval sur le tropique du Capricorne*.

Surgissant de mers plus fraîches et gisant sous des ciels moins vifs que les autres îles de Polynésie, les Australes surprennent par un air d'ailleurs. Dès l'arrivée, on y est happé par une certaine fraîcheur, un entre chien et loup de tons subtils, un air de campagne normande égarée sous les tropiques.

Son peuple y est resté confit dans une solitude créatrice d'une superbe culture endémique. Vaincus lors d'une guerre tribale à Tahiti, ces cultivateurs montagnards débarquèrent sur ces terres fertiles au hasard de leur fuite... Paysans, ils sont restés paysans. Mystiques païens, ils sont restés mystiques tout en s'étant convertis à un protestantisme fervent. Cependant, demeurent accrochés à leur âme des lambeaux d'un passé remuant toujours dans les vestiges de *marae* grignotés par la forêt.

L'île de Rurutu

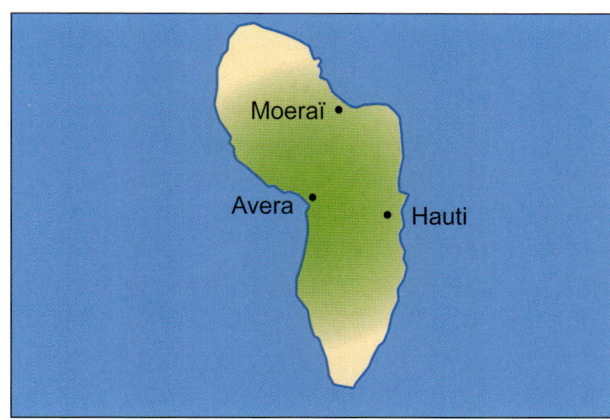

"Le rocher qui jaillit"

Nous sommes sur l'île de O'Tahiti, en l'an 900 après J.-C. Deux tribus ennemies s'affrontent au cours de l'un de ces combats sans pitié pour le perdant. Les Oropa'a, un peuple de la montagne, sont vaincus. En vue d'un exil provisoire en attendant la paix, certains survivants s'enfuient. Ils veulent gagner Moorea, l'île voisine. Mais ces agriculteurs ne connaissent rien à la mer, leur pirogue prend carrément le chemin inverse à celui voulu.

Neuf jours passent, à la dérive... Ils atteignent une île inconnue. Pendant deux jours, deux nuits ils restent à l'écoute. Ils n'entendent que des cris d'oiseaux hachant le silence et l'océan qui respire. Ils osent alors s'aventurer sur cette île étrange. Seules traces de vie passée : dans des grottes, des fossiles d'animaux marins. Seules traces de vie présente : des oiseaux et une végétation vigoureuse.

Rurutu, c'est une Atlantide à l'envers. Un destin géologique atypique y a bâti un relief fantasque, une sorte de monstre mal accouché, comme la vérité seconde d'un paysage déformé par l'imaginaire d'un peintre cubiste.

Installé sur un plateau volcanique vieux de 70 millions d'années, un point chaud déchire l'écorce terrestre. Il y a 12 millions d'années, après une enfance sous-marine, le volcan émerge, travaille à ses vallées et à sa barrière de corail tout en voyageant tranquillement, direction nord-ouest. Mais survient l'accident, l'île volcanique passe sur l'enflure d'un autre point chaud qui la soulève de 150 mètres, hisse son récif engendrant ainsi de hautes falaises, formant un bouclier qui protège du vent une plaine intérieure fertile. Pour achever le tout, les laves d'une nouvelle éruption se déversent, labourant les roches anciennes et le calcaire du corail, dessinent un paysage en noir et blanc. C'était il y a un million et demi d'années.

---

* 1 300 kilomètres séparent les îlots Maria et Maotiri qui ouvrent et ferment cette chaîne volcanique.

Le 13 avril 1769, James Cook découvre Rurutu. Mais des côtes sauvages et l'agressivité des insulaires l'empêchent d'aborder.

En 1821, pour échapper aux razzias de Chiliens en quête d'esclaves, les Rurutu songent à déménager. Auura, fils cadet du chef de l'île, part à la tête de vingt-cinq insulaires pour une reconnaissance, direction Tubuai. Ils sont sur le chemin du retour quand une violente tempête les repousse jusqu'à l'île de Maupiti. De là ils partent à Raïatea. C'est sur l'île sacrée que le choc d'une rencontre va révolutionner leur société.

Nous sommes le 6 mars 1821. Pour la première fois, les païens des Australes sont face à des missionnaires de la London Missionary Society. Les protestants leur apprennent à lire, leur enseignent le catéchisme, les persuadent de l'existence d'un dieu bon et unique. Au bout de trois mois, les paysans rurutu sont capables de lire l'Evangile selon saint Matthieu. Forts de cette foi nouvelle, Auura et ses hommes retrouvent le *fenua*. Le 8 juillet 1821, ils débarquent à Rurutu. Sitôt à terre, les convertis n'ont qu'une hâte : que les leurs adoptent ce nouveau dieu, bon et unique mais sans visage... Ce qui s'avère impossible pour un peuple dont le repère est l'image. Les Rurutu ne croient que ce qu'ils voient ? Alors, on va donner forme à un dieu qui n'en a pas, une forme au syncrétisme parfait. Si ce *tiki* ne ressemble à personne, il porte un nom bien connu : A'a, le dieu supérieur du panthéon ma'ohi qui créa la terre en une nuit. Le visage porte un masque sans regard. Deux jambes courtes supportent un torse long. Des personnages minuscules grimpent à l'assaut de ce corps énigmatique. Au nombre de trente, ils incarnent chacune des familles de l'île ainsi que la Trinité chrétienne. Dans une cavité intérieure, vingt-quatre autres figurines personnifient les dieux païens reniés.

Les dieux ne manifestant pas leur colère, les Rurutu en concluent que le nouveau dieu est bon. Aussitôt, ils remplacent le *marae* par le temple protestant, le *tau'a* par le pasteur. Les idoles sont brisées, envoyées au musée de l'oubli ou à celui de Londres telle celle d'A'a*...

---

* L'original de la statue est aujourd'hui exposé au British Museum à Londres. Un missionnaire évangéliste de la London Missionary Society, John Williams, l'a castré, jugeant le sexe trop obscène. On a proposé de rendre cette statue à son île d'origine, mais les Rurutu ont refusé, sous prétexte qu'on ne reprend pas un cadeau. Ils n'ont accepté qu'une copie en plâtre, enfermée dans un placard de la mairie.

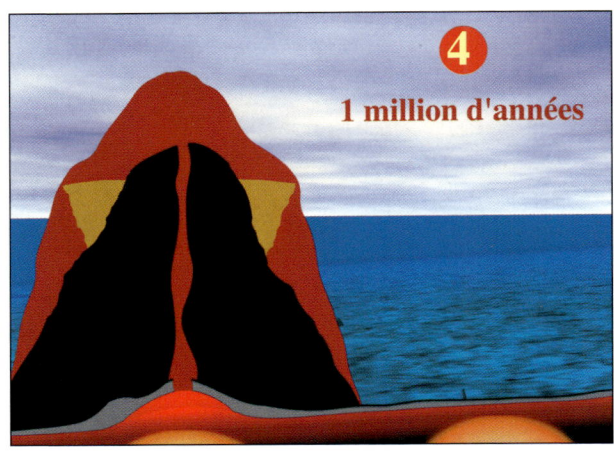

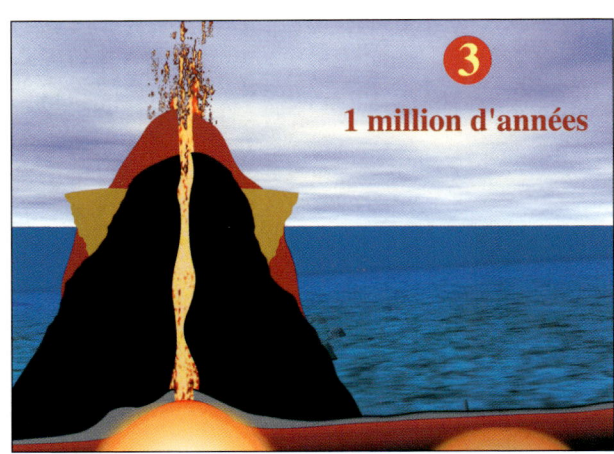

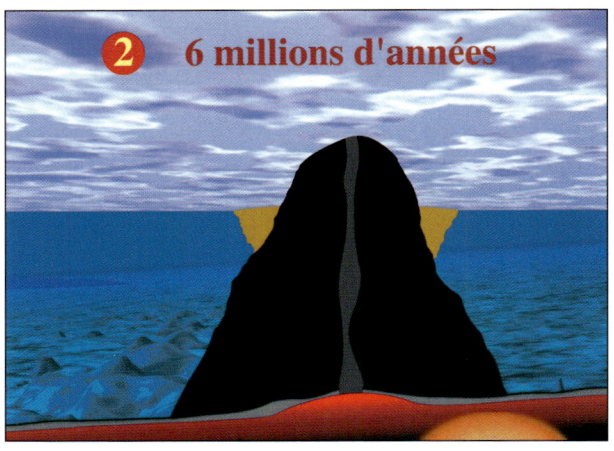

Page 128
La grotte Mitterrand

Par un hasard extraordinaire, l'île de Rurutu repasse sur un point chaud qui la soulève tout entière de cent cinquante mètres.

En 1821, les premiers missionnaires arrivent en terrain conquis. Aujourd'hui, 90 % de la population australe est restée protestante... Les pasteurs polynésiens manient avec aisance les subtilités de la communication avec leurs concitoyens. Mais, pendant près de mille ans, les Rurutu ont attribué une origine surnaturelle à la nature et à la maladie. Ils ont assimilé le malheur à une punition des dieux pour avoir violé un *tapu*. Si bien que dans l'inconscient collectif, la peur des *tiki*, le respect des *tapu* sont restés vivaces. Une idole sommeille toujours dans la mémoire de ce peuple au mysticisme exacerbé. A l'image des anciens prêtres, les pasteurs ont un pouvoir de décision politique. En 1889, ils ont convaincu les chefs de Rurutu et de Rimatara d'accepter le protectorat, puis, en 1900, l'annexion française.

Moeraï

Un village tranquille

A l'aéroport, Yves Gentilhomme, un *popa'a* aux yeux clairs et à l'allure bonhomme, nous attend. Dans l'air, le parfum des couronnes de *tiare* et d'ananas piquées de *miri* ont un goût de dessert. Sous un ciel blafard, des champs de pommes de terre s'étalent à l'infini, on dirait que la terre va s'évanouir. "C'est ce qu'on appelle un temps cyclonique", nous apprend Yves.

Naïves et coquettes, les maisons badigeonnées de blanc se fardent de bleu et de rose. Dehors à l'abri des auvents, on s'affale dans de gros fauteuils d'osier pour regarder les tombes plantées sous les arbres à pain du jardin. Aux fenêtres, les rideaux montrent leur beau côté fleuri aux passants. "Ici, tout est extérieur, continue notre guide qui tient cette connaissance intime de l'île d'une épouse rurutu. "La première fois que j'ai vu Hélène poser des rideaux, je lui ai fait remarquer qu'elle les mettait à l'envers. Mais elle m'a répondu qu'on faisait comme ça parce que c'étaient les passants qui les voyaient."

Dans le village, on peut magasiner dans trois "supermarchés" miniatures se vidant et s'emplissant au rythme de l'arrivée des goélettes. Devant, chapeau sur la tête et panier de pandanus à la main, des mamas commentent l'actualité du jour, appuyant leurs dires par des haussements de sourcils. Yves semble fier de nous annoncer que "tout est oral ici. Sur 2 015 habitants, on ne vend que trois journaux par semaine..."

Bleu et blanc, couleurs de pureté et de ciel, un long temple tend son clocher vers des nuages en panne.

Une route se tortille jusqu'à un minuscule cimetière. Quelques dalles blanches y sont alignées sagement. Sur l'une d'entre elles, pas d'épitaphe. Seuls, un nom et une date : Eric de Bishop - 1891-1958. Eric de Bishop fut gouverneur de Rurutu. Passionné par les hypothèses de Thor Heyerdahl, il entra dans la peau du héros et se laissa dériver sur un bateau de bambou pour prouver que les Ma'ohi étaient venus d'Amérique... Au cours de plusieurs expéditions sur son fidèle *Kon-Tiki*, il parcourt l'océan en solitaire et compose un ouvrage sur les vents et les courants d'Amérique. Echoué sur un récif des îles Cook, il meurt noyé sous son radeau. Son mémoire s'envole au vent du large. Sa dépouille est rapatriée à Rurutu où sa maison a été emportée par un cyclone. Taaria, son épouse, n'a pu respecter sa dernière volonté : à savoir être enterré sous les dalles de sa bibliothèque. Du héros, de ses rêves et de son œuvre en mer, ne reste qu'une page blanche : une dalle de cimetière avec un nom... deux dates... Entre les deux, vide et silence... comme pour une vie ordinaire.

Au bout de la rue principale, le drapeau bleu-blanc-rouge claque sur le mur blanc de la gendarmerie. Dans l'apparente ataraxie de l'île, on pourrait penser que les pandores doivent y mourir d'ennui. Eh bien non... Ils sont débordés par la traque au cannabis, appelé ici *pakalolo*... Sur cette terre aussi fertile pour le *pakalolo* que

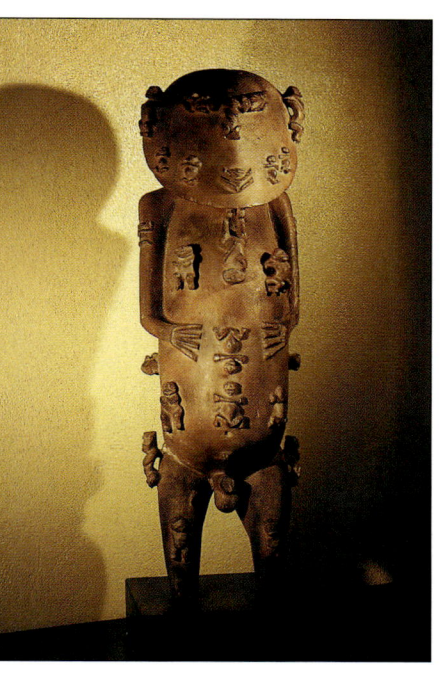

Haut
Le tombeau du roi

Bas
La statue d'A'a (copie en plâtre dans les locaux de la mairie)

La baie d'Avera

pour la patate, il paraît que la meilleure herbe du monde pousse... et qu'elle serait quatre fois plus forte qu'ailleurs...

La mairie est blanche, le maire est chinois. "Ici, on l'appelle *tavana* nous explique Yves, c'est-à-dire chef. Quand il dit quelque chose, ça ne vient pas à l'idée de discuter. La ceinture rouge des *ari'i* a été remplacée par la tricolore de la République. On n'a fait que changer de costume."

Le tour de l'île...

Nous roulons direction nord pour longer les 32 kilomètres du tour de l'île. A la sortie du village, un sentier grimpe vers une plantation de taro. Une terre fertile, une ascendance paysanne et la robustesse d'un peuple extrêmement physique ont prédestiné Rurutu à devenir le potager de Tahiti et ses îles...

Avec l'arbre à pain, le taro est l'aliment de base du Polynésien. Ses plants faisaient partie des bagages des premiers migrateurs. Ses champs tapissent le fond des vallées humides de Rurutu.

Atteignant la tarodière, nous voyons des torrents détournés vers des fossés encerclant des cultures en terrasse. Un fragment de passé ma'ohi semble s'être égaré dans le présent d'un champ de terre mouillée. Outil primitif, noblesse de gestes ancestraux... Un planteur recueilli travaille dans un silence aussi épais que la terre. Son long plantoir de bois frappe le sol pour y creuser des trous où il enfouit des rejets. Terre et palmes les protègent de la brûlure du soleil. La récolte ne s'effectuera que dans huit à quatorze mois.

Dans le taro, tout se mange, depuis la feuille nommée "épinard de Polynésie" jusqu'au tubercule. Il en existe deux variétés, rouge et jaune. On prétend que ce dernier est le meilleur... Le taro est très riche en vitamines et en oligoéléments.

Quelques kilomètres plus loin, un sentier grimpe parmi des plants de tabac sauvage, et débouche sur une esplanade où s'épanouissent des plantes à larges feuilles. "C'est l'*ape*, une variété de taro sauvage. Les anciens tiraient du sucre de ses racines", nous dit Yves. Derrière, une grotte apparaît. Elle est immense... Virtuel et réel se confondent dans ce lieu fantasmagorique. Idoles taillées par les dieux de la nature, bestiaire grimaçant pendant du plafond ou répandant son ombre sur le sol, Iti réfugié au pied d'une colonne tortueuse... Les fidèles d'un temple amphibie semblent avoir été pétrifiés alors qu'ils jouaient à cache-cache. En corail et calcite, tout un univers fantasque s'anime sous nos yeux. Autrefois, la grotte s'appelait Te Ana-A'eo, "malsaine", car elle abritait Oro, le dieu sanguinaire. Mais, depuis 1990, elle s'appelle Mitterrand, à cause du dernier chef pour lequel les Rurutu sont venus y danser...

Des cocotiers aspergent de leurs ombres délicates les vestiges du site archéologique de Vitariai. C'est le *marae* de la dernière famille royale de l'île, propriété privée de ses descendants. Il nous a fallu obtenir leur autorisation pour le visiter.

Les traces de soixante-dix habitations se dissimulent sous une végétation touffue Des monolithes triangulaires encerclent nettement le *marae* principal... Et on imagine les *ari'i* qui s'appuient à ces dossiers faisant bouclier au cas où un ennemi les attaquerait. Ils sont coiffés des plumes rouges de pailles-en-queue. La réunion est sacrée, ils discutent et boivent le kava, "la trouble boisson brune, amère et fade, qui brise les membres, mais excite aux nobles discours" (Segalen).

Aujourd'hui les Rurutu semblent ignorer ces lieux. Ils prétendent qu'ils appartiennent au temps de l'obscurité, alors que l'île était encore dans le *poiri fee*, le "noir de la pieuvre". De ce passé l'Occident leur a donné la honte pour l'éradiquer. Mais, cependant, quelque chose de têtu, une crainte confuse sont toujours attachés à cet endroit qu'ils évitent de pénétrer.

Plus loin, les traits rouges des toits d'Avera barrent la marge d'une baie éblouissante. Tons de métal, craquements d'eaux-fortes sur la terre... Sauvage, l'océan galope, s'effondre en avalanche de neige, puis se déplie sur la plage pour se défroisser au pied des falaises. La mer remonte en poussière jusqu'aux cocotiers usés de la colline. Les pailles-en-queue se décrochent de la falaise, repoussent l'air de leurs ailes blanches, puis planent et font royalement glisser leur queue rouge sur une mer écorchée de soleil. Le soir, les pêcheurs reviennent du large, et tirent leurs pirogues de manguier sur le sable. Dans l'eau jusqu'à mi-cuisses, ils lancent leur épervier comme pour rattraper le soleil qui tombe... Et ramènent des "poissons papillons" flamboyant dans les filets.

Le plateau de Tetuanui coupe la montagne Manureva. A flanc de coteau, on peut y voir deux grottes béantes. L'une d'entre elles fut habitée par Ina, la dernière cannibale de l'île. La légende raconte qu'elle dévorait les enfants qui s'aventuraient dans la montagne pour y chercher les roseaux destinés aux toitures. Mais un enfant qu'elle avait attaché dans sa grotte se mit à chanter tant et si bien qu'Ina s'endormit et que l'enfant en profita pour s'enfuir. C'est ainsi que la population d'Avera découvrit son repaire et la captura. Sa grotte était remplie d'objets artisanaux, en particulier des vanneries tressées en feuilles de pandanus. Pressée par les femmes rurutu, Ina leur apprit l'art du tressage.

Depuis, fièrement campés sur des racines comme fabriquées par un enfant, les pandanus envahissent les collines de l'île. Le tressage de leurs feuilles constitue l'activité principale des femmes de l'île. Leurs journées sont occupées à assouplir et tresser ces feuilles pour en tirer des œuvres d'art. Dans les rues, tout le monde porte panier et chapeau comme deuxième maison.

Dans la cour de l'école primaire d'Avera, gît une énorme marmite retournée, qui ressemble aux marmites des cannibales des bandes dessinées. L'épaisseur de la rouille témoigne du temps passé depuis sa dernière utilisation : 1957... Rassurons-nous, elle ne servit pas à la cuisson de voyageurs égarés, mais à la préparation de la graisse de baleine.

Chaque année, de juin à septembre, les baleines à bosse remontent de l'Antarctique pour accoucher dans les eaux plus clémentes de Polynésie. Les baleiniers y affluèrent pour se livrer à des carnages à faire rougir la mer. Ceci jusqu'au jour où le mot "écologie" devint synonyme d'éthique. Le génocide des cétacés alerta l'opinion publique. En 1957, leur chasse fut interdite dans les Australes.

Au cours de notre séjour, nous avons eu la chance de rencontrer le dernier chasseur de baleines de Rurutu.

Un petit homme chétif arrive, tanguant sur des béquilles, "pour avoir trop bien vécu", nous apprend sa fille. Son chapeau de pandanus s'enjolive de fleurs en plastique. Pour la photo, on aurait aimé plus sérieux, un truc du genre "bonnet pêcheur d'Islande". Mais le vieil homme de la mer est têtu, il tient absolument à son chapeau fleuri. Hélène, la femme d'Yves, nous traduit ce qu'il raconte en rurutu : "C'est avec ce chapeau-là que j'ai pêché toutes mes baleines !" Alors, allons-y pour nos questions naïves :

— C'est bien de ne plus pêcher les baleines !...

Regard malicieux, le pêcheur ramasse toutes les rides de son visage en pompon :

— C'est pas bon d'aller voir la bête. Il faut la tuer et la ramener pour manger... Nous, on ne tuait qu'une baleine par an. On la séchait au soleil. Elle nous nourrissait pendant six mois ou plus... Quand il n'y avait rien d'autre à manger, on était bien contents d'aller aux champs avec nos sacs de baleine. Maintenant, vous gagnez de l'argent en emmenant des gens plonger avec la baleine... ça fait fuir les bêtes, elles ne vont plus se reproduire...

— Combien étiez-vous par bateau ?
— On était douze à bord, dix rameurs et deux chasseurs... Moi, j'étais harponneur. La dernière baleine de 1957, c'est moi qui l'ai tuée... C'était un monstre qu'il fallait sortir de l'eau ! Elle pesait des tonnes et des tonnes... On en a gardé une partie pour la fête du Mê, et, cette année-là, on l'a appelé la fête le Mê toora, le "mai de la baleine*".

Quand, au bout des branches de l'arbre à baleines, les fleurs prennent une couleur de sang, c'est le signal de l'arrivée des cétacés. Au large, on les voit qui émergent comme des îles nouvelles. Elles crachent leur long geyser puis... replongent...

Des lis de mer brocardent une plage sertie de basalte noir. Une vache attachée à un cocotier y rumine tranquillement. Juste avant le village de Moerai, stalactites et stalagmites barricadent l'entrée d'une grotte où des pailles-en-queue se chamaillent en paix.

Les grandes fêtes

Pour le Nouvel An, les Rurutu partent en pèlerinage autour de l'île se recueillant sur chaque lieu de mémoire. Un ancien y raconte le mythe, et l'histoire liés à l'endroit : les dieux qui y vécurent, les mariages, les naissances et les morts, les exploits des guerriers ou les baleines pêchées. La parole circule, ouverte, orale, jamais finie et jamais arrêtée... Les récitants évoquent leur généalogie, leurs ancêtres déifiés, leurs vies et leurs exploits chaque fois déformés par une rumeur qui court et alimente la légende.

Comme semées par un Petit Poucet genre Gulliver, d'énormes pierres marquent le chemin. Au temps de la pieuvre, deux d'entre elles ont appartenu au dieu inventeur du "lever de pierre" (voir encadré, p. 122-123). Ses descendants en ont hérité. En dehors du jour sacré, la cabane où elles sont enfermées est *tapu*. Interdit à quiconque d'entrer ! Nous avons pu le vérifier nous-mêmes le jour où nous avons insisté grossièrement pour photographier les pierres. A l'entrée du sentier conduisant à la cabane, fait exceptionnel sur une île où même les maisons n'ont pas de clé, un cadenas fermait la corde barrant l'entrée du chemin.

Autres manifestations indispensables au bon fonctionnement de l'âme rurutu : les fêtes du Mê. Syncrétisme de rites anciens et protestants, cette tradition remonte à la création de la London Missionary Society. Nous sommes un soir de septembre 1791, perdus dans le brouillard du cœur de Londres. Des pasteurs sont réunis dans une auberge. Ils décident de fonder une société pour aller faire du prosélytisme à Tahiti. Les missionnaires doivent suivre leur instinct, être libres de "leur conscience et de leurs gestes". Leur finalité n'est pas d'importer les rites et les dogmes d'une Eglise réductrice. Ils doivent se limiter "à proclamer l'Evangile glorieux de Dieu".

Chez les Ma'ohi, la huitième lunaison enfantant "le temps de l'abondance" était prétexte à de grandes fêtes sacrées : l'Oroa. On faisait des offrandes aux dieux, on organisait des jeux entrecoupés d'orgies. Cette période de festivité coïncidant avec celle de l'offrande du calendrier des Eglises chrétiennes du Pacifique, l'Oroa devint l'Oroa Mê.

Chaque dimanche de mai, une paroisse invite les délégations de toutes les autres. Chacune a son uniforme et ses couleurs. Les paroissiens pénètrent en chantant dans un temple vide et silencieux qui peu à peu s'égaie. Les enfants des écoles sont mis en rangs précieusement serrés : petites filles modèles avec rubans et dentelles, petits garçons en chemises blanches et raie soigneusement tirée. Sur le parvis, c'est un défilé de chapeaux haute couture. Les reines du dimanche passent sans nous regarder, sous nos yeux émerveillés... Orgueilleux port de tête, ondulation de hanches, elles présentent leur chapeau de l'année. Sur le substrat vient se greffer tout ce qu'une imagination fertile peut inventer : jardins fous, coccinelles, papillons ou nids d'oiseaux. Ces chapeaux tout neufs devront durer jusqu'au prochain Mê.

Tout le monde est assis. Seuls quelques hommes restent debout dans leurs costumes

---

* C'était exceptionnel. La délégation de Tahiti, faute de bateau, n'a pu rejoindre l'île qu'au mois de juillet. C'est la raison pour laquelle les fêtes du Mê ont été repoussées et ont coïncidé avec la capture d'une baleine. (Note d'Yves Gentilhomme.)

Haut
Les fleurs de l'arbre à baleines
Bas
La grande marmite pour préparer l'huile de baleine dans la cour de l'école d'Avera

sortis de la naphtaline. Les portes se referment sur un temple plein à craquer. A l'intérieur, dans le secret, les voix cuivrées des *himene tarava* éclatent entre deux versets de Bible. Elles repoussent les murs du temple, semblant vouloir tuer le mal et la peur...

Pendant que, côté temple, les mystiques chantent, côté mer, les réalistes se "dévouent" à la longue élaboration d'un four pantagruélique. Là aussi, on reste strictement fidèle au passé. Inventé pour pallier l'absence d'argile sur les dernières îles abordées, ce mode de cuisson remonte à l'arrivée des Oro'opa à Rurutu.

La veille, une fosse gigantesque a été creusée dans la terre. Au fond, un feu de bourres de coco et de bois d'*aïto* brûle pour chauffer à blanc des pierres volcaniques.

Les mains des hommes, patientes, larges et rudes, rompues aux durs travaux de la terre, entrelacent habilement des palmes de cocotier et font naître des dizaines de petits paniers. On se taquine, on donne les nouvelles de l'année, les mariages, les naissances, les histoires de *tupapa'u* rencontrés. Entre deux anecdotes et deux paniers, on se lève pour avaler discrètement une lampée de "bière locale". Fabriqué avec la sève du cocotier, cet alcool est interdit, son abus en étant aussi dangereux pour le consommateur que pour l'arbre. On crache, on laisse tomber un juron, on envoie un coup de pied au chien jaune qui salive sur les cochons qu'on dépèce.

Les pierres sont brûlantes. Le bois qui flambe toujours est enlevé pour éviter la formation de poches de gaz. Les hommes les couvrent de troncs de bananiers battus, y déposent les paniers pleins de cochon, de poissons, de taros, d'ignames ou de *fe'i*. Le tout est hermétiquement recouvert : une couche de feuilles de *purau*, une couche de sacs de jute puis de terre jetée à grandes pelletées. Une fois le four fermé, on laisse étuver pendant dix heures.

Pendant ce temps, l'office continue. La houle des chants envahit la nef. L'étranger y entrant par hasard pourrait se croire à Wall Street. Au rythme des *himene tarava* des grappes de même couleur se trémoussent vers l'autel. Sur la bure d'une longue table, des piles impressionnantes de billets s'entassent. A chaque passage, chacun jette son obole... Derrière, diacres et pasteurs, calculette à la main, annoncent au micro : "Famille Untel a donné tant ! Famille Machin a donné tant !..." Triomphant, chacun regagne sa place, s'y époumone pour exhorter les autres groupes à donner. Primitivement, ce don reposait sur un principe de la liberté de conscience. Il fallait être libre pour donner. Malheureusement, cette belle profession de foi semble avoir été jetée aux oubliettes. Ce qui fut cadeau du cœur est devenu impôt pour l'Eglise. Les semaines précédant les fêtes du Mê, on peut voir les diacres faisant la tournée des maisons, définissant combien chacun doit donner, proportionnellement à son revenu de l'année... Certains vont jusqu'à s'endetter ou à demander des avances de salaire pour satisfaire un besoin de paraître et donner un maximum.

Seize heures, le son des cloches dégringole. Les portes du temple déversent le flot coloré d'une foule exténuée mais contente d'elle-même, heureuse...

Le four est à point, les hommes l'ouvrent à grandes pelletées. Perdus dans une fumée

Haut
La fabrication des chapeaux et de nattes en feuilles de pandanus est la principale industrie des Australes.

Bas
Le chapeau, changé tous les ans aux fêtes du Mê, pour se rendre au temple.

épaisse à l'odeur âcre, les cuisiniers en extirpent hardiment les paniers brûlants. Sous des tentes, assis aux tables immenses, les fidèles affamés attendent. Eau et jus de fruits, pas d'alcool, puritanisme oblige. Mais café au lait de coco, pour aborder une nuit qui va être longue. Les plats défilent, les mets s'empilent pêle-mêle dans les assiettes en plastique... Les doigts les aspirent du récipient à la bouche, à vitesse effarante et continue. Les estomacs semblent insatiables... Quarante-huit heures de préparation, dix heures de cuisson et quinze minutes pour avaler. On ne perd pas de temps à table. Une fois les plats vides, on part se doucher et se changer pour aller discuter ailleurs.

Dans la maison de réunion, la nuit s'écoule à refaire le monde. Le pasteur lit un verset de la Bible, interroge sur le sens du passage... Les fidèles répondent avec humour, les rires éclatent. A intervalles réguliers, les *himene tarava* entraînent les mamas dans des danses endiablées. La nuit s'écoule, s'engouffrant dans le jour jusqu'au petit-déjeuner. Lundi matin. C'est maisons ouvertes dans le village... Pasteur et diacres en tête, les Rurutu déambulent dans les rues pour visiter les *fare*. Cette coutume remonte à l'époque où les épidémies apportées par les baleiniers faisaient leurs ravages. Une mesure d'hygiène urgente s'imposa : tout nettoyer de fond en comble...

C'est un matin tout propre. Il a un air de rentrée de classe avec vêtements flambant neufs et cartables bien rangés. Pour l'occasion, on a repeint les murs, lavé les rideaux, les coussins et les couvertures. On expose son nouveau *ti faï faï*. En signe de purification, on asperge de talc et d'eau de Cologne ceux qui passent la porte du *fare*. La maîtresse de maison reçoit, assise dans un gros fauteuil en rotin. Sur ses murs ravivés de bleu, elle a raccroché les colliers de coquillages et les images votives. Dans la cuisine, un buffet se dresse avec des piles et des piles de gâteaux faits maison. C'est *Alice au pays des merveilles* ! Chacun se sert à sa guise, et il n'est aucunement déplacé de repartir avec un gâteau dans son sac.

Fin mai, Rurutu retrouve son calme. A nouveau, on n'entend plus que la rumeur de la mer, les coqs qui chantent n'importe quand et le tempo du plantoir à taro dans les champs. Le prochain événement va advenir au large de la côte, sur l'océan. A la fin du mois de juin, nous serons tous à l'écoute de la respiration des baleines, venues donner naissance à leurs petits...

Le *pakalolo*

On pourrait croire que les gendarmes de Rurutu mènent une vie tranquille, sans beaucoup de contraventions à glisser sous les parebrises. Il n'en est rien, car depuis quelque temps les plantations de *pakalolo* se multiplient.

De tout temps, on a cultivé le cannabis dans presque toutes les îles de la Polynésie. Celui-ci était destiné à une consommation locale. Mais, aujourd'hui, c'est devenu un fléau territorial. Le cannabis des Australes et celui cultivé aux îles Marquises sont de très bonne qualité au dire des connaisseurs. Conséquences, la demande augmente, les plantations foisonnent et le trafic devient florissant. Le *paka* quitte l'île à bord des goélettes au milieu des tomates et des taros ou à bord de voiliers qui croisent la nuit au large.

Les gendarmes font appel aux hélicoptères et à l'armée pour ratisser systématiquement les îles. Généralement, les plantations sont bien cachées sur les versants des montagnes inaccessibles, au milieu d'autres cultures. Les gendarmes travaillent sur renseignements ou sur photos. Un vélo, un scooter trop neuf attirent l'attention....

Découverte, la plantation est arrachée, puis brûlée. A Rurutu, en avril 2002, "les gendarmes saisissent 7 000 pieds de *paka* allant de 1,5 mètre à 4,5 mètres" (*Tahiti-Pacifique* n° 133).

Un jour, dans une île dont je tairai le nom, mon ami Zoltan part dans la montagne à la recherche d'un endroit propice pour filmer un *marae* qui se trouvait en contrebas au bord de mer. Pendant ce temps, je cherchais les points de tournage à l'intérieur des différents *marae*.

Nous communiquions par talkie-walkie... Tout à coup, Zoltan m'appelle :

"Apporte ta caméra, j'ai trouvé quelque chose..."

Malheureusement, je n'ai ni caméra, ni appareil photo. Nous étions partis en repérage.

Mais je monte pour voir. Bien cachée, au milieu d'une clairière, une petite plantation de *paka* est aménagée, répartie dans une quinzaine de pots de fleurs.

Nous ne touchons à rien et repartons avec la ferme intention de revenir l'après-midi. A 14 heures tout est prêt. Mais plus de pot de *paka*. Tout a été emporté et certainement bien caché... Le propriétaire a sans doute repéré notre manège le matin et a tout fait disparaître.

Le repas de toutes les délégations pour les fêtes du Mê

Page 136 :
Préparation du grand four polynésien
Préparation des corbeilles en feuilles de cocotier pour accueillir la viande
Découpe du cochon

Découverte, saisie et destruction de plants de paka-lolo *par les gendarmes de Rurutu.*

Les baleines jubartes

Les cétacés se reconnaissent à leur souffle. Ceux que l'on observe à Rurutu sont ceux des baleines, encore appelées mégaptères. Elles arrivent des eaux fraîches de l'Antarctique où elles se sont gavées de plancton. Elles peuvent mesurer de 15 à 18 mètres de long et peser quelque 50 tonnes... Sans aucun effort, grâce leur queue plate et à des nageoires pectorales pouvant atteindre 4,5 mètres, elles ont nagé sur des milliers de kilomètres à la vitesse moyenne de 16 kilomètres-heure pour venir se reproduire dans les eaux tropicales..

Dans l'hémisphère sud, avant le carnage des baleiniers, on estimait leur population à 150 000. Elles n'étaient plus que 3 000 dans les années 1930.

Rurutu étant une île sans lagon, c'est l'étape idéale pour contempler leurs ébats depuis des observatoires installés sur la corniche, ou partir en mer avec des connaisseurs pour nager avec elles.

Chaque matin, un *marara* du Raie Manta Club embarque une cargaison de curieux fascinés par ces mammifères aussi étranges et pourtant proches de l'homme...

"Surtout, il ne faudra pas les déranger, prévient notre guide. Pour les aborder, il nous faudra anticiper leur chemin... Vous descendrez précautionneusement dans l'eau."

Soudain, nous apercevons les geysers. Le bateau s'arrête. Avec les gestes délicats d'une maman se penchant sur un berceau, nous descendons dans l'eau, avalons un grand bol d'air... et plongeons en apnée. Majestueuses et souples, elles sont là devant nous, avançant par groupes de deux ou trois. Dans la transparence de l'eau, on discerne nettement leurs larges têtes couvertes de ces excroissances que les baleiniers comparaient à des boulons servant à verrouiller leurs mâchoires. En fait, sur chacune de ces verrues, un poil tactile enregistre les différences de pression, sorte de radar signalant la présence d'un obstacle à l'animal. Langoureuses, elles se retournent, exposent leur ventre blanc aux longues nervures, puis repartent et disparaissent sur un dernier signe de leur queue puissante...

Le nom de "baleines à bosse" leur vient de la protubérance située derrière leur tête. Elles doivent celui de "baleines chantantes" à de mystérieux dons de musiciennes. La jubarte est l'unique animal à savoir composer un chant. Ne possédant pas de cordes vocales, elle se met à la verticale se servant de son système respiratoire comme d'un instrument et les sons sortent par son appendice nasal.

Seul le mâle chante. On pense que c'est un chant d'amour pouvant se propager à plus de cent cinquante kilomètres pour attirer la femelle. Au début

Les baleines mégaptères arrivent...

Les jeux des mégaptères (© Michael Pool)

Une baleine et son baleineau dans les eaux de Rurutu (© Michael Pool)

de la saison de reproduction, le mâle dominant reprend son chant de l'année précédente, puis peu à peu le transforme... Et la nouvelle partition est reprise par tous les mâles de la zone ! Une équipe australienne a observé un phénomène étonnant : d'une année sur l'autre, les chants évoluent et ne sont jamais les mêmes. Il semble donc bien que, seul animal à posséder une culture musicale, la jubarte créerait son propre chant, puis le diffuserait "comme un tube musical que la terre entière se mettrait à chanter"...

Ce matin, deux baleines jouent dans une faible profondeur d'eau cristalline. Le couple est tellement absorbé qu'il en oublie notre présence. Le mâle se tient à la verticale pendant que la femelle nage tout autour. Nous entendons clairement le chant étrange et subtil de l'amoureux envoûtant sa compagne : vocalises mêlant graves et aigus, sons de trompette et accents de clarinette, vibrations, mélodies et cacophonies... en d'infinies variations. L'hypothèse la plus crédible voudrait que les mâles d'un même bassin reproduisent le même chant après l'avoir appris. Les chants seraient alors transmis sur de longues distances par l'intermédiaire d'un canal océanique profond : les baleines jubartes auraient-elles une culture musicale ?

Un certain matin, nous plongeons sur le chemin d'une baleine que nous reconnaissons aux dessins de sa queue et que nous savons là depuis une semaine. Jusqu'alors elle était solitaire et, ô miracle, ce jour-là un bébé l'escorte, virgule blanche et minuscule qui copie sa grâce et sa souplesse... Vu sa taille, il a dû naître la veille ou l'avant-veille. La jeune maman vire gracieusement près de nous, fière d'exhiber son nouveau-né. Spectacle venu des origines... Tant de tendresse dans un si gros corps animal... Derrière les masques, nos yeux s'embuent de larmes.

Les baleines chantantes mettent bas tous les deux ou trois ans. La femelle éduque le petit pendant un an. Durant les six à sept premiers mois, le baleineau absorbe 400 litres de lait quotidiens (le plus riche de tous les laits de mammifères), et grossit de 90 kilos par jour. Il acquiert ainsi la force nécessaire pour accompagner sa mère dans les eaux moins clémentes de l'Antarctique, où il se nourrira de plancton.

L'année prochaine, notre jeune maman ne fera qu'une escale aux Australes. Elle prolongera sa course, remontera jusqu'à Tahiti et même parfois jusqu'aux Tuamotu pour apprendre la route fantastique à son baleineau. Dans ces eaux plus chaudes, ils vont cohabiter avec d'autres mammifères marins : les dauphins. Mon ami Michael Pool est un éthologiste américain installé à Moorea depuis plusieurs années pour étudier le comportement des mégaptères. Il m'a fait cadeau d'un document extraordinaire filmé au large de Moorea : une baleine mâle à la verticale en position de parade amoureuse entourée d'une nuée de femelles dauphins attirées par son chant...

---

* "Le Conseil des ministres du gouvernement de la Polynésie-Française a approuvé, le mardi 7 mai, la création d'un sanctuaire de baleines et mammifères marins. Ce sanctuaire, issu du projet de Michael Pool, couvre à la fois les eaux intérieures, la mer territoriale et toute la zone économique exclusive, soit environ quatre millions de kilomètres carrés. Ce sanctuaire a pour objectif de préserver le patrimoine naturel exceptionnel que possède la Polynésie et d'y protéger la reproduction des cétacés."

(*La Dépêche*, 16 mai 2002. Note de mon ami Yves Gentilhomme.)

Le dernier harponneur de baleine de Rurutu

Baleine et baleineau (© Michael Pool)

CHAPITRE 8

L'ARCHIPEL DES TUAMOTU

Une proche Atlantide

Un Paumotu nous a raconté que des ethnologues y avaient découvert une ancienne pirogue double. Ils l'ont photographiée et quand ils ont développé la pellicule cette dernière s'était mystérieusement effacée. Un autre, *farani* celui-ci, nous avait prévenu : là-bas à part si on fait de la plongée, il n'y a rien à voir… Rien à voir ? Pas si sûr si, comme ces gens, on entend ce qui ne s'entend pas, on voit ce qui ne se voit pas.

Minimalisme de la terre, ellipses d'îles jetées sur les labours d'un océan animal, le paysage est purement abstrait. Mystiques irréductibles, ses habitants y marchent tête dans les étoiles et comme portant quelque chose d'invisible sur le crâne. Leurs regards glissent à fleur de visage. La matière leur échappe… Ça se voit bien, eux savent qu'ils ne sont que de passage sur une terre aussi éphémère…

Avec ses quelque 70 millions d'années, l'archipel des Tuamotu est le doyen de la Polynésie. Volcans parvenus à leur dernier stade vital, soixante-dix-huit atolls se réduisent à un récif, requiem pour des îles immergées*.

La foi incorruptible des Paumotus semble tisser le vide sidéral dans lequel ils habitent… A cette jeune mormon racontant pêle-mêle que "l'ange Morini était apparu à Smith et que son atoll était une île renversée sens dessus dessous par Pelé, la déesse des volcans", nous les cartésiens suffisants avons rétorqué :

— Tu crois que les légendes sont un peu vraies ?

— C'est pas un peu vrai… c'est vrai ! a-t-elle affirmé.

Terres négligées par les nuages, ébouriffées de cocotiers, les atolls ont l'air se sortir mal réveillés d'une mer trop agitée… Pendant longtemps, la terre n'a pas connu grand-chose de vivant : du corail, quelques germes de plantes amenés par les courants et les oiseaux pélagiques. Comme un trèfle à quatre feuilles découvert au hasard d'une balade, elles furent découvertes au gré des navigations.

D'abord lieux de passage, elles ont été cours de récréation où les navigateurs ma'ohi posaient les voiles avant de repartir labourer la mer.

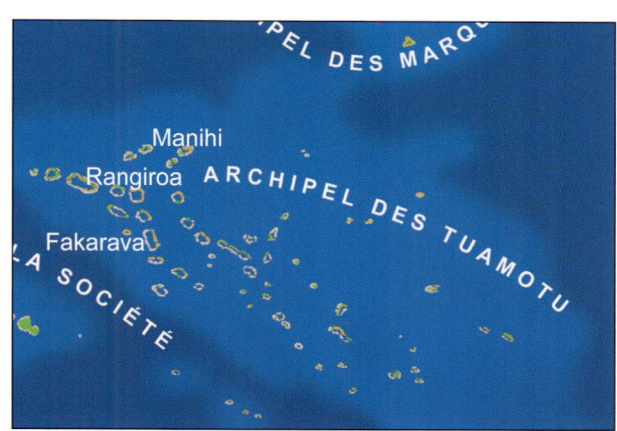

Le 24 janvier 1521, Magellan abordait Pukapuka qu'il désigne sous le nom d'îles Infortunées.

Dans leurs écrits, tous les navigateurs s'accordent pour qualifier ces terres d'inhumaines et d'invivables. Il suffit de regarder une carte ancienne pour connaître leur opinion en voyant les noms dont ils les avaient affublés : "îles des Chiens", "îles sans Fonds", "îles Pernicieuses"…

Quant à Bougainville, il les a tout bonnement appelées "archipel Dangereux". Alors qu'il se trouve au large de Nao, le navigateur écrit : "Cette terre extraordinaire est-elle naissante, est-elle en ruine ? Comment est-elle peuplée ?" Plus loin, il admire le courage de ses habitants "s'ils vivent sans inquiétude sur ces terres qu'un ouragan peut d'un moment à l'autre ensevelir sous l'eau"…

Vues d'avion, avec ses terres faisant des ronds dans un océan poché de bleu, les Tuamotu font plutôt "zen". Mais, quand on y arrive en bateau, elles peuvent se transformer en cauchemar. Ces îlots plats, sans phares ni signaux quand ils ne sont pas habités, sont un territoire périlleux pour les marins, sorte d'enfer liquide et moyenâgeux où disparaissent les navires… Au-dessus de certains atolls les nuages sont vert lagon. Fanions du

---

* Sur une faille nord-ouest / sud-est de plus de 1 500 kilomètres, les volcans émergés ont formé des îles. La mer leur a fabriqué une enceinte de corail. Puis elles se sont enfoncées pour retourner à leurs abysses originels. Seule survit la ceinture de corail où s'ouvrent une ou deux passes par lesquelles on accède à leur lagon.

ciel, ils indiquent le passage. Mais combien de marins ont aperçu l'atoll trop tard, brisant leur coque sur le récif.

Les habitants des Tuamotu étaient des géants féroces, toujours occupés à des luttes tribales et… des cannibales notoires. Les guerriers de l'atoll d'Ana'a ont envahi celui de Rangiroa et forcé son peuple à se réfugier à Tahiti, ce qui explique de vagues attaches parentales entre les Pomaré et les Paumotus, et que la famille royale de Tahiti put facilement annexer leur pays. Si les chefs locaux conservaient leurs pouvoirs, la nouvelle fédération constituait alors le ciment de l'archipel et les Paumotus cessèrent de s'entre-tuer. En 1880 Pomaré V amenait son royaume sur un plateau à la France, et les Tuamotu faisaient partie du lot.

Terres de calcaire ingrates et avares d'eau douce, les Tuamotu sont des îles pauvres. Avant l'ère du plastique, les Paumotus exportaient la nacre en Europe pour la fabrication des boutons. Dans le but de fixer la population, le gouvernement a fait planter de vastes cocoteraies produisant du coprah. Puis, à partir de 1968, l'époque du veau d'or est arrivée avec la perle… Hélas l'espoir de la fortune bouscula quelque peu le bel esprit d'entraide des Paumotus.

Catholiques, protestants, mormons, sanitos, adventistes, et sectes de tout poil… le nombre de confessions y est effarant. Les Paumotus choisissent leur Eglise comme un produit de marché. Influençables, manipulés par la propagande de dissidents y trouvant un terrain fertile, ils peuvent changer de confession comme on change de marque de lessive… "Ici, on est tous mystiques", nous a avoué une Paumotu. On croit tous en quelque chose… Si un nouveau dieu arrive, on croira aussi en lui…"

Si l'Européen ne voit là qu'obscurantisme, les Polynésiens n'y voient que lumière. Et comme l'écrit Bruno Seurat, "les Tahitiens se reconnaissent une capacité de penser au sacré que n'ont pas la plupart des Occidentaux"…

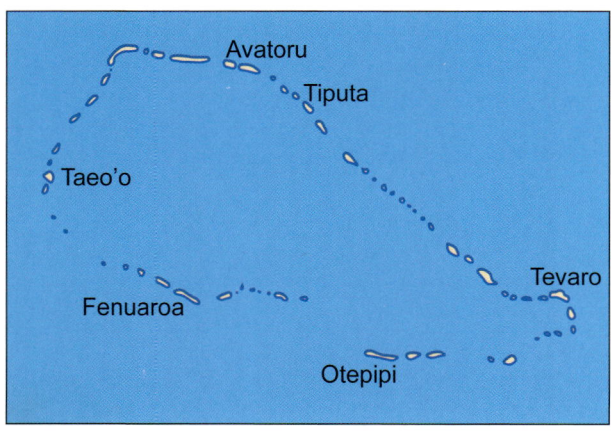

1 – L'atoll de Rangiroa

"Le long ciel"

En 1616, le navigateur hollandais Jakob Le Maire découvre Rangiroa, le "long ciel". 75 kilomètres de long et 25 kilomètres de large en font le plus vaste atoll des Tuamotu. C'est une vraie mer intérieure où l'île de Tahiti pourrait loger tout entière… Deux passes, celle d'Avatoru et celle de Tiputa, accordent le passage à l'océan au rythme des marées.

Longtemps, 350 kilomètres d'océan turbulent ont séparé les habitants de Rangiroa de Tahiti. En 1965, une étroite piste d'aviation est venue les sortir de leur isolement. La beauté extravagante des fonds sous-marins attira les plongeurs du monde entier. Rangiroa est aujourd'hui La Mecque des amoureux de l'univers sous-marin. La population de l'atoll s'est élevée à deux mille habitants vivant pour la plupart du tourisme.

Le village d'Avatoru

Malgré son air d'éternelles vacances, c'est la capitale administrative de l'archipel. Seules une mairie, une poste et une banque temporaire rappellent le "boulot-dodo"…

A côté d'un petit oratoire protégeant la passe d'Avatoru, se dresse l'église Saint-Michel, haute et massive. Un peu plus loin, le temple sanitos campe dans un jardin chétif où les hibiscus ne vivent qu'au rythme du goutte-à-goutte. A la sortie du village, un collège accueille quelque cinq cents élèves venus de tous les atolls de l'archipel.

Page 140
Rangiroa, les motu

Ci-dessus
Rangiroa, le lagon bleu
(© Philippe Binet)

Posés sur le cristal des eaux du petit port, des bateaux aux tons vifs planent entre un ciel et une mer sans frontières. On n'entend que l'océan qui souffle son voyage à la barrière de corail.

C'est ici que nous avons notre premier rendez-vous. Œnologue de métier et fils de vignerons bourguignons, Bruno Corneau nous accueille. Les yeux sont verts et assortis à la couleur du bob, le sourire franc et l'air farceur... Non, Bruno n'est pas de ces *popa'a* en mal d'exotisme et reconvertis dans la fabrication du monoï... Ce qu'il fait là ? Son métier, tout simplement !

Si on lui demande les raisons de cette ahurissante gageure, celle de faire pousser de la vigne sur une terre où le cocotier fait déjà figure de candidat à l'héroïsme, il répond que son métier "est de faire du vin... peu importe le lieu... on est quelques œnologues spécialisés dans les vignes de l'extrême... On a même fait du vin en Mongolie."

Cette idée farfelue germa dans le cerveau d'un amoureux du vin, homme d'affaires de Tahiti, et possédant une cave pleine des meilleurs crus de la planète. La passion de Dominique Auroy l'amena à désirer un vin encore absent de sa collection et pour cause : un vin polynésien. Il combla donc la lacune en plantant des vignes sur le *motu* Faurumaï sur l'atoll de Rangiroa.

Protégés des embruns par une haie d'*aïto*, trois hectares de vignes s'ouvrent à nous comme une grotte sur le secret d'Aladin. Six mille ceps y sont plantés, taillés en pergola pour préserver les grappes de la morsure du soleil.

"On a trente-neuf variétés de raisins blancs", nous dit Bruno

Sous un hangar, deux jeunes *tane* se racontent des blagues en remplissant de terre des sacs en plastique.

Cette terre amenée de l'île est brûlée avant utilisation, pour en éliminer les parasites. Cette tâche accomplie, ils plantent un rejet dans chacun des sacs qu'ils déposent ensuite dans des trous creusés dans le corail.

La jeune pousse va alors en voir de toutes les couleurs : sécheresse, embruns salés, cyclones, soleil ardent, *tupa* (crabe de cocotier) goulus, bernard-l'hermite voraces... Bref, l'anti-univers du vignoble... Aussi, est-ce la moindre des choses si on l'entoure de soins cliniques, si on la surprotège : "On a quatre pompes, explique notre œnologue. Quatre pompes qui vont chercher l'eau de pluie qu'on recueille dans une citerne. Un goutte-à-goutte nourrit le cep..."

Avec quatre récoltes par an, la production de raisin est largement satisfaisante. Mais Bruno, dont les yeux verts voient plus grand que le bout de son *motu*, vise une production de cinquante mille bouteilles de "vin de corail" par an.

A Rangui nous avions un autre rendez-vous, mais ce dernier plus inscrit dans la logique de l'île, un rendez-vous avec le Raie Manta Club. Ce club de plongée est le père de ceux qui se sont multipliés sur l'île. Installés sur l'atoll depuis 1985, Yves Lefèvre et son équipe de plongeurs sont de parfaits sportifs doublés d'artistes et de curieux scientifiques. Ils ont répertorié une douzaine de spots, tous plus fascinants les uns que les autres... Si, à Rangiroa, le corail n'est pas très beau, la faune y est somptueuse. Plus de huit cents espèces de poissons vivent dans les eaux du lagon : chirurgiens bagnards inféodés au corail dans leur costume à barreaux, demoiselles en émoi dans les branches du *pocillopora*, barbillons rouges fouillant le sable, "perroquets" en faisant voir de toutes les couleurs...

A marée montante, c'est le mascaret. Dans les passes de l'atoll, un fort courant s'établit entre mer et lagon avec une puissance pouvant atteindre de six à sept nœuds... Des palanquées de quatre clients pour un moniteur y plongent. C'est un de ces moments brefs et rares de la vie où on se sent vraiment vivant. Quelque chose se gonfle dans l'estomac à vous faire hurler de joie. Un cosmonaute dans l'espace, un parachutiste en chute libre doivent sûrement ressentir la même chose... On se laisse porter... le courant vous invente des ailes d'oiseau planeur. On ébauche un mouvement... et on se prend pour le plus grand des trapézistes... Evidemment, ce

(Courtoisie du service photo des Armées)

type de plongée, réservée aux plongeurs confirmés, ne se fait qu'à marée montante si on ne veut pas être entraîné vers le large. Plus classique mais non moins excitant, on peut plonger sur les tombants extérieurs du récif, entre 25 et 30 mètres de profondeur. Une multitude de grottes y abritent des nuées de poissons et d'animaux marins.

Majestueuses, extraterrestres, les raies manta y planent comme des vaisseaux de l'espace. Requins gris et barracudas tranchent le bleu vif de leur lame. Les carangues y sont légion et les murènes pointent une gueule féroce à l'entrée de leur trou..

Mais, à Rangi, la star est la grotte aux requins. Le plongeur y descend jusqu'à 40 mètres en pleine eau, atteint un vaste cirque et, levant la tête il voit... des dizaines et des dizaines de requins, ellipses de lumières, fantômes tourbillonnant à contre-jour et donnant le tournis...

Jean-Pierre est professeur, Serge est un ancien de la Royale. "A nous deux, on a cent ans d'expérience de Polynésie", fanfaronnent-ils pour jeter le trouble sur leur âge qui ne les empêche pas d'avoir toujours des rêves. Les deux compères se sont associés pour nous faire partager ce qui fait leur bonheur : la contemplation du lagon...

C'est un petit matin qui éblouit. Depuis le ponton du motel *Kia Ora* où il était ancré, le *marara* file vers l'extrémité sud-est du lagon. Un couple de Japonais en voyage de noces, un couple d'Italiens volubiles, un couple de Paumotus nous accompagnent. A l'arrière, Serge dirige l'embarcation avec l'aisance d'un ancien de la Royale. A l'avant, Jean-Pierre scrute l'eau pour éviter les patates de corail...

Nous dépassons le *motu* Nao-Nao pour atteindre les *motu* des Sables Roses qui s'étirent comme des stratus sur fond de ciel et d'eau confondus... Nous planons sur un nuage. L'un des Paumotus se met à délirer, il imagine "ramener une cover-girl de New York pour lui faire passer une nuit sur un lit de sable rose". L'Italien pousse un air de *La Traviata*. Terrorisée par l'ardeur du soleil, la Japonaise enfouit son visage dans ses bras repliés.

Nous nous arrêtons sur un atoll pour le *kaikai**, avec un *ma'a*** typiquement polynésien : simple grille posée sur bourres de coco brûlantes, poissons fraîchement fléchés, taros cuits à la braise et fruits présentés sur feuilles de cocotier...

De retour au *marara*, nous nous sentons un peu bouleversés. Nos regards sont tenus en laisse par la mer... quand Serge nous ramène à la réalité : "On va dans la passe de Tiputa."

Le *marara* pénètre dans la passe. En plein milieu, le moteur s'arrête. Nous avons un peu peur... le bateau se met à osciller. Des dizaines de dauphins bondissent par-dessus les vagues. On entend leurs cris de joie qui ponctuent la rumeur des flots. Et nous aussi nous criions, heureux comme des gosses décrochant le pompon du manège chaque fois que nous apercevons une demi-lune argentée. L'Italien pousse un air de Rossini. On rentre à terre et la jeune Japonaise, qui n'a rien vu du voyage, lève enfin son visage toujours de plâtre vers le soleil qui n'est plus là.

2– L'atoll de Manihi

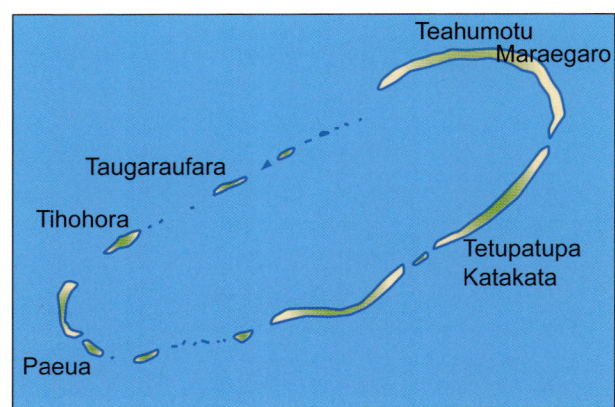

A 175 kilomètres au nord-est de Rangiroa, l'atoll de Manihi fait une ronde de 28 kilomètres autour d'un lagon de 4 kilomètres de large. Une seule passe permet l'accès aux bateaux : la passe de Taïrapa où le village administratif de Paeua est installé.

L'archéologie fait remonter le premier peuplement de l'atoll à 600 après J.-C. En 1616, Jakob Le Maire découvre l'atoll parmi d'autres.

En 1969, un aéroport fut construit sur un *motu*. Dès la sortie de l'avion, nous montons dans un *marara* chargé à ras bord, qui chahute à "fleur de lagon" jusqu'à notre pension. Au bout d'une bonne heure et demie nous atteignons le *motu* Marakorako. Quelques cases posées à même le sable, une large ramure d'*uru* ombrageant la table d'hôte, c'est dans ce décor naturel que nous vivrons pendant une semaine.

Le village de Faeva

C'est le petit matin. Un *marara* nous mène au village administratif établi de l'autre côté du lagon. Campées raides sur leurs pilotis comme des échassiers, les fermes perlières clignent de l'œil dans une lumière cristalline.

---

* Le repas en général.
** La cuisine typique.

Le petit port du village abrite quelques bateaux de pêche, des baleinières et des hors-bord. Des bonitiers partent vers les fermes perlières, emplis de bouées rouges qui vont signaler les casiers de nacres. Un pêcheur remonte les pièges qu'il a posés dans le courant de la passe. Il en sort des poissons couleur de métal qui frétillent. Napoléons, carangues, mérous et bonites sont mis vivants dans des glacières prêtes à partir direction Papeete par l'avion de midi.

Derrière leurs murets de béton, les *fare* au toit de tôle ondulée récupèrent l'eau précieuse d'un ciel trop avare. Des troupeaux de chiens jaunes se promènent dans les rues désertes. Sortant d'un des deux magasins-comptoirs du village, large poitrine moulée par un tee-shirt Hinano, une mama roule sa cigarette de tabac Bison avant d'enfourcher son scooter... Cigarette à la bouche, elle pétarade à toute allure pour ne ralentir qu'à la sortie de l'école primaire où les cent quatre-vingts enfants des *motu* alentour viennent d'arriver par voie d'eau. Ceux qui habitent des atolls éloignés y sont en pension. Deux adolescentes approchent de nous pour se plaindre des gens de Manihi qui "sont mal élevés et mauvais". Elles disent qu'elles redoutent la nuit, parce qu'"on les fait dormir à côté d'un *marae* avec des *tupapa'u* qui leur font peur".

Sur le lagon

Entre Turipao et l'aéroport, une ferme perlière sur pilotis se dresse dans le lagon. C'est la plus ancienne (voir encadré, p. 158-159).

La culture de la perle constitue aujourd'hui la première ressource de l'atoll.

On part explorer le lagon avec Félix, le cuisinier de la pension, qui ce jour-là, a mis sa casquette de guide. Nous sommes étouffés de bleu quand le *marara* s'arrête au centre du lagon. Une eau colchique fait des rides autour d'un lambeau de plage, c'est le point où le volcan achève son naufrage. Quelques mouettes, un arbre bonzaï profitant du dernier sable, le paysage semble fondre tout entier pour atteindre un nouvel état physiologique.

Plus loin sur la barrière, des coraux morts envahissent un *motu* désert. Silence, on dirait que la vie y a pris une soucoupe volante. Mais le cri déchiré d'une maman sterne plongeant sur un nid du sol la réinvente dans le ciel. Plus loin, nous débarquons pour un *kai-kai* sur le *motu*

Haut
Retour de pêche à Manihi

Bas
Un motu à Rangiroa

Pamagu. Des cocotiers se mirent dans l'eau sans tain d'un étang. Au menu, du poisson grillé et des bananes plantains après la baignade. Nous somnolons quand de violents bruits de gifle nous réveillent. C'est Félix qui frappe l'eau du lagon. Nous nous demandons ce qui lui prend quand, comme une génération spontanée, apparaissent des dizaines de petits requins gris accourus pour dévorer les restes de notre *ma'a*.

3 – L'atoll de Fakarava

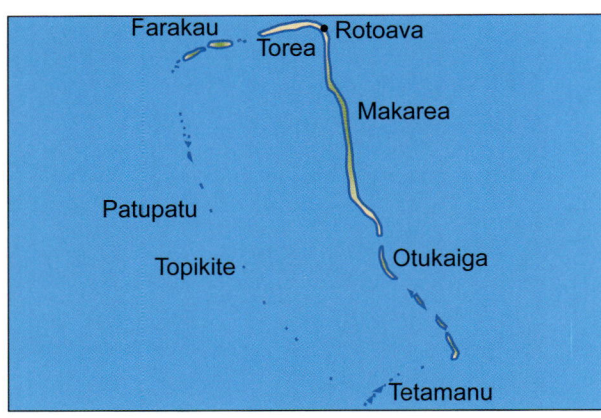

D'avion, on voit les atolls d'Apataki et Toau qui reprisent le satin de la mer. Plus loin, Fakarava apparaît. Avec sa couronne de quatre-vingts *motu*, sa barrière de corail quasi rectangulaire, et une surface de 1 000 kilomètres carrés, l'atoll se classe second pour l'étendue après Rangiroa… Au nord, la passe Garuae et, au sud, la passe Tumakohuae ouvrent la porte à l'océan.

Les Paumotus l'appelaient Hawaïki-Nui. C'était autrefois un centre religieux important, ses nombreux vestiges de *marae* en témoignent. En février 1995, la construction d'une piste d'atterrissage et une route en soupe de corail la reliant au bourg de Rotoava firent que ce dernier devint le centre administratif des cinq cents habitants de l'atoll.

Sur la place, une mairie BCBG s'élève sur un soubassement de briques claires. Devant la bâtisse, les troncs aux énormes verrues de deux *pagoa* ont l'air de sortir d'un dessin animé. Dans le cimetière, une croix jette sa grande ombre sur les tombes face à la mer. Une église blanche lâche ses notes graciles, le cri d'une sterne en quête de poisson rompt le silence. Passant devant la boutique du Chinois, nous entendons le tapement sec de la machine à compter. Deux mômes viennent d'acheter des glaces à la boutique d'à côté et se dépêchent de les manger avant que la chaleur ne les fasse complètement fondre.

Posée côté lagon, la pension *Marara* nous abrite dans une chambre monacale… Timi le cuisinier nous accueille avec une classe vieille France et un langage châtié.

Au bout d'un sentier, des bougainvillers étouffent le *fare* d'une famille de mormons. Sous un auvent, le père fabrique des pièges à essaims de nacres. La mère nous fait visiter son jardin arraché à la sécheresse. S'arrêtant au pied de certains arbustes, elle nous indique où elle a enterré le placenta de ses enfants. "Comme ça, on voit les enfants qui grandissent avec les arbres. Le plus grand, c'est le placenta d'Anna, mon aînée, qui le nourrit", dit-elle.

C'est Anna qui conduit le 4x4 tout en évitant les nids-de-poule de la piste faisant le tour de l'atoll.

Minutieusement et artistiquement posées sur le sol, des tas de noix de cocos fendues en deux, aux tons délicats, prennent le soleil. Trois jours sont nécessaires pour que la pulpe se détache de la coque. Prélevée avec une dextérité étonnante, cette pulpe est exposée sur les vastes plates-formes des séchoirs. Ouvert à la lumière du jour, le toit se referme sur l'humidité de la nuit. Peu à peu, le coprah s'élabore, dans une odeur de rance qui envahit l'atmosphère… Une fois séché, classé en trois catégories selon sa qualité, le coprah est mis dans des sacs de jute pour être expédié à Tahiti par la goélette.

Plus loin, s'élève une drôle de structure architecturale, une pyramide échappée d'un centre cérémoniel maya. Une échelle mangée par la rouille court à l'extérieur. Construit en 1957, ce monument insolite fait office de phare. Avant de partir en mer pour la nuit, les pêcheurs déposent au sommet une lampe-tempête dont la lumière guidera leur retour. Ce type de phare se retrouve dans de nombreux atolls. Celui de Fakarava est condamné, car il se situe dans l'axe d'approche des avions*.

_____
* La construction d'un nouveau phare est envisagée, à un autre emplacement. Car la ligne de goélettes reliant Pukapuka à Tahiti en passant par Kauehi et Fakarava doit prochainement être réactivée.

Séchage du coprah dans la cocoteraie de Fakarava

Au bout de la piste principale, une jungle de cocotiers avale les vestiges d'un *marae*. Des pandanus enjambent des restes de corail morts. Des murs blêmes en ruine se dressent face à la mer. Silence...Anna regarde à terre comme si elle voyait quelque chose qu'elle n'aurait pas le droit de voir. Puis bruit de pas furtifs, végétation qui craque : *"Puaka !"* s'amuse Anna apercevant un gros cochon noir qui s'enfuit à notre approche...

Les Paumotus sont des silencieux, des "taiseux" comme on dit dans les Ardennes. Ils parlent avec leurs yeux, plus qu'avec les lèvres. Ils n'aiment pas nos questions. Une femme a quand même bien voulu coopérer et nous faire part de ses soucis ordinaires :

"Tu sais, R..., elle est jalouse. Elle dit qu'il ne faut pas raconter les histoires de *fenua* aux *popa'a*. Mais, moi, je suis plus vieille qu'elle et, des histoires de *fenua*, j'en sais beaucoup plus qu'elle...Tiens, le *marae* qui est sur le *motu* de Temanu, il est à moi. Cette nuit j'ai vu le *tupapa'u* de ma grand-mère qui me l'a dit qu'il était à moi... le *marae* ! J'étais contente... Contente..."

Otages de la mer et enchaînés au ciel, les Paumotus élèvent le spirituel et le scepticisme en vertus premières. Accoucheurs de l'esprit, comme Socrate ils ne savent qu'une chose, c'est qu'ils ne savent rien.

Le phare de Fakarava

(Courtoisie du service photo des Armées)

CHAPITRE 9

L'ARCHIPEL DES GAMBIER
"LES ÎLES DÉSERTES A CATHÉDRALES"

Des cinq archipels de la Polynésie-Française, les Gambier sont les plus éloignés de Tahiti : 1 780 kilomètres, soit la distance de Paris à Helsinki, les séparent de l'île de Cythère.

Avant d'y aller, fantasmant sur l'atlas géographique et les voyant s'aligner dans le prolongement sud-est des Tuamotu, nous croyions qu'elles s'intégraient à ce dernier archipel. Mais quand, appliquant la devise, "si vous le rêvez vous le pouvez", nous fîmes le voyage, nous nous aperçûmes que par leur âge, leur relief et leur histoire, les Gambier étaient des anti-Tuamotu...

Consistantes, ces îles : monts repus de verdure, bâtiments de pierre sombre, architecture Louis-Philippe pesante et omniprésence de cathédrales.

Plusieurs îles hautes se partagent un lagon que ceinturent 80 kilomètres de récif. A l'intérieur, comme des poupées russes, six îlots s'y imbriquent avec barrière de corail particulière. Trois passes accordent l'accès aux quatre îles principales de Mangareva, Aukena, Taravaï et Akamaru.

Aux Gambier, le paysage, c'est l'histoire... Une histoire aussi forte que la terre. Si minuscule soit-elle, vierge ou habitée, chaque île a son église, et quand on arrive de la mer on ne voit qu'elle.

Aux environs de 1250, les pionniers seraient arrivés des îles Cook et l'auraient baptisé Mangareva*. D'autres venus des Marquises y auraient fait escale alors qu'ils étaient en route pour l'île de Pâques... Un melting-pot de clans peuplait chaque île. La vie était réglée par les *tapu* et par l'humeur des dieux. La promiscuité était source de perpétuels conflits et les guerres étaient décidées par les prêtres sorciers. Ceci jusqu'à l'irruption d'un homme controversé et dont l'histoire allait se confondre avec celle de l'archipel, le père Honoré Laval.

Vers 1820 le chef Te-Mateota, secondé par son fils Te-Ikatoata réussit à établir son hégémonie et la paix sur l'archipel. Mortellement blessé par un requin, le fils décède. Te-Mateota se tourne alors vers son petit-fils Maputeoa qui n'a que douze ans.

En bon Polynésien, Te-Mateota est profondément mystique. Il entend parler d'une femme vivant sur l'île Akamaru qui prétend communiquer avec son fils défunt. Naturellement intrigué, il veut vérifier les dons de la pythie. Il la fait ramener à Rikitea à bord d'une grande pirogue où battent les tambours, pose la question à laquelle seul son fils pouvait répondre :

— Si c'est toi mon fils qui me parles en ce moment, dis-moi où est caché l'ancre de pierre appelée *hakakero*, que je cherche partout ?

Une drôle de voix s'élève alors du corps de la médium et affirme :

— Tu la trouveras dans un bourbier de Tai-o-Ahu-O-Kura...

Les recherches ordonnées sur-le-champ se révélant positives, le vieux chef a désormais une confiance aveugle en Toa-Pere. Il la déclare "sacrée" et la nomme grande prêtresse du *marae* dédié à son fils. Il ne peut plus se passer de ses conseils et la consulte pour toutes ses décisions.

---

* Nom inspiré par le *reva*, un arbuste aux fleurs blanches poussant à flanc de montagne. C'est l'équivalent de la tanghinie vénéneuse de Madagascar, la ciguë du Ma'ohi. Le jus de cette noix est un poison mortel. Si, mis à part le cent-pieds, il n'y a pas d'animaux dangereux en Polynésie, en revanche, beaucoup de plantes sont vénéneuses.

Or Toa-Pere lui prédit qu'un jour "des navires allaient venir, mais que les premiers ne seront pas bons, et qu'il ne fallait pas communiquer avec eux, que ce serait après sa mort et celle de Te-Mateota qu'un bateau arriverait par beau temps, qu'il y aurait à bord deux hommes habillés de blanc... Ils resteraient à Akamaru et ne s'installeraient que plus tard sur la grande île, ils parleraient avec affabilité et leur enseigneraient une nouvelle parole." Elle ajouta que "c'est par eux et par vous que le pouvoir de Maputeoa sera affermi".

Après avoir débarqué son contingent de missionnaires protestants à Tahiti, le *Duff* fait route vers les Marquises. Le 24 mai 1797, les passagers aperçoivent les montagnes de Mangareva qu'en toute modestie le capitaine baptise mont Duff. Quant à l'archipel, il est nommé Gambier, du nom de l'amiral "dont l'appui s'est révélé inestimable pour l'équipement de notre expédition".

Dès 1826, les navires de commerce, en route vers l'Australie, passent par le cap Horn. Il leur arrive de mouiller aux Gambier où ils troquent métaux et matériaux de construction contre nacres et perles.

En 1832, Te-Mateota et Toa-Pere sont emportés par une épidémie de grippe amenée par les marins de passage. Le jeune Maputeoa succède alors à son grand-père.

En juillet 1834, s'ouvre le premier volet de la prédiction : George Nobbs, pasteur de la LMS, débarque à Mangareva pour évangéliser les Gambier. Il arrive de l'île Pitcairn où il exerçait son ministère. Sa famille et un charpentier du nom de John Buffet l'accompagnent.

Deux mois plus tard, c'est le deuxième volet de la divination de Toa-Pere qui s'accomplit. Il fait beau et, à l'horizon, les voiles d'un navire inconnu se découpent sur un ciel immaculé. Le *Peru Viana* arrive de Valparaiso et mouille face à Akamaru. A bord, deux hommes en blanc : le père Honoré Laval qui a vingt-six ans et le père François Caret qui en a trente-deux. Ils sont accompagnés d'un frère, Colomban Murphy, Irlandais de naissance et maçon de formation.

Le 15 août 1834, jour de l'Assomption, les pères de Picpus célèbrent leur première messe sur Akamaru. Par souci de tolérance, catholiques et protestants s'accordent pour se partager le territoire. Nobbs garde Mangareva, Laval et Caret demeurent sur Aukena pour rayonner sur les autres îles.

Les pères blancs apprennent rapidement la langue pour mieux s'infiltrer et répandre la bonne parole qu'ils professent avec la méthode d'éducation locale : le chant... Mais leur grand trait de génie, c'est la conversion de ceux qui exerçaient déjà un pouvoir de droit divin sur la population. Rapidement, les pères de Picpus empiètent sur le territoire du pasteur protestant.

Dégoûté, en février 1835, ce dernier quitte Mangareva et retourne à Pitcairn. Par ce geste, il confirme un autre détail de la prédiction : les premiers arrivés n'étaient pas les bons...

Naturellement, la prophétie colle un peu trop aux faits pour un esprit cartésien. Les habitants des Gambier voient toujours des apparitions et croient aux sorciers. Ils ne contestent pas les pouvoirs divinatoires de Toa-Pere. Cependant, certains pensent que les prévisions de la médium ont été déformées jusqu'au mensonge par ce mégalomane de père Laval qui n'avait qu'une ambition : installer une théocratie sur l'archipel.

Sitôt les protestants partis, les pères de Picpus s'installent à Rikitea. Désormais, ils ont le champ libre pour évangéliser l'archipel. Pour ajouter un peu plus de crédit à la prophétie, le père Laval va exploiter un concours de circonstances. Long Bill, un flibustier américain, fait régulièrement escale aux Gambier. Pendant que des plongeurs paumotus, engagés dans les atolls, pillent les nacres du lagon, les marins volent et violent les insulaires. Les missionnaires s'opposent violemment aux pirates qui s'enfuient pour commettre leurs exactions ailleurs.

En remerciement, le grand prêtre "fait don du plus important *marae* de l'île et de la case où sont enfermées les idoles" aux missionnaires qui immédiatement le déclarent *tapu*. Il fut dédié au grand saint Michel... La première messe y fut célébrée le jour même."

Le 25 août 1836, le roi Maputeoa est baptisé. Il prend solennellement le nom de Stanislas Grégorio Maputeoa.

Le père Laval demeure trente-quatre ans aux Gambier. Au cours de son séjour sur l'archipel, ce fou de Dieu s'avère être un dictateur aussi impitoyable que mégalomane. Il y installe une théocratie aveugle, fait détruire *marae* et idoles. Il fera construire cent seize édifices de pierre, civils ou religieux. On élève une cathédrale et neuf églises démesurées par rapprt à l'étroitesse des îles, plus un palais pour le roi Maputeoa, un couvent, un séminaire, des routes pavées à la romaine à flanc de montagne... Ce sont les travaux forcés pour des Mangaréviens devenus esclaves de Dieu.

Pour se disculper, le père Laval prétend que "ces gens avaient passé du temps à construire

Ci-dessus
Le père Honoré Laval.

Page 148
La cathédrale Saint-Michel de Rikitea

les *marae*, sculpter les idoles... qu'il fallait donc faire pareil pour Dieu".

Il promulgue le code mangarévien. Par ce dernier et au nom de l'Eglise, il s'approprie de vastes parcelles de terre, reçoit des "dons forcés" qu'il exige à coups de discours menaçants du haut de sa chaire. Il organise le commerce des nacres et des perles, au seul profit de la mission.

Cependant, on peut porter au crédit du dictateur de Dieu la rédaction d'un livre sur les mœurs et coutumes des autochtones. Cet ouvrage inestimable permet de retrouver la mémoire d'une culture aussi cruelle que merveilleuse, et qu'il s'acharna à détruire.

Le prix est lourd à payer. En 1834, à l'arrivée des missionnaires, la population était estimée à deux mille habitants. Au recensement de 1887, ils ne sont plus que quatre cent soixante-trois.

Le 16 juin 1844, le capitaine de vaisseau Penaud, commandant de la frégate *La Charte*, place l'archipel des Gambier sous protectorat français. Le roi Maputeoa est présent. "Sans sourciller, ni hésiter", il approuve "la volonté des habitants de former un Etat libre et indépendant sous la protection immédiate de Louis-Philippe, le roi des Français, et de prendre le pavillon de la grande nation qui nous a initiés à la civilisation".

Le 20 juin 1857, le roi Maputeoa meurt d'une angine de poitrine.

De nombreuses plaintes sont déposées par les capitaines de passage à propos de l'attitude des missionnaires aux Gambier. Le 14 avril 1871, pour "le bien de la paix", l'évêque de Tahiti rappelle le père Laval. Il fait des pieds et des mains pour revenir sur "son" archipel. En 1876, un unique et bref séjour lui est accordé. C'est à Tahiti qu'en 1880 le puissant père Honoré Laval, vicaire de Papeuriri devenu sourd, meurt des suites d'une griffure de chat mal soignée. Il est enterré dans le cimetière de la mission de Papeete, loin de "son" archipel des Gambier.

Le 28 février 1881, l'archipel des Gambier est annexé par la France. Grégorio Maputeoa n'ayant pas d'héritier, c'est la fin de la brève dynastie des rois de Mangareva. En 1887, le code mangarévien est abrogé. Aujourd'hui 92 % de la population est catholique.

L'île de Mangareva

Mangareva vit au rythme hebdomadaire de l'ATR d'Air Tahiti. L'avion se pose sur la piste du motu Totégegie. Il n'en repartira que le lendemain. Bagages, équipage et passagers se tassent dans la vedette administrative qui les mène au port. Sur le quai, curieux, famille et amis attendent ceux qui arrivent. Quant à nous comme toujours, c'est l'inconnu qui nous attend. Aujourd'hui, l'inconnu s'appelle Benoît... Souriant au volant de son pick-up, il nous emmène à la pension qu'il gère avec Bianca, son épouse.

Bianca, originaire de Moorea, affirme avoir des ancêtres allemands venus en voilier au début du siècle. "Je suis protestante, et il n'y a qu'une seule famille protestante dans l'archipel", fanfaronne-t-elle avec défi mâtiné d'orgueil.

Quant à Benoît, s'il est né à Taku, l'ancien village de Mangareva, c'est aussi ce qu'on appelle ici un "demi", un mélange de Ma'ohi et d'Occidental. "Benoît ne connaît pas son père. C'était un militaire de passage... parti en laissant sa mère enceinte, avoue Bianca. Mais, au moins, c'est grâce à lui qu'il n'est pas un paresseux." Toujours est-il que le mélange génétique donne quelque chose de détonant. Aussi créatif

La tour de guet de Rikitea

qu'entreprenant, Benoît cumule les rôles de professeur au collège technique, de pêcheur, d'éleveur de perles et d'hôtelier. Présidente du comité du tourisme, Bianca le seconde avec un dynamisme étonnant.

La plupart des mille cent âmes de l'archipel se concentrent sur Mangareva, une île haute de 12 kilomètres de long sur 2 kilomètres de large. Deux pics la surplombent : le mont Duff qui culmine à 441 mètres et le mont Mokoto, 425 mètres. Un peu plus loin vers le nord, le mont Mukottaka élève ses 211 mètres sur la pointe de Kureu.

Rikitea

Dès le lendemain, Bianca nous emmène à la découverte du *fenua* qu'elle connaît sur le bout du cœur, dans tous les replis intimes de son relief, de son histoire et de son âme.

Nous partons d'abord visiter le symbole de l'obsession du père Laval : la cathédrale Saint-Michel. Quand on arrive par bateau, on ne voit qu'elle et son grand toit de tuiles ostentatoire... Le père Laval l'a fait bâtir à l'endroit de l'*ahu* païen, tout en gardant quelques traces du *marae* qui encadrent encore l'édifice. En 1815, les missionnaires obligent les habitants à abattre le *marae*, pour récupérer les blocs de corail qui serviront à élever les murs de la cathédrale. Le 17 janvier 1839, la première pierre est posée par Mgr Rouchouze, évêque en transit pour les Marquises. Le roi Maputeoa "portait l'épée que Louis-Philippe lui a envoyée par l'entremise du père Caret". Le chantier dure quatre ans, quatre ans de travaux pharaoniques. Les hommes sont

L'intérieur de la cathédrale.

Le tabernacle.

Détail des fleurs de nacre de l'autel de la cathédrale.

contraints d'extraire d'énormes blocs de corail, de les ramener jusqu'à la côte sur des radeaux, de les monter à dos d'homme jusqu'au chantier. Les outils ?... Quelques pièces de bois et des haches. En 1841, la cathédrale est bénite. Les deux tours jumelles à parements bleus ne s'élèveront que six ans plus tard.

A l'intérieur, des bancs de *reva* sombre peuvent accueillir jusqu'à deux mille personnes... A l'entrée, à gauche les fonts baptismaux, à droite une allégorie gigantesque de Toa-Pere prédisant l'arrivée des pères blancs... Sous l'autel dans une crypte, reposent le père Caret mort en 1844 et les trois frères bâtisseurs.

Mais le chef-d'œuvre, c'est le maître-autel qui étincelle. Des fleurs en pétales de nacre, des grappes de fruits en coquillages éclatant de mille feux entourent la porte du tabernacle. Celle-ci est en bois de *reva* incrusté de morceaux de nacre qui dessinent en marqueterie un calice. Dominant celui-ci, porté par une colombe, un parasol de coquillages protège "ces neuf perles disposées en triangle représentant le mystère de la Trinité. L'éclat des perles exalte ce sentiment de présence divine, sphère lumineuse qui contient le secret de la vie et renferme les cycles du temps qui porte en elles la fécondité et l'immortalité."

En bordure de lagon, une petite chapelle aux murs bleu et blanc, couleurs du ciel et de la pureté comme celles du drapeau mangarévien, voisine avec la statue de sainte Bernadette nichée dans son oratoire en blocs de corail.

Une succession de terrains de sport conduit au centre de formation que dirigent les frères canadiens du Sacré-Cœur.

Dans un petit atelier, dans le crissement des turbines, une dizaine de jeunes, filles et garçons à la peau mate, ont la figure enfarinée de poussière blanche : ils gravent des nacres... Sur les coquilles, des mains habiles font naître des *tiki*, des symboles de tatouages, des tortues et poissons stylisés. Comme nous nous étonnons de cet apprentissage plutôt obsolète à l'ère de la puce informatique, entre deux jugements de travaux d'élève, un *popa'a* professeur du centre nous rassure : "La culture perlière est la principale activité de l'île... Quand la nacre a fini de donner des perles, elle est bonne à jeter... Ici, les jeunes n'ont pas beaucoup de travail, ils ont tendance à aller se perdre à Papeete... Alors, pour ne rien perdre (sous-entendu sûrement la nacre et les jeunes), on a créé cette forme d'artisanat spécifique aux Gambier. Certains deviennent de véritables artistes. Certaines nacres gravées atteignent des prix faramineux... ça amène des emplois et de l'argent sur l'île..."

Dans la cour de l'école primaire, la tour du Roi arrondit des murs austères. Du haut de cet arsenal désaffecté, on peut admirer ce que le roi Maputeoa venait contempler : ses viviers où nage toujours la progéniture de ses tortues et de ses poissons...

A côté, un immense arc de triomphe marque l'entrée du palais du roi où il subsiste quelques salles, utilisées aujourd'hui comme cantine scolaire.

A l'autre extrémité du mur d'enceinte, la tour de guet domine la cour réservée aux novices du couvent de Rouru, quand elles descendaient au village pour assister à la messe du dimanche célébrée dans la cathédrale.

Ces bâtiments à l'air sombre s'élèvent face à la baie de Rikitea où se balancent les mâts de voiliers aériens. Parmi eux, coque rutilante, une superbe goélette attend des passagers pour la mystérieuse Pitcairn et ses habitants descendants des réfugiés du *Bounty*. Plus modestes, deux autres bateaux semblent heureux de mouiller au même endroit qu'en 1925 le mythique *Firecrest* d'Alain Gerbault.

Une vedette se décroche d'un somptueux voilier battant pavillon américain. A bord, cinq marins vêtus de blanc, cinq filles superbes, blondes et clonées sur le modèle wasp, l'Amérique saine et sportive :

"Qui est-ce ? Ça va bien faire parler sur tout l'archipel, prédit une pythie à la sortie de la messe. Ici, il suffit de faire caca à un bout de l'île, pour qu'à l'autre bout on en sente aussitôt l'odeur..."

Sur la route du couvent...

Nous empruntons la route montant derrière la cathédrale. Au croisement, une énorme vasque creusée à même le sol servait de réservoir pour stocker le *popoï* pour les jours de disette.

Sur le plateau qui domine la baie de Rikitea, le cimetière Saint-Pierre. A l'entrée se dresse le mausolée du roi Maputeoa. Construite en 1850, une petite chapelle abrite un sarcophage de pierre sur le couvercle duquel est dessiné un aigle royal.

Après la station météo, dans une forêt de manguiers et d'eucalyptus un chemin de pierre relie le palais du roi au couvent de Rouru. En remontant cette voie pavée, nous découvrons le bain de la Reine, énorme rocher dans lequel est creusée une sorte de baignoire toujours remplie d'eau. En fait personne ne sait à quoi pouvait servir cette vasque.

Peu avant l'arc de triomphe qui marque l'entrée du couvent construit en 1847, deux arbres laissent pendre des noix vertes en forme d'œufs, les fameuses noix de *reva*.

La chapelle et les bâtiments qui abritaient les cuisines et le réfectoire sont toujours debout au milieu d'un grand jardin où fleurissent orangers, citronniers et pamplemoussiers. Plus loin, on cultive encore des pastèques et des ananas.

Ici, vivaient une soixantaine de jeunes filles "choisies et sélectionnées". Recluses, elles étaient "habillées de robes de laine blanche" qu'elles tissaient elles-mêmes. Le couvent de Bel-Air fut un endroit tabou où personne ne pouvait accéder. "Tout le monde est pur à Rouru. C'est un abri de l'innocence où le souffle empoisonné n'arrive pas..."

Le tour de l'île

Une route grimpe sur le mont Duff. Là où la route bascule sur l'autre versant, un vieux loup de mer nostalgique a installé une maison grande ouverte sur la superbe baie de Gatavake. A quelques encablures de la côte, en plein dans la splendeur intense d'un bleu qui vit au vent, une toute petite île s'est mise en quarantaine : l'îlot de Rumareï. Tant d'infinie beauté entoure ce lieu de mémoire tragique... Ici, les cannibales se réunissaient pour faire leurs festins. Puis l'endroit fut déserté quand les catholiques interdirent de "manger la chair humaine". Mais si les missionnaires avaient éradiqué le sacrifice humain, les marins de passage inventèrent un autre fléau : la lèpre... L'île des cannibales redevint destination macabre, pays où pourrissaient les lépreux, où les encore presque vivants passaient leur temps à creuser la fosse des morts en ne pensant qu'à la leur.

Sur un chemin tout en ombre et lumière, on traverse une forêt d'eucalyptus dégageant un parfum honnête. Dans une niche creusée dans la falaise, une effigie de saint Joseph protège les fermes perlières du lagon... C'est un jeune Mangarévien accompagnant le père Maurice lors d'un pèlerinage à Lourdes qui l'a ramenée.

Brutales, des ruines jalonnent la route. Construites par les missionnaires pour remplacer les *fare* végétaux, ces maisons de grosses pierres volcaniques ou de corail, à l'austérité bretonne, furent une ineptie totale. Sombres et humides, totalement inadaptées au climat, elles furent à l'origine de nombreuses maladies avant d'être abandonnées.

Bâtie en 1836 à la demande du roi Maputeoa, la chapelle Saint-Joseph s'élève sur le bord de la route conduisant à Taku. A l'intérieur, les fonts baptismaux, un petit autel et un portrait du roi, raide et soigneusement étranglé dans sa sempiternelle redingote. Plus loin, nous pénédans un cimetière posé à flanc de colline. De courtes croix blanches, des dalles, des noms, des dates. Bianca nous montre l'emplacement de ses parents : oncles, cousins, cousines, tous morts dans la fleur de l'âge...

Pour la première fois, le visage toujours enjoué de la jeune femme s'assombrit. "Beaucoup de cancers ici... on se demande bien pourquoi... Nous avons beau évoquer l'abus de tabac Bison, on sait ce qu'elle pense tout bas, que Mururoa et ses essais nucléaires ne sont pas loin d'ici... "Mais c'est du passé, faut plus en parler", conseille-t-elle sachant que nous l'avons entendue...

Alors, n'en parlons plus et regagnons Rikitea pour encore prier dans une autre église : la chapelle Sainte-Anne, bâtie sur les plans de celle de Taku.

Haut
L'entrée du couvent de jeunes filles de Mangareva

Bas
La statue de saint Joseph

Les autres îles

La terrasse de la pension domine le lagon. Au loin, trois grandes îles se profilent à l'horizon, fauves accroupis qui ont l'air de nous attendre. Dans le *marara* de Bianca, nous partons visiter les îles du petit archipel... Attentive, Bianca est au moteur. Elle évite les patates de corail, enfile délicatement le goulot de la passe, puis navigue en faisant du saute-mouton sur les vagues jusqu'à l'île d'Aukena.

L'île d'Aukena

C'est là que, sitôt arrivés, les pères de Picpus se sont installés. Après avoir accosté au petit débarcadère, nous marchons une dizaine de mètres et atteignons des ruines encore solides, indifférentes à l'assaut des lianes qui les enlacent. Ce sont les vestiges du premier évêché des Gambier.

Citée morte grignotée par une végétation épaisse... Lieu lourd d'un silence de pierre, ponctuellement soulagé par une noix de coco lâchée sur la terre... Nous passons près de la margelle d'un puits dans laquelle des noix de coco essaient de devenir des arbres. Apparition miraculeuse, légère et tout en blanc ourlé de bleu, une chapelle simple s'élève. Son toit de tuiles rouges se découpe sur des nuages qui font de la dentelle pour annoncer le beau temps. La chapelle Saint-Raphaël, bénite le 24 octobre 1840, fut la première construite sur l'archipel et elle a remplacé la chapelle dressée à la hâte avec des feuilles de cocotier et de bananier par les missionnaires à leurs débuts. "Car les bons prêtres commencèrent à loger Dieu."

Véritable citadelle sacrée, l'île possède la panoplie de tout ce qui fait la vie d'un missionaire : meule à moudre le blé et four à cuire le pain béni, four à chaux pour brûler le corail et bâtir des églises. Nous nous arrêtons parmi les pierres d'un grand séminaire qui s'écroule, levant la tête vers un soleil pris au piège des toiles d'araignée.

Nous fermons les yeux et nous entendons les bruits fantômes des années 1840, des voix de jeunes gens à l'accent ma'ohi qui récitent leurs leçons en latin, des grattements de plumes de mouettes qui bleuissent le papier de mûrier avec de l'encre des graines de bancoulier et qui alignent des mots, eux aussi en latin... C'est ici que l'on a formé les premiers prêtres mangaréviens.

Reprenant le *marara* pour longer la côte, nous dépassons la pointe de Mata Kuiti et sa tour de guet qui servit de relais pour communiquer avec Mangareva. Après avoir abordé l'autre côté de l'île, nous grimpons le long de la colline. La grotte Te-Ana-Puta surplombe une grande cour naturelle. Il règne un silence absolu, pas même un bruit d'insecte... Bianca va chercher un *toere* caché dans une cavité. Elle le frappe vigoureusement, et pousse un long hululement... Soudain, la rumeur de dizaines de groins emplit la clairière. Ce sont les cochons de notre amie Bianca qui se précipitent pour dévorer des noix de coco que leur "sirène" pourfend à la hache...

L'île d'Akamaru

Des cernes de sable variant de l'ocre au beige clair déclinent leurs bruns autour d'Akamaru. Pendant longtemps, la paroisse de cette île fut la résidence du père Laval. Le *marara* accoste à un pointe de sable qui s'enfonce dans le lagon. Deux haies de lis jaunes bordent méticuleusement une longue allée. Nous marchons sur un chemin de sable qui semble n'aller nulle part... Nous avançons encore quand soudainement une vaste église barre le sentier. Sur fond de ciel, Notre-Dame-de-la-Paix s'élève, imposante et anachronique dans cette île déserte et sauvage. Consacrée le 15 avril 1844, l'église peut accueillir jusqu'à quatre cents fidèles. Les deux tours dissymétriques furent ajoutées en 1862... A l'intérieur, un autel croule sous des fleurs de nacre qui miroitent. La photo de la statue de la Vierge de la paix que le père Laval avait apportée avec lui en 1838 y trône dans son cadre... Bianca ramasse une tuile arrachée par un cyclone, et sur laquelle on peut lire : "Toulouse – Borie Chanal." Ça nous semble un peu loufoque, et Bianca nous explique que "le père Laval a fait venir toutes les tuiles couvrant les édifices des Gambier de France... et qu'elles étaient payées avec des nacres"... Une tuile, une nacre, raconte la petite histoire.

Haut
Les ruines du séminaire dans l'île d'Aukena

Bas
L'église Notre-Dame-de-la-Paix

L'île de Taravaï

Un petit ponton vacillant donne accès à la côte flagellée par les vagues.

Un vaste porche blanc immaculé nous accueille en grande pompe, avec les cœurs rouges de Jésus et Marie entrelacés sur son fronton. Seuls habitants de l'île, un couple de gardiens qui n'ont personne à garder... Mais, bien entendu, il y a une église gothique qui a vu plus de bancs que de fidèles : Saint-Gabriel pourrait en accueillir plus de quatre cents... Elle vieillit au milieu d'un jardin conservant certains grands airs à la française. A l'intérieur, à la lumière des vitraux tamisant doucement le soleil, nous découvrons une nef spacieuse et sobre. A droite, les fonts baptismaux. Sur le tabernacle surmonté de la statue de saint Gabriel, Bianca dépose un énorme bouquet d'anthuriums cueillis dans le jardin.

Afin d'éviter une houle devenant vraiment trop forte, nous cabotons le long des îles. Parvenus à hauteur d'Aukena, avant d'aborder la pointe Mata Karaka, nous devons tâtonner dans un labyrinthe que délimitent de gros ballons rouges... Partout des centaines de flotteurs... On croit traverser un champ de mines. "C'est là qu'on élève les nacres", hurle Bianca pour surmonter le vacarme du moteur dans le vent. Ces bouées soutiennent des collecteurs appelés ombrières à cause de leur aspect de grosses tresses noires. Disposées dans le courant, ces grosses tresses de plastique noir piègent les essaims attirés par leur ombre. Une fois les ombrières pleines de leurs bébés nacres, on les enferme dans des poches appelées kangourou.

La *Pinctada margaritifera* restera en gestation durant six mois accrochée dans les eaux riches du lagon à 4 ou 5 mètres de profondeur. Lorsqu'elle atteint une taille de 8 à 10 centimètres, elle est récoltée, sélectionnée et disposée dans des paniers, pour être replongée dans une autre zone de la nurserie. Elle sera alors l'objet de soins attentifs de la part des plongeurs avant de rejoindre l'une des fermes perlières de Robert Wan.

La grande ferme perlière

En plein milieu de la baie de Taku, l'immense ferme perlière de Robert Wan se dresse fièrement sur ses pilotis. Sur le quai de départ, Eric, le neveu du grand patron, nous accueille avec un grand sourire satisfait : "On emploie quarante personnes, dont cinq greffeurs : deux Chinois et trois Japonais."

Justement, parlons-en de ces trois Japonais. Cheveux raides au vent, chemise blanc immaculé, ils passent sans même nous jeter un regard. Eric hausse les épaules : "Ce sont les seigneurs, ici. Tout leur est dû. Il faut les servir, laver leur linge sale... Ils ne se mélangent jamais aux

Les fermes perlières dans le lagon de Mangareva

autres." Il faut dire que ce sont les rois de la greffe. Ils sont liés à la ferme par un contrat rigoureux et rémunérés plus que généreusement, à leur salaire s'ajoute un pécule proportionnel au nombre de greffes réussies. Un bon greffeur peut gagner plus de 15 000 euros par mois…

Notre journée va s'écouler au rythme de la culture de la perle. Un bateau nous emmène d'abord à la récolte des nacres. Nous suivons les jalons de centaines de flotteurs jusqu'au lieu où vingt à vingt-cinq filets sont remontés et énergiquement nettoyés et brossés dans une machine.

De retour à la ferme, les filets sont débarqués, ouverts et les nacres soigneusement posées à la verticale dans des paniers.

Intervient alors une première opération : délicatement, la nacre est entrouverte avec un écarteur avant de rejoindre la table "d'opération" où l'attend le greffeur.

Le procédé est top secret. Isolé derrière son paravent, le Japonais va carrément repousser la caméra. La nacre est fermement maintenue par un étau. Le scalpel coupe le sac perlier. La perle est là, magique… Extirpée à l'aide d'un minuscule chapeau chinois, elle tombe avec un bruit d'argent dans une coupelle.

A côté, des sacs de nucléus. Des petites billes rondes façonnées dans un coquillage venu du Mississipi et de différentes grosseurs. Pour mieux tromper l'huître, le greffeur remplace la perle extraite par un nucléus ayant la même taille. Puis il cautérise la plaie de la gonade. L'huître se referme sur cette surgreffe et retrouve le lagon où elle va concevoir une autre perle.

S'il s'agit d'une première greffe, une partie du manteau d'une "donneuse" est introduit avec le nucléus dans la gonade. La couleur de ce greffon va donner le ton à la future perle. Ce geste opératoire ne dure qu'une fraction de seconde. En réaction au corps étranger, l'huître sécrète la nacre. De minces couches d'aragonite cimentée par une couche de conchilite translucide vont s'accumuler sur le nucléus pour ébaucher la perle dans le sac perlier.

Si le corps étranger est mal positionné, l'huître le rejette… Tout se passe au millimètre près, d'où l'importance du talent et de la fiabilité du greffeur.

Dix-neuf mois de travail, de soins, d'attentions et de vérifications sont indispensables à l'élaboration d'une belle perle, pour lui donner son lustre et son orient. Le premier critère de qualité est sa brillance en surface, le second est sa lumière, deux facteurs qui donneront à la perle toute sa beauté et toute sa valeur marchande.

La première greffe est la plus délicate, 60 % des nacres rejettent le greffon. Lors des surgreffes, on n'a que 10 % de rejet, et les perles sont beaucoup plus belles. Au cours de sa vie, une huître subit trois greffes. Si l'épaisseur de nacre ne varie pas, la taille du nucléus grossit au cours des greffes. On prétend que les plus belles perles se font ici, dans les lagons des Gambier et que leur vert y est aussi captivant que celui des ailes du scarabée.

Quand la perle apparaît dans l'incision de la gonade, c'est un bref instant de magie, comme celui d'une naissance ou d'un plaisir… Au creux de l'estomac, on sent la petite réaction chimique accompagnant la rencontre avec une œuvre d'art.

Haut
La culture des perles dans le lagon de Manihi
(© Daniel Pardon)

Bas
Les greffeurs chinois, une caste très protégée

La perle noire de Tahiti
La *Pinctada margaritifea*

Depuis la plus haute Antiquité, la perle fine est liée à la vie et à la mort des hommes. Elle est symbole de pureté et de perfection de la forme. On la mettait dans la bouche des Egyptiens pour payer leur passage sur le fleuve des morts.

Longtemps la perle fut exportée d'Asie... Signe extérieur de richesse, les hauts dignitaires en portaient des colliers. Le roi de Malabar en possédait un de cent quatre perles, et il en était tellement jaloux qu'il interdisait toute exportation de perles de son royaume.

Lors de son dernier voyage, Christophe Colomb échoue sa caravelle dans le delta de l'Orénoque. Une fois renfloué, il fait escale à Cubagua (aujourd'hui Margarita). Il remarque que les insulaires portent tous de superbes colliers de perles blanches. Il la baptise "île des Perles" et en repart avec quantité de "perles fines blanches", échangées contre de la verroterie. Malheureusement pour lui, il "oublie" de les déclarer à la *quinta**. Le délit découvert, tout le lot de perles lui est confisqué.

Plus tard, les premiers découvreurs passant par les Gambier accumulent aussi de grosses fortunes en échangeant des perles fines contre tissus et métaux.

Mais, pour obtenir une perle fine, il fallait récolter jusqu'à environ 15 000 nacres. Les fonds sous-marins de la planète furent pillés.

Le roi de Malabar, musée Robert Wan à Papeete.

Afin de rentabiliser toutes ces nacres perdues, on reprend l'idée d'un Allemand des Etats-Unis : il fabriquait à partir d'une huître du Mississipi des boucles de ceinture, des peignes et beaucoup d'autres objets en nacre.

L'Angleterre de 1887 vit une vague de *"buttonmania"*. Les *perlies*, sortes de dandys, recouvraient complètement leurs vêtements de boutons de nacre. Le marché de la nacre devint prospère.

Mais l'ère du plastique sonna le glas de la nacre... Ce matériau capable d'imiter toutes les formes et toutes les couleurs fit s'effondrer le marché du bouton de nacre. Conséquence : le coût de la perle fine augmente.

C'est alors qu'on songe aux perles de culture, déjà connues des Chinois depuis plusieurs siècles. Ils introduisaient des figurines du Bouddha à l'intérieur des huîtres perlières et, au bout de quelques mois, on les récoltait couvertes de nacre.

En 1897, cette technique inspira M. Boutan. Il introduisit un éclat de nacre dans une coquille d'huître et inventa ainsi le *mabé*.

Il refit alors une autre expérience en introduisant "dans les glandes génitales de l'huître une bille de verre. Au bout de trois mois, la blessure est cicatrisée, mais il n'y a aucune trace de nacre sur la bille." Il ratait de peu l'invention de la perle de culture, un ingrédient manquait encore.

Ce dernier fut découvert en 1920 par un Japonais : Kichimatsu Mikimoto. L'astuce était simple : il suffisait d'ajouter dans les glandes génitales un fragment de manteau d'une huître sacrifiée, nommée "huître donneuse". Mikimoto obtint ainsi les premières perles de culture "parfaitement rondes, mais contenant dans leur intérieur un gros noyau, une bille étrangère".

Durant trente ans, l'inventeur améliore sa technique, éduque des plongeurs et des greffeurs, forme "une caste" d'ouvriers perliers hautement qualifiés.

Dans le Pacifique sud, les autochtones pêchaient des nacres protégeant une huître à lèvres noires la *Pinctada margaritifea*. Elles étaient taillées en bijoux, hameçons, et servaient d'outil. Quand un plongeur trouvait une perle noire, il devait la remettre à l'*ari'i*...

La matière de la coquille protectrice d'une huître est fabriquée par son manteau. Pour grandir elle doit sans cesse produire de la nacre. Cette dernière est composée de deux éléments à base de carbonate de calcium : l'aragonite et la conchilite.

La couronne de Charlemagne, musée de la Perle Robert Wan.

"L'huître sécrète trois ou quatre couches d'aragonite par jour, soit environ 2 000 couches pour deux années pour une épaisseur de 1 micron... Ces couches sont cimentées par de la conchilite. Tout dépendra de la richesse en plancton, de la pureté et de la température des eaux du lagon."

En 1962, le docteur-vétérinaire Jean-Marie Bomard part étudier les techniques de culture au Japon. Puis, accompagné d'un greffeur japonais, il installe les premières fermes sur le lagon d'Hikueru et de Bora Bora. 5 000 nacres y sont greffées. La première récolte se fait en 1965, les perles sont envoyées à Rosenthal, le grand bijoutier parisien.

Après les avoir examinées, la famille Rosenthal envoie leurs fils en 1968 en Polynésie pour faire de la perliculture. Sitôt arrivés, ces derniers s'associent à un journaliste nommé Koko Chase. Ils apportent l'argent, et lui doit tout inventer...

Pour leur première ferme perlière, ils choisissent Manihi. Les premiers greffeurs sont recrutés au Japon et en Australie. Les premières perles expérimentales sont récoltées en 1970. En 1976, la ferme achète 6 000 nacres. Dix ans plus tard, 40 000 greffes y sont pratiquées.

En 1974, Robert Wan, Polynésien d'origine chinoise, achète une ferme : Tahiti Perles. Après vingt-six années de labeur, il devient l'empereur de la perle de la Polynésie.

Chez cet homme pugnace, un seul mot d'ordre : la qualité. Sa première production de 1 700 perles en 1975 va être multipliée par 25 en l'an 2000, soit plus de 42 000 perles noires.

En l'an 2000, la production totale de la perle de Tahiti est d'environ 11 000 tonnes... Mais, la même année, les professionnels poussent un cri d'alarme : le cours de la perle s'effondre. En dix ans, il s'est réduit à son tiers. Ce qui amène le gouvernement territorial à prendre des mesures draconiennes.

Il crée un ministère de la Perle que le président prend en charge : "Il était temps de mettre de l'ordre dans la maison de la perle de Tahiti."

L'effondrement du marché est dû à plusieurs facteurs. En premier lieu, l'afflux de perles de mauvaise qualité sur le marché. Trop nombreux furent les Paumotus à croire que c'était un moyen facile de faire fortune. Ils se sont lancés dans la culture de la perle comme dans celle de la pastèque. Les fermes se sont multipliées : pas moins de 1 100 se sont installées sur les 9 300 hectares de surface lagunaire de Polynésie. Mais de mauvaises greffes, un endroit de gestation mal choisi, des récoltes trop hâtives et l'inexpérience ont fait que des perles de mauvaise qualité se sont retrouvées sur la place. La clientèle déserta, particulièrement l'américaine qui se tourna vers l'Australie.

La deuxième cause réside dans l'existence d'un marché parallèle de la perle. Pour survivre, les petits producteurs bradent leurs perles aux touristes et aux résidents. Quand elles repartent en métropoles, les familles de militaires emportent une inimaginable quantité de perles, pour la plupart de qualité médiocre et directement revendues en métropole.

La troisième et dernière cause est la reprise des essais nucléaires de Mururoa. Ces derniers firent fuir les Japonais pour des raisons politiques, ils allèrent voir ailleurs.

Ces trois facteurs fondamentaux et parallèles ont amené l'écroulement du prix de la perle de Tahiti. Signalons que Robert Wan, ayant misé sur la qualité, a su longtemps garder sa clientèle**.

Le 12 juillet 2001, pour sauver la seconde ressource du pays, l'Assemblée territoriale a pris des mesures exceptionnelles. Parmi ces dernières, il est à retenir qu'à partir de juillet 2002 l'épaisseur de nacre sur la perle devra atteindre un minimum de 0,8 mm, le temps d'immersion un minimum de 18 mois. En dehors de ces normes, la perle sera qualifiée de rebut et ne pourra prétendre à l'appellation de "perle de culture de Tahiti".

Les *mabe* et les *kashi* devront également répondre à ces critères. De plus, on établit une classification très stricte d'après la forme, le lustre, l'orient, la couleur. L'exportation des "rebuts" est interdit. Le gouvernement étudie également une limitation de l'exportation des perles brutes par les particuliers. Un quota de huit perles par personne est envisagé. Au-delà on deviendrait négociant, et il faudra présenter une carte de "négociant en perles" émise par le gouvernement. Sinon, on sera considéré comme un contrebandier et les perles seront confisquées.

Pour financer toutes ces mesures, une taxe à l'exportation est instaurée.

Il faut espérer que le gouvernement saura trouver les moyens de préserver cette ressource économique, car la concurrence s'installe, de plus en plus pressante. On trouve aujourd'hui des perles noires d'Australie, des Fidji, des îles Cook, du Vanuatu, et jusqu'à la Basse-Californie où les Mexicains commencent à les cultiver.

Les perles de Tahiti, deuxième richesse de la Polynésie-Française.

---

* La *quinta* était le cinquième de la cargaison que rapportaient les galions en Espagne, et elle était réservée à la couronne.

** En 2001, lui aussi subira les aléas du marché et se trouvera dans l'obligation de fermer quelques fermes.

Glossaire

Ahu : autel, plate-forme sur les *marae*
Aïto : bois de fer
Ari'i : chef de vallée, de clan aux temps anciens
Ari'i-rahi : chef des chefs, chef suprême
Atoll : anneaux de corail restant après la disparition d'une île
Atua : dieu
Auti : plante sacrée que l'on plante sur les centres cérémoniels et autour des habitations pour les protéger

Fa'e : la maison en marquisien
Fafa piti : raie manta
Fafa ru : préparation de poissons fermentée dans l'eau de mer
Farani : le Français
Fare : la maison en polynésien
Fe'i : banane plantain, légume à faire cuire
Fenua : la terre, la mère patrie, le pays
Fiu : lassitude, coup de fatigue

Haka : terme générique désignant la danse marquisienne ou action de faire
Haka pau : danse guerrière du cochon
Hake manu : danse de l'oiseau
Himene : cantiques, chants traditionnels
Himene tarava : groupe de cinquante à cent chanteurs animé par un soliste ou un chef
Hoa : la passe dans le corail
Hinano : la fleur de pandanus – marque de bière locale

Kai-kai : repas - repas traditionnel marquisien
Kokoro : le phallus

Maheva : bienvenue
Mahi-mahi : dorade coryphène
Mahu : homme efféminé
Mana : pouvoir surnaturel attaché à certains hommes comme à certains lieux ou objets sacrés

Mana hune : la classe inférieure, la plèbe
Ma'ohi : naturel du pays
Mape : châtaignier polynésien
Marae : centre cérémoniel ancien, sacré (polynésien)
Maramu : vent frais venant du sud-est
Marara : poisson volant – bateau rapide
Maro : ceinture, cache-sexe
Me'ae : centre cérémoniel ancien, sacré (marquisien)
Miri : basilic sauvage
Miro : bois de rose
Moana : l'océan
Monoï : huile de coco parfumé au *tiare* ou à la vanille
More : jupe de danseuse formée de fibres végétales de *purau*
Motu : corail couvert de sable souvent orné de cocotiers. L'atoll est composé de nombreux *motu*

Ni'au : palme de cocotier tressée pour faire des nattes et des toitures
Noni : appelation du jus de *nono* pour le commerce américain
Nono : arbuste donnant des fruits aux vertus médicinales. C'est aussi le nom d'un moucheron particulièrement agressif.

Pae pae : plates-formes de pavés composant les différents espaces d'un *marae*
Pahu : tambour couvert de peaux de chèvres ou de requins
Pakalolo : cannabis
Pareu : paréo
Po : le ciel, l'au-delà ma'ohi
Popa'a : étranger
Popoï : pâte faite à base de fruit de l'arbre à pain, ou de taro ou de *fe'i*
Pu : conque marine faite généralement avec une coquille de triton

Purau : arbre typique en Polynésie à la fleur aux couleurs changeantes et éphémères et dont l'écorce est utilisée sous forme de cordage

Râ : le soleil
Rae rae : travesti homosexuel
Reo ma'ohi : langue parlée par les Polynésiens d'aujourd'hui

Ta'haroa : le dieu suprême du panthéon polynésien
Tamaara : repas typique polynésien
Tane : l'homme, le mari
Tapa : étoffe confectionnée en écorce d'*uru* ou de banian
Tapu : interdit, tabou
Tau'a : le grand prêtre – sorcier et sacré
Ti faï faï : patchwork polynésien
Tiki : statues anthropomorphes ou zoomorphes de dignitaires devenus des dieux qui ont un rôle de messager avec les hommes
To'a : le nom du bois de fer aux Marquises ou le guerrier (Marquises)
Toere : tambour de bois sans membrane
Tohua : place où se déroule la vie communautaire profane d'un *marae* délimité par un *pae pae*
Tuhuna : prêtres secondaires
Tupa : crabe de terre
Tupapa'u : esprit ou fantôme – personne défunte qui revient tourmenter les vivants – phénomène mystérieux de grande importance pour les Polynésiens
Tupuna : ancêtres

Uru : nom du fruit de l'arbre à pain

Vahiné : la femme
Vanira : la vanille
Va'a : la pirogue

Aux Editions ANAKO
collection "Mémoires de l'humanité"

Les Voix de l'oubli, chroniques des civilisations en danger, Patrick Bernard
Chine, peuples et lumières, Dong Wei et Jean Charbonneau
Le Tibet tel qu'il était, Dundul Namgyal Tsarong

Photogravure : 2G Graphic - Paris
Imprimé par Eurografica Spa - Marano - Italie

ANAKO Editions

236, avenue Victor-Hugo - 94120 FONTENAY-SOUS-BOIS - FRANCE
Tél. : 01 43 94 92 88 - Fax : 01 43 94 02 45
http://www.anako.com - Email : anako.editions@anako.com

Dépôt légal : 4ᵉ trimestre 2002